생활과 법률

표 시 열 저

청목출판사

머리말

사람은 태어나서 죽을 때까지 여러 사람들과 수많은 관계를 맺으며 산다. 우리는 고립하여 혼자 살 수 없으며 일정한 공동생활을 영위하는 존재이다. 공동생활에는 구성원들이 지켜야 하는 규범이 불가피하다. 관습, 도덕, 법 등이 그러한 규범인바, 이 중에서 법은 공동생활에서 유지되어야 하는 최소한의 행위기준으로 강제성을 특성으로 하는 대표적인 규범이다.

이런 점에서 법은 사회 구성원 모두가 알아야 하는 기본적인 상식인데, 우리는 법을 어렵게 생각하고 멀리하여 온 측면이 있다. 법보다 도덕률이 행위의 1차적 규범이었던 조선시대 유교문화의 영향도 있었겠지만, 법이 개인의 권리를 보장해 주는 보호장치라기보다는 개인의 잘못을 벌하는 처벌수단으로 인식되어온 탓이라고 생각된다.

필자는 학부 학생들이 법에 좀 친숙히 접근할 수 있도록 '법학통론', 또는 '생활과 법률' 과목을 강의하여 왔는바, 법 전체를 조명하면서도 법을 쉽게 설명할 수 있는 교재를 필요로 하였다. 그러나 매우 광범위한 법체계를 쉽게 설명한다는 것이 어려운 작업이었고, 필자의 전문지식도 부족하여 착수를 못하다가 마침 청목출판사의 부탁으로 자의반 타의반 이 책을 출판하게 되었다. 이 책은 법학을 처음 접하는 대학생들의 교양강의를 위한 학습교재 용도로 활용될 수 있을 것이다.

본서는 사법, 공법, 사회법으로 분류되는 법체계에 따라 제1부 총설, 제2부 사법영역에서의 법률생활, 제3부 공법영역에서의 법률생활, 제4부 사회법 영역에서의 법률생활로 구성되었다.

제1부 총설은 법학 전반에 걸친 총칙적인 설명으로 법의 개념과 추구가치, 법의 존재형태와 일반적 효력, 한국의 법문화, 법률관계라는 네 가지 주제를 내용으로 하였다. 제2부 사법 영역에서의 법률생활은 주로

민법의 소개인 바, 민법의 주요 내용, 불법행위책임과 민사소송, 가족관계와 법, 민사관계 실무와 상거래라는 네 가지 주제를 다루었다. 제3부 공법영역에서의 법률생활은 주로 헌법과 행정법의 소개인바, 헌법의 기본원리와 기본권보장, 통치구조의 원리와 내용, 행정법의 원리와 주요 내용, 형법과 형사소송법, 그리고 세계화와 국제법의 내용을 다루었다. 마지막으로 제4부 사회법 영역에서의 법률생활에서는 학교생활과 법, 직장생활과 법, 기타의 일상생활과 법을 다루었다. 기타의 일상생활과 법 분야에서는 독점규제 및 공정거래법, 소비자 보호법, 사회보장법, 그리고 환경관련법을 간단히 소개하였다.

본서는 일상생활에서 접하게 되는 법체계 전반을 이해시키려고 많은 관련 법률 내지 법 원리를 소개하였다. 그리고 본서는 구체적인 전문지식보다는 기본 개념과 원리 그리고 일상생활에서 필요한 유용한 지식을 소개하려고 하였다. 각 장의 끝에 제시한 토론 주제는 핵심적인 주제로 좀더 심도 있는 이해를 위하여 수업 중에 토론을 할 수도 있고, 개인별로 과제보고서를 작성·제출하게 할 수도 있을 것이다.

본서는 필자의 독자적인 저작물이라기보다는 기존의 각 분야별 전공서의 내용을 발췌·요약하여 소개한 강의용 편집서의 성격이라고 할 수 있다. 본서는 관련 판례들을 많이 소개하지 못하였다. 이차적인 작업으로 다음 개정 작업시 추가할 계획이다.

부족한 작품이지만 이 책의 출판에는 여러분들의 도움이 있었다. 출판을 적극 권유하고 도와주신 청목출판사 유성렬 사장님과 최명성 이사님, 편집자께 감사드린다. 그리고 교정과 색인 작업 등을 도와준 고려대학교 법과대학 박사 과정에 있는 최병우군, 행정학과 석사과정에 있는 김진주양의 도움에도 감사를 표한다.

2011. 1

저자 표시열

차 례

제4부 사회법 영역에서의 법률생활

제1부

총 설

제 1 장

법의 개념과 추구가치

본장에서는 법의 개념 요소를 살펴보고, 법이 추구하는 궁극적인 가치인 '인간의 존엄과 가치'를 깊이 있게 분석한다. 그리고 법의 목적인 질서와 정의에 관하여서도 다룬다.[1)]

1. 법의 개념

인간은 사회적 동물로서 타인과 관계를 맺고 살아가게 된다. 타인과의 공동생활을 위하여서는 지켜야 할 일정한 사회규범이 있게 된다. 법은 인간이 사회생활을 영위할 때에 '해야 하는 행위'와 '해서는 안 되는 행위'를 규정하고 있는 행위준칙이라고 할 수 있다. 사회규범에는 종교, 관습, 도덕, 법 등이 있을 수 있는데, 이 중 법이란 무엇인가에 관한 물음은 법의 본질과 관련되는 매우 어려운 법철학의 문제이다.

우선 법의 어원을 살펴본다. 법(法)은 해태 치(氵+廌+去)의 약자로, 물과 해태가 간다라는 뜻인데, 해태라는 전설적인 동물이 죄인한테 다가가 뿔을 댄다는 의미에서 유래하였다고 한다. 따라서 동양에서의 법

1) 표시열, 『교육법: 이론 · 정책 · 판례』, 서울 : 박영사, 2008, pp. 3-7, pp. 19-24.

은 형벌, 곡직(曲直)의 판단, 공정 내지 정의의 판단이 내포되어 있다.[2] 서양에서는 법(law)의 어원이 '옳은' 또는 '바른'의 뜻이 내포되어 있으며 개인의 권리를 의미하기도 한다.[3]

우리나라에서는 본받을 법으로 해석하여 말본, 셈본, 본보기 등의 예에서 쓰이는 '본'의 뜻도 있다. 법과 동일한 뜻으로 쓰이는 용어에 법률(法律)이란 말이 있다. 엄격히 구분하면 법률은 형식에 있어 국회의 의결을 거쳐 대통령이 서명·공포한 법을 의미하고, 법은 보다 추상적·포괄적 개념으로 사용된다.

법의 개념을 간단히 정의하면 "질서와 정의(正義)를 추구하는 강제성을 띤 하나의 문화규범"이라고 할 수 있다. 법의 개념요소를 상설하면 다음과 같다.

첫째, 법은 질서와 정의를 추구한다. 질서와 정의에 관하여서는 다음 항에서 자세히 다룬다. 둘째, 법은 스스로를 관철시키기 위하여 강제하는 수단을 갖고 있는 규범이다. 강제는 법의 본질적 속성이라고 할 수 있다. 법이란 한번 제정되면 좋으나 싫으나 따를 수밖에 없고, 여기에 법규범의 강력함과 권위, 그에 대한 책임이 생기게 된다.

법의 강제성은 다른 사회규범, 특히 도덕과 구별되는 특성이기도 하다. 그러나 법과 도덕의 관계는 명확히 구별되는 쉬운 개념이 아니다. 자연법주의자들은 법은 도덕에 기초하고 도덕에 합치되어야 법으로서의 효력을 갖는다는 입장이고, 법실증주의자들은 법의 내용이 도덕에 반하더라도 법은 법이라는 입장에서 법과 도덕을 이원적으로 구분한다.

---

2) 중국의 순시대에 고요라는 재판관이 재판할 적에 해태를 재판 석에 끌고 오면 성질이 사납고 불의를 참을 수 없는 성질의 해태가 죄지은 자에게로 가서 하나뿐인 뿔로 들이받는다는 고사가 있다. 그래서 법이란 글자는 물과 같은 공평성과 초자연적인 권위를 종합적으로 담고 있는 것이다. 최종고, 『법 상징학이란 무엇인가?』, 서울 : 아카넷, 2000, p. 194.

3) 서양에서는 법(law)의 어원이 라틴어의 jus, justum인데 ius는 '올바른', '의로운'의 의미이며, jurisprudence(법학, 법철학), jurisdoctor(법학박사), jurist(법률가), juristic(법률의), justice(정의, 正義), justify(정당화하다) 등이 있다. 독일어의 경우 recht(올바른)로부터 권리 또는 법이라는 의미가 되었으며, 영어의 경우 right(올바른)에서 권리, law(내려놓다, 규정하다)에서 법의 의미로 발전하였다. 프랑스어의 droit도 '옳은' 또는 '바른'의 뜻이 있으며 개인의 권리를 의미한다.

일반적으로 법은 타인을 지향한 타율적 규범이며 관심방향이 외부형태에 있다면, 도덕은 자기 자신에 관한 자율적 규범으로 관심방향이 내면적 형태에 있다고 구분한다.

일상생활에서 법과 도덕의 경계선에 있는 주제들을 예시하면 다음과 같다.

(예시 1) 존속살인죄 또는 존속상해죄 개념을 인정할 것인가?

(예시 2) 자기가 위험에 빠지지 않음에도 위난에 처한 사람을 구조하지 않을 경우 처벌할 것인가?(The Good Samaritan Clause)

(예시 3) 배우자가 있는 자가 간통한 때에는 2년 이하의 징역에 처한다는 형법 제241조는 꼭 필요한 규정인가?

(예시 4) 안락사를 인정할 것인가? 의사가 환자의 안정을 위하여 거짓말을 할 수 있는가?

(예시 5) 남편과 자식에게 돌아가기 위하여 강제수용소에서 간음한 경우 법으로 처벌할 수 있는가? 윤리적으로 정당한가? 다수생명을 구하기 위하여 소수의 희생을 강요한 경우 법으로 처벌한 것인가?

일상생활에서 발생하는 많은 문제들이 도덕적 판단에 맡겨 놓아야 하는지, 아니면 국가권력이 개입하여 법의 영역으로 편입시켜 강제하여야 하는지의 도덕과 법의 미묘한 경계선에 놓여 있다고 할 수 있다. 또한 윤리적으로 비난받지 않는다고 법적 책임을 모면할 수 없는 안타까운 문제도 있다. 위에서 제시된 예들은 법과 도덕과 상황의 관계에 관한 매우 어려운 주제이다.

셋째, 법은 문화규범이다. 인간은 현실에 발을 딛고 살면서도 그것에 만족하지 아니하고 더 나은 미래를 향하여 끊임없이 노력하는 존재이다. 미래의 가치를 향하여 노력하는 가운데 생성된 업적을 문화라고 할 수 있다. 법은 정의 자체는 아니지만 정의라는 법 가치를 향하여 노력하고 있는 문화개념이다. 자연의 왕국은 가치 맹목적 현실(sein)의 세계라면, 가치의 왕국은 의미(sinn)를 대상으로 하는 이상의 세계다. 현실의 세계를 이상의 세계로 연결하는 데는 가치 평가적 문화의 다리와 가치 초월적인 종교의 세계가 있다. 요컨대, 법은 현실세계의 질서를 유지하면서, 다른 한편으로는 이상세계의 정의라는 가치를 실현하는 하나의 문화규범이라 할 수 있다.[4)]

2. 인간의 존엄(尊嚴)과 가치(價値)

법이 추구하는 궁극적인 가치는 '인간의 존엄과 가치'라고 할 수 있다. 본장에서는 인간의 존엄과 가치의 중요성을 강조하고, 그 구체적인 내용과 관련 쟁점들을 살펴본다.

1) 인간의 존엄과 가치에 관한 헌법 규정 및 연혁

가. 헌법 제10조

한국 헌법 제10조는 "모든 국민은 인간으로서의 존엄과 가치를 가지며, 행복을 추구할 권리를 가진다. 국가는 개인이 가지는 불가침의 기본적 인권을 확인하고 이를 보장할 의무를 진다."라고 규정하고 있다.

이는 최상위법인 헌법이 기본권 보장의 대전제이자 출발점으로서 모든 국민이 인간으로서의 존엄과 가치를 가짐을 천명하면서 동시에 이에 대한 국가의 의무를 규정한 것이다. 즉, 모든 국가권력은 국민에게 인정되는 인간으로서의 존엄과 가치를 보장하기 위해 존재하며 또한 행사되어야 함을 규정하고 있는 것이다. 이는 "인간의 존엄과 가치"가 우리 헌법이 추구하는 지상의 이념 내지 목표임을 규정한 것이며, 헌법

4) 최종고, 『법학통론』, 서울 : 박영사, 2009, p. 17.

의 해석과 적용 및 그 구체화로서 모든 국가기관의 구성, 권력의 배분과 행사, 기본권의 보장과 그 제한 등의 모든 과정을 지도하는 핵심이념이 되었다. 이러한 중요성 때문에 헌법재판소 건물의 현관입구에도 헌법 제10조의 문구가 새겨져 있다.

나. 연혁

근대법체계에서 인간의 존엄과 가치가 강조된 것은 로크(Locke)의 자연법사상에서 찾을 수 있다. 영국의 명예혁명 과정에서 시민세력에 이론적·사상적 정당성을 부여하기 위하여 로크는 생명·재산과 같은 천부인권 내지 자연법사상을 강조하였다. 로크의 이론은 근대 시민 혁명기를 거치면서 각국으로 전파되고 발전되었으며, 미국독립선언서에서 주장된 자유, 생명, 행복추구권과 같은 천부인권에 관한 내용이 근대 입헌주의 헌법의 필수적인 개념요소로 자리 잡게 되었다.

시민혁명시의 자유주의적 인권사상은 양차대전 중에 발생한 비인간적인 만행을 경험하면서 더욱 인류보편의 이념으로 성장하였으며, 자본주의의 발전에 따르는 경제적 약자에 대한 생활보장을 내용으로 하는 사회적 기본권의 보장도 강조되었다. 인간의 존엄과 가치를 구현하려는 이러한 현대적 인권사상의 전개는 유엔헌장, 서독기본법, 그리고 각국의 헌법에 구체적으로 규정되었다.

2) 인간의 존엄과 가치의 의미와 구현방법

가. 인간의 존엄과 가치의 의미

인간의 존엄과 가치는 개개 인간이 하나의 고유한 가치의 주체로서 인정되는 존귀함, 즉 하나의 인격주체성을 갖는다는 의미이다. 인격주체성이란 인간을 비인격체인 자연과 구별하여 자기 자신을 의식하고 자기 자신의 결단에 의하여 스스로를 규정하며 자신과 주변세계를 형성할 수 있는 능력을 뜻한다.[5] 이는 개개인간의 개성과 다양성의 존중으로 표현되기도 한다.

개개인간이 하나의 인격주체로서 소중한 존재라는 것을 깨닫는 것이 중요한 과제라고 생각된다. 모나리자, 석굴암, 마애삼존불 같은 뛰어난 작품들에 감탄하는 사람은 많지만 정작 살아 움직이고 있는 자기 자신의 신비함과 존귀함을 인식하며 하루하루를 사는 사람은 많지 않은 것이 현실이라고 할 수 있다. 인체의 해부도를 보면 인간은 가장 정교한 작품이라는 생각을 하게 되며, 정신작용까지 생각하면 그 신비함은 상상을 초월한다.

최근에 화제가 된 김귀옥 판사의 아름다운 판결에서도 "나의 소중함"을 강조하고 있다. 아래에 인용한다.

> 지난달 초 서울 서초동 법원청사 소년법정. 서울 도심에서 친구들과 함께 오토바이 등을 훔쳐 달아난 혐의로 피고인석에 앉은 A양(16)에게 서울가정법원 김귀옥(47) 부장판사가 다정한 목소리로 말했다. 무거운 보호 처분을 예상하고 어깨를 잔뜩 움츠리고 있던 A양이 쭈뼛쭈뼛 일어나자 김 부장판사가 다시 말했다. "자, 날 따라서 힘차게 외쳐 봐. 나는 세상에서 가장 멋지게 생겼다." 예상치 못한 재판장의 요구에 잠시 머뭇거리던 A양이 나직하게 "나는 세상에서…"라며 입을 뗐다. 김 부장판사는 "내 말을 크게 따라 하라"고 했다. "나는 무엇이든지 할 수 있다. 나는 이 세상에 두려울 게 없다. 이 세상은 나 혼자가 아니다." 큰 목소리로 따라 하던 A양은 "이 세상은 나 혼자가 아니다"고 외칠 때 참았던 울음을 터뜨렸다. 법정에 있던 A양 어머니도 함께 울었고, 재판 진행을 돕던 참여관 · 실무관 · 법정 경위의 눈시울도 빨개졌다.

A양은 작년 가을부터 14건의 절도 · 폭행을 저질러 이미 한 차례 소년 법정에 섰던 전력이 있었다. 법대로 한다면 '소년보호시설 감호위탁' 같은 무거운 보호 처분을 받을 수 있는 상황. 그러나 김 부장판사는 이

5) Maunz-Dürig-Heržog-Scholž, aao., Rdnr. 18zu Art. 1: Wintri · J., Grundrechte, ss.6.15. 권영성, 『헌법학 원론』. 서울: 법문사, 2007, p. 324. 재인용.

날 A양에게 아무 처분도 내리지 않는 불(不)처분 결정을 내렸다. 그가 내린 처분은 '법정에서 일어나 외치기'뿐이었다. 그가 이런 결정을 내린 건 A양이 범행에 빠져든 사정을 감안했기 때문이다. 작년 초까지만 해도 반에서 상위권 성적을 유지하던 A양은 간호사를 꿈꾸던 발랄한 학생이었다. 그러나 작년 초 남학생 여러 명에게 끌려가 집단폭행을 당하면서 삶이 바뀌었다. A양은 당시 후유증으로 병원 치료를 받았고, 충격을 받은 어머니는 신체 일부가 마비되기까지 했다. 죄책감에 시달리던 A양은 학교에서 겉돌았고, 비행 청소년과 어울리면서 범행을 저지르기 시작한 것이다. 김 부장판사는 법정에서 말했다. "이 아이는 가해자로 재판에 왔습니다. 그러나 이렇게 삶이 망가진 것을 알면 누가 가해자라고 쉽사리 말하겠어요? 아이의 잘못이 있다면 자존감을 잃어버린 겁니다. 그러니 스스로 자존감을 찾게 하는 처분을 내려야지요."

눈시울이 붉어진 김 부장판사는 눈물범벅이 된 A양을 법대(法臺) 앞으로 불러세웠다. "이 세상에서 누가 제일 중요할까. 그건 바로 너야. 그 사실만 잊지 않으면 돼. 그러면 지금처럼 힘든 일도 이겨낼 수 있을 거야." 그러고는 두 손을 쭉 뻗어 A양의 손을 꽉 잡았다. "마음 같아선 꼭 안아주고 싶은데, 우리 사이를 법대가 가로막고 있어 이 정도 밖에 못 해주겠구나."[6)]

나. 인간의 존엄과 가치의 구현방법

칸트(Kant)에 의하면 각 인간이 지니는 인간의 존엄성으로부터 자기 자신에 대한 존중의무와 타인에 대한 존중의무가 도출되고, 그것이 개인윤리와 사회윤리의 바탕이 된다고 한다. 자기 자신에 대한 존중의무는 자기보존 의무와 자기발전 의무를 내용으로 한다. 자기보존의무는 "너 자신을 자연이 창조한 대로 완전하게 보존하라."는 것이고, 자기발전의무는 "너 자신을 자연이 창조한 것보다 더 완전하게 만들라."는 것이다.

6) 정지섭 기자 xanadu@chosun.com 입력 : 2010.05.17

오늘날 같이 위험한 교통체제와 오염된 환경 속에서 자신의 건강을 온전히 보존하고 발전시켜 나간다는 것은 쉬운 일이 아니다. 자기보존 의무는 헌법에 신체의 자유, 재산권 보장, 직업선택의 자유 등으로 보장된다. 또한 자기발전 의무는 헌법에 양심의 자유, 학문·예술의 자유, 표현의 자유, 교육을 받을 권리 등으로 보장된다.

한편 인간은 자기 자신의 권리를 존중해야 하는 것과 같이, 타인의 권리도 존중해야 한다. 타인의 인권을 존중하는 것은 동시에 그 타인으로부터 자기의 인권을 존중받는다는 것을 뜻하기 때문이다. 따라서 인간은 결코 타인의 목적을 위한 단순한 수단으로 전락되어서는 안 되고, 인간 상호관계에 있어서 항상 목적자체로서 존중되어야 한다는 것이다. 이러한 '상호존중의 원칙'이 인간질서에서 있어야 할 제일의 존재양식이 된다.[7] 밀(Mill)도 진정한 의미의 자유란 타인의 권리와 타인이 행복해지려는 노력을 방해하지 않는 한도 내에서, 자기가 하고 싶은 대로 자기 행복을 추구하는 것으로 정의하여 타인에 대한 존중의무를 지적하고 있다.[8]

민주주의가 궁극적인 목표로 하고 있는 인간의 존엄과 가치는 개개 인간이 하나의 인격적 주체로서 자기보존과 자기발전 의무를 지는 것을 구체적인 내용으로 한다. 또한 인간의 존엄과 가치는 타인에 대한 의무로서 타인의 자기완성을 방해하여서는 안 된다는 의무도 동시에 내포하게 된다. 따라서 인간의 존엄과 가치는 헌법정신의 핵심이며 법이 추구하는 궁극적인 이념이라 할 수 있다.

다. 요나스(Jonas)의 자연 환경보존 의무

독일의 요나스는 환경의 파괴위험과 관련하여 자연환경 보존의무를 강조하고 있다. 요나스는 윤리의 대상을 인간과 인간과의 관계에서 자연으로 확장시켜 환경윤리를 확립한다. 즉 인간이 과학기술을 통하여

7) 심재우, "인간존엄의 법리와 국가윤리", 『현대사회와 전통윤리』, 서울: 고려대학교 민족문제연구소, pp. 352-355

8) J. Mill, C. Shilelds ed. *On Liberty*. Indianapolis : Bobbs-Merill, 1956, p. 16.

자연을 지배하고 이용하되 자연을 파괴하여서는 안 된다는 것이다.

자연은 우리 인간에게 단순한 도구가 아니라 인간과 공생·공존 관계에 있어야 할 존재이다. 자연과 인간은 분리되어 있는 존재가 아니라 불가분리의 생태학적 유기체로 묶여 있다. 자연은 인간 없이도 살아남겠지만 인간은 자연 없이는 살아남을 수 없으므로 유기체적 관계의 종속성은 오히려 인간 쪽에 있다. 자연은 인간이 마음대로 처분할 수 있는 대상적 존재가 아니라 더불어 사는 존재이다.

자연을 파괴할 경우에는 환경윤리 위반에서 나오는 책임, 즉 후손들의 삶의 가능성에 대한 책임을 져야 한다. 따라서 행위의 결과가 지구상의 미래의 후손들의 삶에 대한 가능성을 파괴하지 않도록 행위 하여야 하며, 국가는 미래세대의 후손들을 위한 입법을 통하여 자연적 삶의 터전을 보호할 책임이 있다.[9] 자연과 인간의 긴밀한 유기적 일체성은 불교에서 말하는 만물일체(萬物一體) 사상과 같은 내용이라고 생각된다.

3) 향유 주체 및 적용 범위

"인간의 존엄과 가치"의 향유주체는 모든 인간이다. 여기에는 국민뿐만 아니라 외국인도 포함된다. 그러나 법인은 성격상 불가능하다. "인간의 존엄과 가치"는 모든 헌법질서를 포괄하는 지도이념이다. 따라서 공법관계뿐만 아니라 사법(私法)관계에도 적용된다.

4) 법적 성격 및 효과

가. 법적 성격

"인간의 존엄과 가치"는 모든 국가기관의 구성과 활동 및 사인간의 관계에 포괄적으로 적용되는 헌법의 최고원리이다. 즉, 국가의 기본질서를 형성하는데 있어 최고의 지도이념이자 지침이 된다. 따라서 "인간

9) 심재우, "환경윤리와 책임의 원칙." 고대법대소식 제23호, 2001.7.

의 존엄과 가치"는 헌법의 해석과 적용 및 그 구체화로서 모든 국가기관의 구성, 권력의 배분과 행사, 기본권의 보장과 그 제한 등의 모든 과정을 지도하는 지도이념이 된다.

"인간의 존엄과 가치"는 모든 기본권조항의 목적조항으로서 근본규범성을 갖는다. 그리고 "인간의 존엄과 가치"는 국가 이전의 자연권적 성격을 가진다. 따라서 국가는 이를 "확인하고" 보장할 책무를 지는 것이다. "인간의 존엄과 가치"의 이러한 전(前)국가적 성격에 따라 국가기관이 그 본연의 존재이유인 "인간의 존엄과 가치"를 확인하고 보장할 의무를 게을리할 경우 국민은 이를 주장하여 국가기관의 활동을 바로잡을 수 있다. "인간의 존엄과 가치"는 헌법질서를 지도하는 최고이념이면서 동시에 개개인에게 인정되는 구체적 권리로 주장될 수 있다.

나. 효과 내지 기능

"인간의 존엄과 가치"는 기본권 제한의 일차적인 기준이 된다. 헌법 제37조 제2항에서는 "국민의 모든 자유와 권리는 국가안정보장·질서유지 또는 공공복리를 위하여 필요한 경우에 한하여 법률로써 제한할 수 있으며, 제한하는 경우에도 자유와 권리의 본질적인 내용을 침해할 수 없다."라고 규정하고 있다. 즉, 기본권의 본질적인 내용은 기본권 제한의 한계가 되는 바, "인간의 존엄과 가치"는 그러한 본질적 내용 침해 금지의 기준이 될 수 있다. "인간의 존엄과 가치"를 침해하는, 다시 말해 기본권의 본질적인 내용을 침해하는 경우의 예로는 고문학살, 생체실험, 강제노역, 인간복제, 은밀한 녹음 등을 들 수 있다.

"인간의 존엄과 가치"는 헌법의 최고원리이자 기본권조항의 목적규정이므로 다른 기본권조항을 해석할 때에 그 기준이 된다. 예컨대, "사생활의 비밀과 자유"에 관한 헌법조항에 따라 보호되는 사생활의 영역의 어디까지인지를 구체적으로 확정해야 할 경우 "인간의 존엄과 가치"는 그 범위에 대한 기준이 될 수 있다. "인간의 존엄과 가치"는 우리 헌법의 최고 지도이념으로서 우리 헌법의 핵심적인 내용을 이루는 부분, 이른바 헌법핵(憲法核)이다. 따라서 이를 철폐하거나 다른 내용으로 변경하는 헌법 개정은 우리 헌법의 본질적인 내용을 변경하는 것으로서 허용될 수 없다. 즉, "인간의 존엄과 가치"는 헌법 개정의 한계가 된다.

인간의 존엄과 가치는 헌법에 열거되지 않은 새로운 인권을 확인하는 경우 중요한 기준이 된다. 헌법에서는 "국가는 개인이 가지는 불가침의 인권을 확인하고 이를 보장할 의무를 진다."(제10조 후단). "국민의 자유와 권리는 헌법에 열거되지 않은 이유로 경시되지 아니한다."(제37조 1항)고 규정하고 있다. "인간의 존엄과 가치"는 이러한 열거되지 아니한 기본권을 확인하고 보장하는 데에 기준이 될 수 있다. 새롭게 발굴된 인권은 헌법 개정 등을 통하여 명문의 규정으로 구체화되기도 하고, 종래의 기본권규정의 내용에 새롭게 포섭되기도 하며, 열거되지 아니한 기본권으로 해석되기도 한다. 이와 관련한 새로운 인권개념에는 환경권, 알 권리, 일조권, 건강권, 평화적 생존권 등이 있다.

5) 인간의 존엄과 가치와 관련되는 기타 쟁점들

가. 행복추구권

헌법 제10조에서는 "모든 국민은 인간으로서의 존엄과 가치를 가지며, 행복을 추구할 권리를 가진다."라고 하여 인간의 존엄과 가치에 관한 규정과 함께 행복추구권을 동시에 규정하고 있다. 따라서 "인간의 존엄과 가치"와 행복추구권의 관계 및 그 의미가 문제될 수 있다. 행복추구권은 인간의 존엄과 가치를 실천적 측면에서 보완한 것이라 할 수 있다.

행복추구권에서 규정하고 있는 행복이란 지극히 주관적인 감정으로서 사실 쉽게 정의할 수 없는 개념이다. 이에 대한 개념정의가 약 4만 가지가 존재한다는 점은 이를 방증한다. 일반적으로 행복이란 고통이 없는 만족한 상태라고 할 수 있으며, 일반적으로 물질적 행복보다 정신적 행복, 특히 남에게 베푸는 행복이 더 지속성이 강하다고 설명되기도 한다.

행복추구권의 법적 성격에 대하여 그 의미의 포괄성으로 말미암아 직접 구체적인 권리가 도출되기는 어려우며 다른 헌법규정 또는 하위 법령 등에 의하여 구체화된 경우 비로소 구체적 권리로서 주장될 수 있다는 견해(추상적 권리설)와 헌법규정에서 바로 구체적 권리성을 인정할 수 있다는 견해(구체적 권리설)가 대립한다.

이와 관련하여 헌법재판소는 자신이 마실 물을 선택할 자유, 수돗물 대신 먹는 샘물을 음용수로 이용할 자유는 헌법 제10조에 규정된 행복추구권의 내용을 이룬다고 판시한 바 있다.[10)]

나. 인간의 존엄과 가치와 관련된 사회적 쟁점

"인간의 존엄과 가치"와 관련된 사회적 쟁점에는 낙태(abortion), 사형제도, 안락사, 죽음을 선택할 권리(자살), 평화적 생존권(비슷한 맥락에서, 전쟁가담거부권), 인간복제 등이 있다. 이들 각각의 경우 "인간의 존엄과 가치"를 어떻게 해석하고 이해하느냐에 따라 서로 다른 결론에 이를 수 있다. 예를 들어, 낙태의 경우 태아의 생명권과 임신부의 프라이버시권이 충돌하는 상황이며, 사형제도의 경우 사형수의 생명권과 범죄에 대한 응보·예방 및 이를 통한 사회방위라는 가치가 충돌하는 상황이다.

한국 헌법재판소는 생명권의 절대적 가치를 인정하면서도, 생명권의 완전한 박탈인 사형제도는 비례의 원칙에 따라 최소한 동등한 가치가 있는 다른 생명 또는 그와 같은 비중의 공공의 이익을 보호하기 위해 불가피성이 충족되는 예외적인 경우에만 적용되는 한, 그것이 비록 생명을 빼앗는 형벌이라 하더라도 「헌법」 제10조 인간의 존엄과 가치, 「헌법」 제37조 제2항 단서인 기본권의 본질적인 내용침해에 위반되는 것으로 볼 수 없다고 합헌 판결한 바 있다.

---

10) 헌재 1998.12.24 98헌가1.

반대의견을 낸 김진우 재판관은 입법자가 인간의 존엄성을 유린한 악법의 제정을 통하여 국민의 생명과 자유를 박탈 내지 제한하는 것이나, 사형과 같은 잔인하고 비인간적인 형벌제도를 채택하는 것은 「헌법」 제10조 인간의 존엄과 가치에 반한다는 의견을 제시하였다. 또 그는 사형제도가 법률규정에 따라 사형을 언도하여야 하는 법관과 직무상 어쩔 수 없이 사형을 집행하는 자의 양심의 자유도 침해한다고 주장하였다.

조승현 재판관은 사형제도가 생명권의 본질적 내용을 침해하는 생명권의 제한이므로 「헌법」 제37조 제2항 단서에 위반된다고 반대의견을 제시하였다. 그는 사형은 형벌의 목적인 범죄의 예방과 범죄인의 개선이라는 목적달성에 필요한 정도를 넘은 것으로 목적의 정당성, 그 수단의 적정성 · 피해의 최소성 등 기본권 제한의 제 원칙에도 반한다고 주장하였다.[11)]

헌법상의 인간의 존엄과 가치에 직접 관련되는 주요 쟁점에는 사형제도 이외에도 낙태, 안락사, 학살, 고문, 인간의 생체실험, 잔인하고 가혹한 형벌, 유전자 정보의 악용, 인간의 복제, 성적 착취 등이 있다. 「생명윤리 및 안전에 관한 법률」은 인간을 복제하기 위하여 체세포복제배아를 자궁에 착상 · 유지 또는 출산하는 행위를 금지하고 있으며, 희귀 · 난치병 등의 질병치료를 위한 연구목적 외에는 체세포핵의 이식행위를 금지하고 있다(동법 제11조, 제22조).

헌법재판소는 성적착취를 목적으로 인간의 자유의지에 반하여 인간의 몸을 상품화하여 매매하는 것은 한 인간의 인격적 가치를 파괴하는 것으로 어떠한 경우에도 허용될 수 없는 인간의 존엄과 가치에 반하는 행위라는 점에서 그 죄질이 매우 무겁고, 그 근절을 위하여 엄벌할 필요성이 인정되며, 따라서 이 사건 법률조항의 법정형이 범죄의 죄질 및 행위자의 책임에 비하여 지나치게 가혹하다고 보기 어렵다고 판결한 바 있다.[12)]

11) 헌재 1996.11.28. 95헌바1.

3. 법의 목적

법이 궁극적으로 추구하는 이념은 앞장에서 지적한 '인간의 존엄과 가치'라고 할 수 있다. '인간의 존엄과 가치'의 실현과도 관련되는 중간 단위의 핵심지표에 질서와 정의가 있는바 법의 목적이라고도 한다. 법이 존재하는 목적 내지 법이 추구하는 궁극적인 이념은 독일의 법학자 라드브르흐에 의하면 법적 안정성, 정의, 그리고 합목적성(合目的性)이다. 합목적성이란 목적에 맞추어 방향을 결정하는 원리인 바, 한 국가나 사회가 처해 있는 구체적 상황에서 정의를 결정하는 표준이 되므로 넓은 의미에서는 정의의 개념과 관련된다. 예컨대 개인주의적 세계관에 기초한 민주주의 국가에서는 개인의 자유와 권리 보장을 법이 추구하는 목적으로 보지만, 사회주의적 세계관에 기초한 사회주의 국가에서는 사회적 불평등을 제거하고 배분적 정의를 실천하는 것을 법의 목적 또는 정의의 실현으로 보고 있다.

이곳에서는 하버드대학의 법 철학자 보덴하이머(Bodenheimer)가 질서와 정의에 관하여 깊이 있게 분석한 내용을 간단히 소개한다.13)

1) 질 서

질서(order)는 법체계의 공식적 구조로 일반적 규칙이나 기준을 통하여 인간의 법률행위를 규제하는 것이다. 이러한 질서의 특징은 통일성(uniformity), 계속성(continuity), 그리고 일관성(consistency) 내지 반복성이다. 인간이 사회조직을 형성하거나 정치를 하는 곳에서는 늘 규

12) 헌재 2006.5.25. 2005헌바4.

13) Edgar Bodenheimer, *Jurisprudence: The Philosophy and Method of Law*, Cambridge : Harvard University, 1974.

제받지 않는 무질서를 피하고 생동력이 있는 질서를 형성하려고 노력하여 왔다.

인간이 질서를 선호하게 된 근본적인 배경을 살펴보면 다음과 같다. 첫째, 인간의 생활에 영향을 주는 외부 자연세계를 보면 무질서보다는 질서가, 비정규성보다는 정규성(正規性)이 지배한다. 예컨대, 우주천체의 움직임, 인간을 비롯한 생명체의 구조나 움직임(인간 게놈의 구조), 물리·화학의 제 법칙 등이 그러하다. 수학적으로 계산이 가능한 일정한 특성의 자연법칙이 존재하므로 인간은 그것을 찾아내 오늘날의 문명을 이룬 것이다. 요컨대, 자연 현상에서 보이고 있는 정규성과 질서적인 움직임은 인간의 생활 활동에 유익한 영향을 미쳤고, 질서를 선호하는 배경이 된다.

둘째, 자연 질서와 마찬가지로 인간의 사회생활에서도 질서는 선호되는데 대표적인 예가 규칙적인 생활이다. 습관의 중요성이 강조되는 것도 인간이 반복적이고 규칙적인 생활을 선호하기 때문이다. 사회의 조직설계도 매우 체계적으로 질서 있게 구성된다. 산업사회가 될수록 전문적인 활동영역에서 전문화가 이루어지고 분업구조로 분화되며 조직 분석도 체계적으로 이루어진다.

사회생활에서 인간의 질서선호는 법 위반, 전쟁 등으로 자주 방해받기도 한다. 또 인간 생활에서 질서 선호가 개인적으로 또는 사회적으로 바람직한 가치라고 확신할 수는 없다. 군인처럼 획일화된 제복과 머리 스타일이 창의력과는 비례하지 않는다. 훌륭한 문학·예술가들이 자유분방하고 무질서한 생활을 하는 경우도 많다. 그러나 역사적으로 보면, 인간의 사회생활에서 무질서보다는 질서가 더 지배적 현상이었다. 습관과 전통, 그리고 제 사회규범들이 공동생활의 근거를 이루어 왔다.

셋째, 질서선호의 세 번째 근거는 인간의 심리와 신경조직과도 관련된다. 인간은 과거에 만족스러웠던 경험을 반복하려는 성향이 있으며, 심리적으로 새로운 긴장을 피하려는 속성이 있고, 자의적인 또는 변덕스러운 것보다는 합리적이고 안정적인 것을 선호한다. 매슬로(Maslow)

의 욕구의 계층이론에서도 인간의 안전선호 본능이 지적되고 있다. 물론 영화 '빠삐온'처럼 위험이 따르는 결단이 있어야 자유로운 삶을 쟁취할 수도 있지만 일반적인 평균인들은 위험과 도박보다는 안전을 선호한다고 할 수 있다.

2) 정의

상술한 질서 개념은 조직구조 또는 인간 행태의 유형과 관련된다. 이러한 질서는 인간생활에서 임의성과 불예측성을 막아주어 안정을 가져오지만, 내용적으로 만족할 만한 생활양식을 제공해 주는 것은 아니다. 이에 반하여 정의의 개념은 사회의 규칙이나 기준의 내용이 공정하고 합리적인가를 다루는 문제이다. 정의는 법의 내용과 인간의 행복에 미치는 영향 내지 가치의 문제에 초점을 둔다.

무엇이 정의인가에 관한 개념 논의는 오랫동안 매우 다양하게 다루어지고 있다. 플라톤(Platon)은 모든 시민이 각자의 의무를 다하는 사회가 정의로운 사회라 하였고, 아리스토텔레스(Aristotle)는 '평등한 것은 평등하게 불평등한 것은 불평등하게'(equal to equal, unequal to unequal)의 개념으로 비례적 평등을 정의의 요소로 보았다. 이때 평등의 궁극적인 기준은 실적 내지 문화에 대한 기여도가 된다.

워드(Ward)는 기회균등이 보장되는 사회가 정의로운 사회라고 주장한 바 있다. 특히 교육의 기회균등이 사회정의 실현에 중요하다고 주장하였다. 스펜서(Spencer)는 자유를 정의의 핵심요소로 보았다. 소레리(Sorely)는 사회 속에서 자유와 평등의 조화로 정의가 달성된다고 주장하였다.

롤즈(Rawls)는 정의를 기본적인 자유와 사회적·경제적 가치의 배분에 관한 문제로 보았다. 즉, 개인은 다른 사람들과 양립될 수 있는 광범위한 기본적 자유에 관하여 동등한 권리를 가져야 한다. 사회적·경제적 불평등은 다음 조건이 충족되도록 조정되어야 한다. 그 불평등이 모든 사람을 위하여 이익이 되리라는 것을 합리적으로 기대할 수 있어야 하며, 그 불균형의 모체가 되는 지위와 직무가 모든 사람에게 공개되어야 한다. 홉스(Hobbes)는 생명·재산의 안전을 보호 하는 것이 법질서의 최우선 과제이고 평화유지가 정의라고 하였다.

정의에 관하여 이렇게 다양한 주장을 하는 것을 보면 정의에 관한 판단은 의심할 수 없는 확실한 지식에 근거하거나 모든 사실적 측면을 완전히 고려한 합리적 판단을 하기가 어렵기 때문이 아닌가 한다. 정의의 기준에 관한 판단에는 감정, 종교적 신념 등 비합리적 요소도 작용한다. 정의의 기준에 관하여 의견이 갈리는 경우 현실적인 해결책은 경험적 증거자료, 역사적 경험, 문화적 전통, 미래의 효과예측, 인간 공통의 심성 내지 통찰력에 의존하게 된다.

정의의 기준에 관하여서 다양한 견해가 예시되었지만, 정의의 구체적 내용에 관하여 많은 학자들의 공통적 견해는 자격 있는 사람에게 '자기 몫을 주는 것'(to each, his own)이다. 키케로(Cicero)는 모든 사람에게 자기 몫을 주려는 의지를 정의의 주관적 요소라고 하였다. 이 주관적 요소는 자기 종업원 또는 남에 대한 관심을 의미한다.

현실적으로 정의로운 사회가 되기 위하여서는 주관적인 의지만으로는 부족하고 실질적인 제도화가 필요하다. 예컨대 몫을 나누는 관습, 남녀고용평등법 등이다. 아리스토텔레스의 배분적 정의 개념도 이에 해당한다. 즉 문화에의 기여도와 능력에 따라 공직의 권리와 의무가 배분되어야 한다는 것이다. 구체적인 입법행위와 사법부의 해석으로 그러한 정의가 실현된다.

이러한 내용의 정의는 법체계에 있어서 불합리한 입법과 불합리한 차별을 억제하고, 기본적 인권을 보장하였으며 생존과 발전에 필요한 기회를 제공하고, 정부의 기능을 효율적으로 수행하게 하였으며, 보상과 벌과금 부과에 있어 공정한 체계의 수립을 가능하게 하였다.

토론주제

1. 도덕과 법 같은 사회적 규범은 왜 필요한가? 법과 도덕과 상황의 관계에 관한 예시된 사례에서 어떤 논거로 어떤 입장을 갖고 있는가?

2. 인간의 존엄과 가치의 구체적 내용은 무엇인가? 어떻게 자기의 존엄과 가치를, 나아가 타인의 존엄과 가치를 인식할 수 있는가? 내가 왜 소중한 존재인가? 일상생활영역에서 인간의 존엄과 가치를 실천할 수 있는 방안(자기보존, 자기발전, 타인존중, 환경보호 측면에서)에는 어떤 것이 있는가?

3. 나는 언제 행복한가? 나는 무슨 일을 할 때 행복한가? 행복 추구를 위하여 나는 어떤 노력을 하고 있으며, 어떤 노력을 하여야 하는가?

4. 인간의 존엄과 가치에 관련되는 사형, 안락사, 낙태, 인간의 복제 등 사회적·법적 중요 쟁점들에 관하여 찬·반 논거를 제시할 수 있는가?

5. 보덴하이머가 제시한 질서선호의 철학적 배경은 무엇이며? 일상생활에서 질서가 선호되는 구체적 예를 들 수 있는가?

6. 정의의 구체적 내용은 무엇이며? 일상생활에서 정의를 구현할 수 있는 방법은 무엇인가?

제 2 장

법의 존재형태와 일반적 효력

본장에서는 법이 현실적으로 어떤 모습으로 존재하며, 법규범의 체계는 어떠한가를 살펴본다. 그리고 법이 일반적으로 어떤 효력을 갖고 있는가를 설명한다. 법의 해석과 적용과정도 언급한다.[1)]

1. 법의 존재형태

법원(法源)이라 함은 법의 연원(淵源) 내지 법의 존재형식을 의미한다. 법원은 구체적인 문서로 규정되어 있는지 여부에 따라 크게 성문법과 불문법으로 구분된다. 법의 생성에서는 불문법인 관습법이 먼저 시작되었으나, 사회규모가 확대되고 복잡해지면서 질서유지를 위한 의도적이고 기술적인 성문법이 제정되었다. 법원은 특정시대·특정사회에만 통용되는 실정법과 시공을 초월한 법 개념으로서의 자연법으로 구분하기도 한다.

1) 최종고, 전게서, pp. 63-128.

1) 성문법과 불문법

가. 성문법

성문법이라 함은 국가 및 기타 단체에 의하여 성립된 제정법(制定法)을 의미한다. 성문법의 장점은 불문법에 비하여 법의 의미와 내용이 명확하고, 법을 통일적으로 정비하기가 용이하며, 이에 따라 법적 질서와 안정성을 확보하기 쉽다는 점이다. 성문법의 단점으로는 문장이 갖는 불완전성으로 말미암아 법규의 진정한 의미를 파악하기가 곤란하다는 점, 법의 경직화·고정화를 야기할 수 있다는 점, 법의 성립과정에서 정파간의 타협이나 야합의 가능성이 있다는 점 등을 들 수 있다. 성문법에는 헌법, 법률, 명령, 자치법규(조례, 규칙), 조약 등이 있다.

나. 불문법

불문법이라 함은 국가 및 기타 단체에 의하여 성문화되지 않았으며, 일정한 절차에 따라 제정·공포되지 아니한 법규를 말한다. 불문법의 장점으로는 문장의 형식으로 법이 고정되지 않아 유동적인 사회현상에 탄력적으로 적응할 수 있으며, 입법자의 자의 또는 정파간의 타협보다는 사회적 필요 또는 국민의 확신에 따라 법이 성립한다는 점을 들 수 있다. 불문법의 단점으로는 법의 통일적 정비가 곤란하며, 법적 안정성을 유지하기 어렵고, 법의 존재여부가 불명확하여 법을 적용할 때에 법발견이 어렵다는 점 등을 들 수 있다. 불문법에는 관습법, 판례법, 조리 등이 있다.

가) 관습법

관습법은 사회의 자연발생적 규범이다. 관습법은 일정한 관행이 유의미한 기간 동안 존재하며 이러한 관행에 대하여 수범자의 법적 확신이 생겼을 때에 비로소 성립한다. 관습법의 성립근거에는 일정한 관행 자체에서 근거를 찾는 관행설, 수범자의 법적 확신에서 근거를 찾는 법적 확신설, 국가의 승인에 의하여 법규범으로 확립된다는 국가승인설 등이 있다. 우리나라와 같은 성문법국가에서는 일반적으로 성문법 규정이 없는 경우 보충적 효력을 인정하고 있다. 예컨대, 민법 제1조에서는 "민사에 관하여 법률에 규정이 없으면 관습법에 의하고 관습법이 없으면 조리에 의한다."라고 규정하고 있고, 상법 제1조에서는 "상사에 관하여 본법에 규정이 없으면 상관습법에 의하고 상관습법이 없으면 민법의 규정에 의한다."라고 규정하고 있다. 여기서 주의할 점은 상사에 관한 경우 불문법인 상사관습법이 성문법인 민법규정에 우선하여 적용된다는 점이다. 상법이 민법의 특별법이기 비록 불문법일지라도 특별법으로서의 상법인 상사관습법이 일반법인 민법에 우선하게 된다. 한편, 헌법재판소는 관습헌법의 존재 역시 긍정하고 있다.[2)]

나) 판례법

판례법이란 일정한 법률문제에 동일취지의 판결이 반복됨으로써 방향이 대체로 확정된 경우에 성문법화되지 않고 법적 규범이 되는 법이다. 판례법은 관습법의 특수한 형태인데, 법원(法院)에서 형성된 것이라는 점에서 일반적 관습법과는 다르다. 영국과 미국에서는 상급법원이 어떤 법률문제에 관하여 판결을 내리면 그 후 그 법원이나 하급 법원은 동일한 법률문제에 관해서는 앞선 판결과 다르게 판결할 수 없게 된다. 따라서 같은 법률문제에 관하여서는 같은 취지의 판결을 반복하게 되는 것이며, 이리하여 판례법의 형성이 가능하게 된다.

이와 반대로 유럽 대륙에서는 법전주의에 입각하기 때문에 법원은 동급 및 상급법원의 판결에 구속받지 않는 것이 원칙이다. 대륙법계인 우리나라의 경우 선례의 법원성을 인정하고 있지 않다. 즉, 우리 헌법에서는 제103조에서 "법관은 헌법과 법률에 의하여 그 양심에 따라 독립하여 재판한다."라고 규정하고 있는 바, 동 규정은 판례의 법원성이

2) 헌재 2004.10.21. 2004헌마554.

인정되지 않는 근거로 제시되고 있다.

그러나 하급법원이 다르게 판결할 경우에는 상고심에 가서 파기될 염려가 있기 때문에 특별한 이유가 없는 한 상급법원의 판례에 따르게 되는 것이다. 그러므로 법적으로는 구속력이 없는 판례가 사실상으로는 구속력을 갖게 되며, 따라서 법을 적용하는 것은 법원을 통한 입법이라 할 수 있다.

다) 조리(條理)

조리는 일반적으로 사물의 본성(nature of things, Natur der Sache), 정의, 형평, 신의성실, 공서양속, 사회통념, 선량한 질서 등으로 표현되는 공동생활의 원리를 의미한다. 특정한 구체적 사건에서 적용할 성문법이나 관습법이 없는 경우 적용할 법규가 없다 하여 재판을 거부할 수는 없으므로 이러한 경우 법원은 조리의 개념을 통하여 그 법의 결함을 보충하여 판결할 수 있다. 즉, 조리란 국가가 법적 규범의식으로서 승인한 사회생활의 원리를 말한다.

2) 실정법과 자연법

가. 실정법(현실의 법)

실정법은 현실의 법으로서 특정시대, 특정사회에서 효력을 갖는 법규범을 의미한다. 실정법은 보통 성문법 형태이지만 관습법, 판례법, 조리와 같은 불문법도 있을 수 있다.

나. 자연법(이상의 법)

법의 궁극적인 정당성 여부는 시·공을 초월한 영원한 객관적 원리에 의하여야 하는 바, 이것이 자연법의 개념이다. 자연법이 구체적으로 어떤 내용이냐에 관하여 많은 논란이 있다. 우주 질서의 원리, 신의 뜻에 따라 바르게 사는 원리, 인간의 본성에 기초한 시·공을 초월한 보편타당한 객관적 질서(자연원리에 따라 옳은 법) 등으로 주장된다. 우리나라에서 나쁜 짓을 하는 사람에게 "하늘이 무섭지 않으냐!"라고 꾸짖는 것도 자연법의 예시라고 할 수 있다. 자연법은 실정법의 정당성을 판단하는 기초가 된다.

다. 악법과 저항권 문제

실정법과 자연법의 분류에서 쟁점이 되는 것은 악법도 준수하여야 하는가? 아니면 저항권을 행사할 수 있는가? 저항권을 행사한다면 어느 정도 할 수 있는가의 문제가 있다. "악법도 법으로 준수하여야 하는가?"의 문제에 실정법주의자들과 자연법주의자들이 대립한다. 실정법주의자들은 법의 개정이 있기 이전에는 악법도 준수하여야 한다는 입장으로 법적 안정성을 강조한다. 자연법주의자들은 인간을 차별하여 생명, 자유, 재산을 박탈하고 언론·출판의 자유를 탄압하는 법률은 자연원리에 반하며 저항권에 의하여 부정되어야 한다며 정의개념을 강조한다.

저항권의 초실정법성에 관하여서도 양자의 입장이 다르다. 법실증주의자들은 저항권의 초실정법성을 부인하며 실정법에서 규정된 경우만 저항권을 인정한다. 그러나 자연법주의자들은 저항권의 초실정법성(자연권성)을 인정한다. 저항권을 인정하는 경우에도 저항권은 법적 안정성 내지 공공질서 유지를 크게 위협하므로 그 행사에는 일정한 요건을 충족하여야 하는 한계가 있다. 저항권 행사의 요건으로 보충성과 최후수단성을 들 수 있다. 즉, 다른 모든 헌법적 수단을 다 동원해도 국가권력에 의한 헌법침해를 막을 수 없는 경우에 보충적으로 적용되며, 헌법적 가치가 완전히 무너지기 직전에 최후수단으로 행사되어야 한다. 저항권 행사요건으로 성공가능성을 들기도 한다. "성공하지 못한 저항권의 행사는 저항권이 아니고 범죄이다"라는 표현이 그것을 말한다.

저항권은 헌법적 가치질서 보호를 위한 국민의 최후 수단적 자구행위로 그 남용이 경계되어야 한다. 대의민주주의는 정책결정 과정에 적극 참여하여 의사표시를 하고 일정한 정책결정이 내려진 다음에는 그에 복종하여야 하는 '참여와 복종'의 메커니즘에 바탕을 둔 통치 질서이므로 정책결정에 반대하는 수단으로서 저항권을 내세우는 것은 저항권의 궤도이탈이라고 할 수 있다. 저항권 행사의 이러한 딜레마로 저항권을 '힘의 행사'로 보기보다는 '계속적인 저항', 즉 비판적 복종의 자세로 이해하는 경향도 있다.[3)]

2. 법의 체계

1) 공법 · 사법 · 사회법

로마법 이래, 법이 규율하는 대상인 생활의 실체에 따라 법규범을 구분하는 전통이 있다. 종래 공법과 사법의 구분이 그러하며, 사회법은 자본주의의 발달에 따라 등장한 비교적 현대적인 개념이다. 먼저 공법은 개인과 국가의 관계, 국가나 공공단체의 공권력행사에 관한 규정을 의미하는 바, 헌법 · 행정법 · 형법 등이 대표적인 공법이다. 사법은 개인과 개인 사이의 관계, 개인간의 분쟁조정, 피해구제에 관한 규정 등을 의미하는 바, 민법 · 상법 등이 대표적인 사법이다. 사회법은 공법과 사법의 중간영역으로, 인간의 사법적 생활관계에 경제적 약자의 보호 등을 목적으로 공법적인 통제를 가하여 사인간의 실질적인 평등을 실현하는 법을 의미하는 바, 종래의 공 · 사법 이분론에 따를 경우 어느 쪽에도 속하기 어려운 제3의 법영역이다. 사회법에는 대표적으로 노동법 · 사회보장법 · 경제법 등이 있다.

3) 최종고, 전게서, pp. 90-92.

2) 실체법 · 절차법

실체법은 국민의 권리와 의무의 발생 · 변경 · 소멸 등을 규정한 법규범이며, 절차법은 이러한 실체법에 의하여 발생된 권리와 의무를 실현하기 위한 법규범이다. 민 · 형사소송법이 대표적인 절차법이다.

3. 법의 일반적 효력

1) 법의 실질적 효력

법규범이 구속력을 가질 수 있는 근거가 무엇이냐를 법의 타당성이라 하고, 어떤 행위규범이 실현되지 않을 때 그 위반자에게 강제력을 발동하는 것을 법의 실효성이라 하며, 양자를 법의 실질적 효력문제라 한다.

법의 타당성에 관하여서는 계층적 법단계를 내용으로 하는 법학적 효력설이 있고, 실력설 · 여론설 · 승인설을 포함한 사회학적 효력설, 그리고 법의 목적 내지 초현실적 가치에서 찾는 법철학적 효력설이 있다. 법학적 효력설은 법단계설에 따라 하위법은 상위법(수권규범)에 근거한다는 견해가 있다. 이 경우 실정법상 가장 상위에 위치하는 헌법은 의제규범(擬制規範)인 근본규범으로부터 그 근거를 찾을 수 있다고 한다. 사회학적 효력설로서, 일정한 사실에서 규범적 효력을 도출하는 사실(관습, 혁명)의 규범력설, 실재하는 강자의 실력에서 근거를 찾는 실력설, 사회에 유익한 법이라고 인정하는 여론에서 근거를 찾는 여론설, 수범자인 다수인의 행동준칙으로서의 승인에서 근거를 찾는 승인설 등이 있다. 법철학적 효력설은 정의와 같은 법이념 내지 가치에서 법의 실질적 효력의 근거를 찾고 있다.

법의 실효성은 국가권력에 의하여 보장된다. 우리나라의 경우 낙태, 교통법규 위반 및 탈세 등에서 법의 실효성에 문제가 많다고 할 수 있다.

2) 법의 형식적 효력

실정법은 시간, 공간, 인적으로 한정된 범위 안에서 효력을 가지는 바 이를 법의 형식적 효력이라 한다.

법의 장소적 효력에는 속지주의와 속인주의가 있다. 법의 인적 효력에는 예외도 있다. 예컨대, 대통령과 국회의원의 특권, 국제법상의 치외법권 등이다.

가. 시간적 효력

새로운 법이 제정되어 시행될 경우 특별한 규정이 없는 한 공포일로부터 20일이 경과함으로 효력이 발생한다. 제정법은 특별한 규정이 없는 한 시행일로부터 영속적 효력을 갖는다. 다시 말해, 그 폐지일까지 계속 효력을 갖는 것이다. 여기에 대한 예외로서 사전에 그 유효기간이 정해져 있는 한시법(限時法)이 있는데, 한시법은 일시적인 특정사정을 위하여 제정된 처분적 법률에 해당한다. 한시법의 경우 그 유효기간의 만료에 의하여 법의 효력을 잃은 후에도 그 유효기간 중에 행하여진 법위반에 대하여 그대로 적용될 수 있다.

새로 제정된 법률은 그 이전에 발생한 사실에 대하여 소급 적용되지 않는 것이 원칙이다(법률불소급의 원칙). 이것은 형법과 같이 개인의 기본권에 대한 침해를 가져오는 경우 특히 엄격하게 적용되며 민사관계에서도 기득권존중 내지 법적 안정성 차원에서 인정된다. 그러나 절대적으로 지켜져야 하는 원칙은 아닌 것으로, 신법이 관계자에게 유리한 경우나 정책적 필요 등에 의하여 일정한 예외가 존재한다.

법의 폐지에는 명시적 폐지와 묵시적 폐지가 있다. 전자의 경우 한시법과 같이 유효기간을 정한 경우 유효기간의 종료로도 폐지될 수 있으며, 폐지 후에는 폐지 전의 사실에 대하여 제재하지 못하는 것이 원칙이다. 후자의 유형에는 신법과 구법이 모순될 경우 그 저촉되는 한도 내에서 구법이 폐지된 것으로 보는 경우가 해당된다(신법우선의 원칙).

나. 법의 장소적 효력

법의 장소적 효력에 관하여서는 속지주의, 속인주의, 보호주의, 세계주의가 있다. 우리나라의 경우 속지주의를 원칙으로 하되, 속인주의 내지 보호주의를 가미하여 적용하고 있다.

속지주의라 함은, "로마에 가면 로마법을 따라야 한다."는 법언에서와 같이, 국적을 불문하고 자국 영토 안에서 발생한 일체의 행위에 자국법을 적용하는 입장이다. 예를 들어, 외국인이 우리나라의 영토 내에서 저지른 범죄행위에 대하여 우리 형법을 적용하여 처벌하는 경우를 들 수 있다. 속인주의는 국내·국외의 장소를 불문하고 자국민에 의한 행위라면 자국법을 적용하는 입장이다. 예를 들어, 한국인이 출국하여 외국에서 저지른 범죄행위에 대하여 귀국 후 우리 형법에 따라 처벌하는 경우를 들 수 있다.

보호주의는 자국 내지 자국민의 법익에 대한 침해행위에 대해서는 행위자의 국적 내지 행위의 장소를 불문하고 자국법을 적용하고자 하는 입장이다. 예를 들어, 외국인이 외국에서 우리 국민에 대하여 범죄를 저질렀을 때 그 외국인을 우리 형법에 따라 처벌하는 경우를 들 수 있다.

세계주의는 반인륜적 전쟁범죄와 같이 "인간의 존엄과 가치"라는 인류 보편적인 이념을 근본적으로 침탈하는 범죄행위에 대하여 행위자의 국적, 행위장소 등을 불문하고 자국법을 적용하고자 하는 입장이다. 이 경우 외국인이 외국에서 저지른 반인륜적 범죄행위에 대하여 우리 형법에 따라 처벌이 가능하게 된다.

다. 법의 인적 효력

법의 인적 효력범위는 시간적·장소적 효력이 미치는 모든 사람에게 해당하는 것이 원칙이다. 여기에 대한 예외로서는 먼저 국내법상 대통령에 대한 형사소추면제, 국회의원의 불체포특권, 미성년자보호법이나 공무원법과 같이 특별법에서 일정한 범위의 사람에게만 적용하는 경우 등을 들 수 있다. 국제법상의 예외에는 외교관 등에 대한 치외법권(속지주의 배제, 속인법주의)과 조약(한미상호방위조약 제14조에 의한 주한미군의 범죄행위)에 의한 경우 등을 들 수 있다.

4. 법의 해석과 적용

사법부가 법규를 구체적 사건에 적용하는 경우 형식으로 보면 3단논법으로 이루어진다. 즉 추상적인 법규(사람을 살해한 자는 사형, 무기 또는 5년 이상의 징역에 처한다. 형법 제250조)를 대전제로 하고, 구체적 사건(갑이 을을 살해함)을 소전제로 하여, 결론으로 판결(갑을 무기 징역에 처한다)을 하게 된다. 그러나 실제 법 적용이 이루어지는 절차는 사실의 확정- 관련 법규의 발견 및 해석- 판결로 이루어진다.

1) 사실 확정의 방법

어떤 사실을 확정하는 방법에는 입증, 의제(간주), 추정이 있다. 입증은 사실의 존부에 관한 확신을 얻게 되는 증거 자료의 제시이다. 원칙적으로 어떤 사실을 주장하는 자에게 입증(거증)책임이 있다.

사실 관계를 불문하고 법규에서 일정한 사실 관계를 확정해 버리는 경우가 있는 바 이를 의제 또는 간주라고 한다. 예컨대, '실종선고를 받은 자는 실종기간이 만료한 때 사망한 것으로 본다'는 민법 제28조의 규정이다. 이 경우에는 반대의 증거가 있더라도 당장에 법률효과를 전복시키지 못하며 선고취소라는 별도의 판결절차를 거쳐야 한다(민법 제29조).

증거로 확정하지 못한 사실을 반대 증거가 나타날 때까지만 우선적으로 진실로 인정하는 경우가 있는 바 이를 추정이라 한다. 예컨대, '처가 혼인 중 포태한 자는 부의 자로 추정한다'는 민법 제844조 제1항이다. 추정이 인정되는 경우에 반대의 증거가 나오면 추정의 법률효과는 없어진다.

2) 법의 발견 및 해석

적용할 법을 발견하고 그 법의 의미내용을 명백히 하는 것을 법의 해석이라고 한다. 법의 해석에는 해석 주체에 따라 정부(입법부, 행정부, 사법부)가 하는 유권해석과 학자들이 학문적인 견지에서 하는 학리해석이 있다. 학리해석은 직접적인 구속력은 없지만 유권해석과 재판에 강한 영향력을 가진다.

법의 해석 방법에는 법조문의 국어학적 또는 문법적 해석을 주로 하는 문리(文理)해석과 법문의 논리적 의미에 관심을 둔 논리해석으로 분류할 수 있다. 문리해석에는 축소해석과 확장해석, 그리고 유추해석이 있다. 유추해석은 어떤 사항을 직접 규정한 법규가 없을 경우 가장 비슷한 사항을 규정한 법률을 적용하는 하는 것인데, 형법에서는 유추해석을 금하고 있다.

논리해석에는 비교해석, 목적해석, 의사해석, 보정해석, 물론해석, 반대해석 방법이 있다. 물론해석(당연해석)은 법조문의 자구 속에 다른 사례가 성질상 당연히 포함되어 있다고 판단하는 것이며, 반대해석은 법문에 명시되지 않은 경우에는 그와 반대로 된다고 해석하는 것으로 유추해석에 대립한다.

어느 경우에 어떤 해석 방법을 사용할 것인가에 관하여 원칙이 수립되어 있지 않다. 독일 법학자 라드브루흐는 '해석은 그 결과의 결과이다.'라고 한 바 있다. 즉 통상 합리적인 결론을 이미 확정한 후 해석 방법이 선택된다.[4)]

3) 법 적용의 원칙

법을 적용할 경우 법규 간에 상호 충돌이 생기면 어떤 법규를 먼저 적용할 것인가에 관하여서는 상위법 우선의 원칙, 특별법 우선의 원칙, 신법 우선의 원칙이 적용된다.

토론주제

1. 법원(실정법, 관습법, 판례법, 조리)의 구체적 내용을 아는 것이 왜 중요한가?

2. 법률춘향전(장경학, 서울 : 을유문고, 1986)에서 나타난 저항권에 관한 동서양의 비교에 대하여 동의하는가? 어떤 근거에서 반론을 제기할 수 있는가?

3. "성공하지 못한 저항권의 행사는 저항권이 아니고 범죄이다"라는 표현에 동의하는가? 민주주의는 참여와 복종이라는 통치질서에 근거하는데, 저항권과 어떻게 조화를 이룰 수 있는가? 많은 경제적 지원이 따르는 핵폐기물 유치를 지방정부가 결정한 경우 주민들은 저항권을 행사할 수 있는가?

4. 실효성 없는 한국의 법률에는 어떤 것이 있으며, 그 원인과 대책을 무엇인가?

5. 국립공원 입구에 "개는 출입을 금함."이라는 경고문이 있다고 가정하자. 곰을 끌고 온 곰 곡예사가 이 경고문을 보고 어떤 해석을 할 수 있을까? 어떤 해석 방법이 합리적일까?

---

4) 최종고, 전게서, p. 125.

제 3 장

한국의 법문화

개방체제에서는 환경이 중요시된다. 법, 정치, 경제, 사회 환경 등 많은 환경 중에서 법 환경은 한나라의 법체계와 법의 적용 내지 실효성을 이해하는데 매우 중요하다. 법 환경은 법문화라는 말로도 사용된다. 법계(法系)에 따라 특성이 다르고, 법문화도 시대의 흐름에 따라 변하므로 법의 변동도 법문화와 관련되는 주제이다. 본장에서는 한국 법문화의 특징을 살펴보고 그 개선 방향을 제시해 본다.[1)]

1. 한국 법문화의 일반적 특징

한국의 법문화의 특징은 첫째, 오랜 유교의 전통으로 법보다는 도덕에 국민들이 친숙하다. 둘째, 한국의 근대 법체계가 독일법체계를 모법으로 하고 있어 영미법계에서 강조하고 있는 법의 지배원리와 천부인권 등의 권리개념보다 형식적 의미의 법치주의와 국가에 대한 의무를 강조하는 경향이 있다. 셋째, 노네트(Nonet)와 셀즈닉(Selznick)의 법의 3단계 유형에[2)] 따르면 억압적인 법의 속성을 아직도 많이 갖고 있다.

1) 표시열, 전게서, pp. 40-47.

2) Phillippe Nonet and Phillip Selznick, *Law and Society in Trasition : Toward*

1) 도덕규범

사람들이 공동생활을 하는데 지켜야 할 대표적인 행위규범이 도덕과 법이다. 도덕과 법은 지나친 이기심이나 상호 파멸적인 투쟁을 지양시켜 사회적 조화를 이루려는 점에서 차이가 없다. 그러나 도덕은 관심방향이 내부 지향적이어서 인간 내심의 요청인 양심에 호소하고 동기를 중요시하는 자기 자신에 대한 자율적 규범이다. 한편 법은 관심방향이 외부지향적이며 밖에서 의무를 강요하는 타율적 규범이다.

도덕과 법은 이러한 본질적 차이가 있지만, 도덕이 법규화되면 강제력에 의하여 도덕의 실효성을 최대한 보장받게 된다는 점에서 '법은 도덕의 최대한'이라고 할 수 있다. 그러나 법은 도덕의 전부를 법규화할 수는 없으므로 영역에 있어 '법은 도덕의 최소한'이라고 할 수 있다. 그런데 어떤 사항을 도덕영역에 놓아야 하는지 아니면 법 영역에 편입할 것인지는 법의 목적에서 지적되었듯이 판단이 쉽지 않다. 따라서 법과 도덕 또는 윤리를 판단함에 있어서 상황(狀況)이 중요한 요소가 되기도 한다.

일반적으로 한국 국민은 법보다는 도덕에 더 관심을 갖고 있다. 공무원의 뇌물사건이 있거나, 교사의 촌지사례를 접할 때 국가공무원법에서 규정하고 있는 청렴의 의무(동법 제61조)에 반한다고 처벌을 요구하기보다는 도덕성 결여를 문제 삼는다. 법은 도덕의 최소화이므로 우선 법적 의무를 잘 지킬 것이 요구되어야 한다.

한국국민이 법보다 도덕에 더 관심을 갖고 있는 배경은 유교문화에 그 근거를 두고 있는 것 같다. 유교에서는 국가가 수치심을 피하려는 개인의 도덕성에 기반을 두고 유지될 수 있다고 보았다. 따라서 유교사회에서는 도덕성이 행위의 제1차적 규범이고, 법은 도덕성을 기대할 수 없는 서민들이나 준수하여야 하는 행위의 제2차적 규범으로 보았다.

Responsive Law, New York: Harper and Row Publishers, 1978.

이러한 전통은 인(仁)을 강조한 왕도정치 내지는 인치주의(人治主義)로 표현되기도 한다. 그러나 인치주의의 한계는 인간의 자의성 내지 변덕성에 있다. 조선시대의 이러한 도덕 우선 관례는 해방 후 법규범 우선을 내용으로 하는 법치주의를 생활화하는 데 장애요소로 되고 있다고 생각된다. 이러한 지적은 도덕을 경시하자는 것은 아니다. 도덕과 윤리는 법의 밑바탕이 되므로 법문화 발전에서 중요한 역할을 한다. 그러나 우선은 도덕의 최소한의 요구인 법의 준수를 강조하여야 한다.

2) 질서와 의무

어느 시대, 어느 국가를 막론하고 질서와 정의는 법이 추구하는 양대 이념이다. 그러나 한국사회에서는 그동안 정의보다 질서가 더 강조되어 온 것 같다. 유교에서는 개인의 역할에 혼돈이 생길 때 사회에 문제가 생긴다고 보고, 삼강오륜을 통하여 개인의 역할 내지 의무를 강조하였다. 자기가 속한 계층 내에서 자기역할을 다하라는 강조는 권위주의적 정치풍토를 가져왔고 아직도 우리사회에서는 충효개념의 잘못된 해석으로 의무와 복종이 중요한 덕목으로 여겨지고 있다.

한국사회에서 안정성 내지 안보의 강조는 끊임없는 강대국들의 침략과 남북한의 대립이라는 환경적 영향도 크다 하겠다. 생존이 수시로 위협받는 상황에서 개인은 혈통유지를 위해 남아를 선호하게 되고 국가는 안보와 질서를 강조하게 되었다.

동양사회에서는 자연 질서에서 발견되는 자연법칙을 그대로 인간관계의 윤리법칙으로 옮겨 놓는 데 그쳤으나, 서양사회에서는 인간의 이성에서 자연법사상의 근거를 찾고 시민혁명을 통하여 천부인권, 자연권, 사회계약론, 법치주의 등의 개념을 확립하였다.[3] 특히 미국에서는 자연권의 개념이 미국독립선언의 철학적 근거였으며 '권리'를 중요시하는 계기가 되었으며 미국인 사고방식의 근원이 되고 있다.[4]

---

3) 장경학, 『법률춘향전』, 서울: 을유문고, 1986, p. 218.

3) 대륙법계

법문화는 법계(legal family)와 밀접한 관련이 있다. 세계의 법계는 대륙법계, 영미법계, 사회주의법계로 분류된다. 대륙법계는 로마·게르만법을 기초로 발전하였으며, 가장 광범위하게 분포되었고 성문법주의를 특징으로 하며 추상적 일반 법규범을 해석하는 법학자들의 역할이 중요시된다. 대륙법계 특히 독일에서는 법치주의가 '법률'에 의한 지배를 의미하였다. 형식적으로 의회에서 제정된 법률이기만 하면 그 내용의 타당성 여부를 묻지 않았으므로 기본권 보장은 장식적이었고 법에 의한 독재도 가능하였다.

영미법계는 영국에서 형성·발전된 보통법(common law)이 영국식민지 국가들에 전수된 체계이다. 영미법계는 구체적인 분쟁소송의 해결책을 찾는데 중점을 두고 소송절차·증거절차 등 절차법규를 중요시하였고, 불문법주의를 특징으로 하며 법관의 역할이 중요시된다. 영미법계에서는 법치주의가 법의 지배(rule of law)를 의미하였고, 판례법을 통하여 개인의 인권보장과 자연적 정의에 합당하여야 하는 실질적 법치주의를 일찍부터 확립하였다. 최근에는 대륙법계에서도 실질적 법치주의의 내용인 법의 지배를 수용 내지 강조하고 있으며, 영미법계에서도 형식적 법치주의의 내용인 법률의 지배 내지 성문법 제정을 강화하고 있어 상호 수렴되는 경향이다.

사회주의법계는 원래 로마·게르만법계에 속하며 러시아를 위시하여 공산국가들에 전파된 체계이다. 사회주의법계는 생산수단의 공유화를 내용으로 하므로 사법이 위축되고 공법이 주가 된다. 법규범이 지배계급의 지배수단으로 이용되고 있다. 사회주의 체제의 최근 변화는 실정법규에도 자본주의적 요소들이 가미되고 있는 것이다.

---

4) Michael J. Lacey and K. Haakonsen ed. *A Culture of Right*, New York : Cambridge University Press, 1992.

한국의 법계는 대륙법계에 속한다. 독일의 법체계가 일본을 경유하여 한국에 전수되었다. 독일법의 계수는 법치주의의 의미를 '법률의 지배'라는 형식적 이해로 만들었다. 특히 행정부는 법령에 근거를 두기만 하면 법치주의에 충실하다고 생각하였기에 해당 법령의 내용이 상위법령, 특히 헌법가치에 일치하는지 여부의 내용상의 타당성은 검토하지 않았기 때문에 기본권 보장은 허구에 불과하였다.

물론 위헌법률심사제를 도입하여 헌법이념에 적합한 실질적 의미의 법치주의가 확립될 법적 근거는 있었지만 건국헌법의 헌법위원회에서 위헌결정이 2건에 불과하였다. 또한 1972년대 헌법위원회와 1980년의 헌법위원회는 단 한 건의 위헌법률심사도 하지 않았다. 이는 정치권력의 독재 영향도 있었지만 독일 모법의 형식적 법치주의 전통도 한 요인이라고 생각된다.

대륙법계는 행정부의 능률을 강조하는 행정국가 형태이고, 영미법계는 국가의 능률도 중요하지만 개인의 기본권 보장과 공무원의 봉사정신을 강조하는 사법국가 형태라 할 수 있다. 한국은 전통적인 중앙집권적 정치체제였는데 대륙법계의 영향, 그리고 해방 후 정부주도의 경제발전 추구로 더욱 능률을 강조하는 행정국가 형태를 유지하고 있다.

한국법계는 대륙법계로 성문법주의이다. 성문법은 법의 내용을 비교적 명확하게 하여 주고 법체계의 통일성과 법질서의 안정성을 확보해주는 장점이 있으나, 법의 내용이 법조문 형식으로 고정되어 있으므로 사회현실과 거리가 멀어 법 집행에 어려움이 있다. 이러한 이유 또는 핑계로 많은 한국의 법령들은 빈번한 개정을 하게 된다. 주로 정치적 이유였지만 한국헌법의 제정 역사가 불과 50년인데 9차례나 개정되었으니 하위 법령들의 개정 빈도는 더 말할 필요도 없다.

미국연방헌법이 200년이 넘도록 원문은 하나도 개정되지 않고 수정부록(Amendment)으로 27개 조항만 추가되고 있는 것과 너무 대조적이다. 한국에서는 법령의 해석을 통한 합리적인 운영보다 문제만 있으면 법령의 개정부터 생각하는 경향이 있다. 물론 성문법주의에서 해석론에 치우치면 법치주의가 아닌 인치(人治)주의로 흐를 우려도 있지만, 조령모개(朝令暮改)란 말이 생길 정도로 법령의 빈번한 개정은 성문법의 장점인 법질서의 안정성과 국민의 법에 대한 신뢰감을 실추시키는 한 요인이 된다.

한국에서 성문법령들이 자주 개정되는 것은 법규범의 내용이 현실과 거리가 먼 이상적인 내용이어서 그 실효성이 없기 때문이기도 하다. 근대 법체계가 완비되지 못한 상태에서 짧은 시일 안에 근대 법체계를 수용할 경우 성문법주의를 취하게 되는 데, 전통적인 법문화 내지 법인식과 거리가 있게 되고 국가의 재정 상태나 현실은 무시한 이상적인 법 내용이 되어 실효성을 잃게 되며 국민들은 법을 하나의 장식으로 생각하게 된다. 특히 한국 헌법의 제 기본권 조항, 선거운동의 규제 및 선거사범의 처벌에 관한 「공직선거 및 선거부정 방지법」 등이 그러한 예이다. 이러한 특징은 법 집행의 엄정성과 형평성의 문제이기도 하지만 법을 위반하고도 잘못했다고 생각하기보다는 재수가 없어 억울하게 처벌받는다고 생각하게 한다.

성문법은 일반·추상적인 표현을 하게 되어 법을 집행하는 공무원들이 해석에 있어 많은 재량권을 갖게 된다. 특히 오늘날 같이 행정기능이 확대·전문화됨에 따라 법률이 모든 경우를 예상하여 일의적·확정적으로 규정할 수 없기 때문에 재량권은 불가피하다고 할 것이다. 이러한 재량권이 한계를 일탈하거나 남용되는 경우가 많으며 공무원의 부정부패와 연계될 가능성이 크다는 것이 문제이다. 재량행위에 대한 통제방안이 법치국가적 요청과 행정국가적인 요청의 조화 차원에서 강구되어야 할 것이다.

4) 억압적인 법체계

근대 자유민주주의의 특징 중 하나는 한 나라의 법체계가 억압적인 법체계(repressive law)에서 자율적인 법체계(autonomous law)로 발전하는 것이다. 억압적인 법체계에서는 법이 피치자의 이해를 무시하는 관리본위의 통치수단으로 쓰인다. 그러나 자율적인 법체계에서는 법이 정치로부터 분리되는 엄격한 '법의 지배'를 특징으로 하며, 특히 법의 핵심을 절차에 두고 절차의 공정성을 강조한다. 영미법계에서는 일찍이 적법절차(due process of law)의 원리를 통하여 이러한 절차적 공정성을 법적으로 제도화하였다.

한국의 법은 억압적인 법체계의 요소를 아직 많이 가지고 있다. 억압적인 법의 특징은 법과 정치의 일원화 내지 법의 권력에의 종속현상이다. 법은 권력을 강화하고 그에 권위를 부여한다. 그동안 한국의 법은 정치권력, 특히 대통령의 권력에 직접적인 영향을 받아왔다. 사법부 내지 법관의 독립을 통하여 법이 권력에 대립하여 국민의 자유와 권리를 수호하지 못한 것이다. 이러한 현상은 국민들이 법을 자기의 권리를 지켜주는 수단으로 보기보다는 탄압의 수단으로 생각하는 '법에 대한 불신'으로 나타난다. 이러한 법에 대한 불신은 예컨대 세법을 지키면 자기만 손해라는 생각까지 갖게 한다.

억압적인 법체계는 관리본위의 법을 특징으로 한다. 행정부 공무원들은 전문능력이라는 이유로 폭넓은 재량권이 부여되는 법률을 실질적으로 자기들이 입법하며, 그 입법과정도 불투명하다. 국민들의 법에 대한 접근이나 요구는 행정상의 편의, 정부의 과중한 부담, 불필요한 자원낭비방지 등의 이유로 제한된다. 관존민비(官尊民卑)라는 오랜 악습이 법제정에서 운영과정까지 국민들의 참여와 접근을 막고 있다. 관존민비의 악습과 1960년 이후의 정부주도의 개발행정은 한국을 행정규제의 왕국으로 만들었다. 민간부문에 대한 공공부문의 통제를 의미하는 행정규제는 기업의 역할이 활발해졌고, 국제경쟁력 강화가 당면과제인 오늘날의 국제화시대에서는 최소화되어야 한다.

2. 한국 법문화의 변화 방향

민주주의는 법적 측면에서 볼 때 법치주의인 바, 보다 나은 법제도의 설계와 운영은 민주주의의 발전 내지 성숙을 촉진한다. 법제도의 설계와 운영은 그 나라의 오랜 법문화에 직·간접으로 영향을 받는다. 법치주의는 한국의 전통적인 법문화에 잘 맞는 제도라고 할 수는 없다. 해방 후 서구의 법치주의 원리와 전통적인 법문화간에 많은 갈등을 겪었으니 이제는 '조화'의 지혜를 찾을 때이다.

앞에서 지적된 한국 법문화의 일반적 특징은 법문화 변화의 방향을 암시한다. 첫째, 도덕도 중요시되어야 하지만 국민들한테 특히 일반 공무원에게는 도덕의 최소한 요구인 법적 의무의 준수만을 기대하고 요구·감시하여야겠다. 둘째, 질서·법적 안정성·의무도 중요한 법의 목적이지만, 정의·자연권·권리가 강조되고 존중되어야 하겠다. 민주주의는 권리와 의무의 쌍무적 관계를 특징으로 한다.

셋째, 형식적 법치주의를 지양하여 실질적 법치주의 내지 법의 지배를 구현하여야겠다. 사법부의 실질적 독립과 진보적 판결이 요구된다. 지금까지 추구해 온 능률위주의 행정국가보다는 개인의 권리를 보호하는 사법국가를 지향하여야 하겠다. 또한 법령 제정 시 현실과 거리가 먼 실효성 없는 법을 만들지 말고, 일단 제정되었으면 반드시 준수하도록 집행하고, 불가피한 경우가 아니면 가능한 한 빈번한 개정을 억제하여야 하겠다.

넷째, 억압적인 법 체제를 청산하고 자율적인 또는 응답적(應答的)인 법체계를 지향하여야 되겠다. 법이 정치 내지 권력으로부터 분리되어야 하는 바 사법부의 독립이 필수적이다. 준칙(rule)에 따라 공무원 권한의 범위와 권한행사의 기준이 명확하여야 하고, 적어도 적법절차의 원리가 행정과정에서 적극 활용되어야 한다. 행정편의 위주의 많은 행정규제가 대폭 축소되어야 하며, 국민의 법 접근이 용이하도록 행정과정이 개방되어야 한다. 정보공개법의 정착은 물론 회의공개법도 제정되어 행정의 투명성이 보장되어야 한다. 미국의 경우 교육위원회의 모든 회의는 공개를 원칙으로 하며 이를 위하여 많은 경우 일반인의 참석이 가능한 저녁에 소집되고 있음을 참고할 필요가 있다.

법문화의 변화는 한 나라의 언어와 마찬가지로 오랜 시간을 요구한다. 법 영역에 종사하는 법 전문가들의 개혁노력은 물론 국민 모두가 위에서 지적된 내용 등을 가정, 학교, 사회, 정부 모든 영역에서 작은 일부터 실천하는 것이 그 출발점이다. 예컨대 아이들과 길 건널 때 신호등을 지키는 등 모든 부문에서 준법정신의 교육이 강조되어야 한다.

우리나라 대학생들한테 만약 네가 경찰관인데 아주 친한 친구가 현상 수배범임을 알았을 때 어떻게 할 것이냐고 질문한다면 70-80%가 범인이라는 것을 모르는 척 하거나 도망가라고 알려준다고 한다. 즉시 체포한다는 응답은 20-30%밖에 안 된다. 이는 한국의 문화가 정(情)의 문화임을 암시하는 것이다. 포청천의 전조같이 아무리 은혜를 입은 친구라도 범인이면 일단 체포하고 사적으로 도울 수 있는 것은 최대한 돕는다는 공선사후(公先私後)의 준법교육이 시급하다.

마지막으로 본 장에서는 한국의 법문화에 대하여 부정적인 면이 강조된 경향이 있으나, 실제 많은 긍정적인 면도 있다 하겠다. 조선시대의 사간원의 역할과 독대 제도는 중요 정책결정에 있어서 이견을 존중하는 전통이었고, 정치지도자들에 대한 높은 수준의 도덕률 기대는 법준수의 바탕이 된다 하겠다. 충효사상도 맹목적이고 권위주의적인 복종이 아니라 헌법가치에 대한 충성과 바른 삶에 대한 조상의 기대에 반하지 않는 의미로 바르게 해석될 때 민주주의에 긍정적인 전통문화가 된다.

특히 우리의 전통문화에 대한 새로운 민주주의적 시각의 연구가 필요하다. 서구의 개인주의가 오늘날 '가정의 파괴' 조짐으로 나타나 사회적 쟁점이 되고 있으며, 지나치게 소송에 의존하는 미국인들의 법적 다툼도 사회적 문제가 되고 있음은 우리에게 서구문화에 대한 맹목적인 수용을 경고하고 있다. 동·서양의 법률문화와 제도를 합목적적으로 조화시키는 지혜가 필요한 시점이다.

토론주제

1. 한국의 법문화에서 권리보다 의무가 더 강조되어 왔는데, 최근에는 민주화의 진전으로 오히려 의무 내지 책임을 소홀히 하고 권리만 주장하는 경향은 없는가? 그러한 구체적인 예를 들어 보라.

2. 한국도 이제는 형식적 법치주의를 지양하고 실질적 법치주의를 구현하고 있다는 주장에 찬성하는가 아니면 반대하는가? 찬반의 구체적인 근거는 무엇인가?

3. 동양과 서양의 법률문화에는 어떤 차이점과 유사성이 있는가? 차이점의 원인은 무엇이며 서로 점차 접근하는 경향은 없는가?

4. 우리나라에서 공선사후가 잘 준수되지 않는 이유는 무엇인가? 일상생활에서 준법정신을 실천할 수 있는 구체적 방법에는 무엇이 있는가?

제 4 장

법률관계

인간의 사회생활 중에는 상당 부분이 권리와 의무라는 법률관계로 이루어진다. 본장에서는 법률관계의 개념과 법률관계의 내용인 권리와 의무에 관하여 살펴본다.

1. 법률관계의 개념

법규범에 의하여 규율되는 생활관계를 법률관계라 하는 바, 구체적으로 권리와 의무로 이루어진다. 예컨대, 주택을 매입하는 경우 계약이라는 '법률행위'에 의하여 매매관계라는 법률관계가 형성된다. 주택의 매도인은 매매대금을 청구할 권리를 가지며, 한편으로 주택에 대한 소유권 이전 의무를 갖게 된다. 매수인은 소유권 이전을 청구할 권리를 가지며, 한편으로 매매대금을 지급할 법적인 의무를 갖게 된다.

이러한 법률관계와 구분되는 개념에 인간관계와 호의관계가 있다. 인간관계란 가족, 애정, 우의와 같은 법외적 생활관계이다. 예컨대 아버지가 아들에게 생일 선물을 하기로 약정한 것이다. 인간관계는 도덕, 관습, 종교의 규율을 받지만 법의 규율을 받지 않아 단순한 인간관계에 기한 약속을 어겨도 이행을 청구하거나 손해배상을 청구할 수 없다. 법률관계와 인간관계를 구별하는 기준은 법적 보호가 필요한 이익이 있는가를 따져야 한다.[1)]

호의(好意)관계란 호의에 의하여 어떤 이익을 주고받는 생활관계이다. 예컨대 자동차를 무료로 태워주는 것, 상대방 아이를 아무 대가 없이 보아주는 것 등이다. 호의 관계에 수반하여 손해가 발생한 경우에 그 손해를 누구에게 부담시킬 것인지에 관하여는 다툼이 생기며 복잡한 문제가 발생할 수 있다. 호의 동승에 관하여 대법원은 "운행 목적, 동승자와 운행자의 인적관계, 그가 차에 동승한 경위, 특히 동승을 요구한 목적과 적극성 등 여러 가지 사정에 비추어 가해자에게 일반교통사고와 동일한 책임을 지우는 것이 신의법칙이나 형평의 원칙으로 보아 매우 불합리하다고 인정될 때에는 그 배상액을 경감할 수 있다. 그렇지만 단순히 호의로 동승하였다는 사실만 가지고 이를 배상경감사유로 삼을 수 있는 것은 아니라고 판결하였다."[2)]

2. 법률관계의 내용: 권리와 의무

1) 권리의 본질과 유사개념

권리의 본질에 관하여 의사(意思)의 힘 또는 지배라는 의사설, 법률상 보호되는 이익이라는 이익설, 인간이익의 충족을 위하여 법률에 의하여 주어진 힘이라는 법력설이 있다. 권리를 자연법적인 것이 아니라 실정법적인 것일 가리킬 때에는 법령설이 타당하다고 할 수 있다.

권리와 유사한 개념에 권능, 권한, 반사적 이익이 있다. 권능은 권리속에 포함된 개개의 작용으로 소유권에 포함된 수익권과 처분권이 그

1) 김형배, 『민법학강의: 이론 · 판례 · 사례』, 서울 : 일조사, 2007, pp. 28-29.
2) 대판 1999.2.9. 98다53141.

예이다. 권한은 법인이나 단체의 기관이 법령이나 정관에 의하여 행할 수 있는 일의 범위 내지 자격이다. 반사적 이익이란 일정한 법의 규정으로 말미암아 자신의 의사와 관계없이 저절로 누리는 이익을 말한다. 반사적 이익은 권리로 보호받지 못하나, 최근에는 반사적 이익도 공권화의 경향이 있다.[3)]

2) 권리의 종류

사권은 권리의 내용에 따라 인격권, 신분권, 재산권, 사원권으로 분류된다.[4)] 인격권은 생명·신체·명예·신용·성명·초상권 등을 독점적·배타적으로 향유할 수 있는 권리로 인간이라는 존재로부터 발생한다. 신분권은 일정한 신분에서 발생하는 친권, 부양청구권 등과 같은 친족권과 상속인의 지위에서 발생하는 상속권이다. 재산권은 재화와 용역으로부터 나오는 경제적 이익을 내용으로 하는 권리로 물권, 채권, 무체재산권이 있다. 물권은 물건을 직접 지배하여 이익을 받는 권리이고, 채권은 특정인에게 특정행위를 요구할 수 있는 권리이다. 무체재산권은 발명과 저작 등 지적 제작물에 대한 권리이다. 사원권은 사단법인의 구성원이라는 지위에서 나오는 포괄적 권리로 결의권과 잔여재산분배청구권 등이 있다.

사권은 권리의 작용에 따라 지배권, 청구권, 항변권, 형성권으로 분류된다. 지배권은 목적물을 직접적·배타적으로 지배하는 권리로 물건이 이에 해당한다. 청구권은 타인의 작위 또는 부작위(不作爲)를 요구할 수 있는 권리이다. 물권적 청구권은 누구한테나 청구할 수 있으나, 채권적 청구권은 특정인에게만 청구할 수 있다. 항변(抗辯)권은 상대방의 청구권을 인정하나 그 행사를 거절할 수 있는 권리이다. 민법 제536조에서 동시이행의 항변권을 보장하고 있다. 형성권은 권리자의 일방적

3) 최종고, 전게서, p. 141.
4) 김형배, 전게서, pp. 32-32.

의사표시에 의하여 법률관계를 발생·변경·소멸시키는 권리이다. 민법 제140조의 취소권, 민법 제43조와 제130조 등에서 규정하고 있는 추인권이 형성권에 해당한다.

3) 의무의 개념과 종류

의무는 일정한 행위를 해야 할 또는 하지 말아야 할 법률상의 구속이다. 해야 할 의무를 작위의무라 하고, 하지 말아야 할 의무를 부작위의무라 한다. 부작위 의무중 타인의 일정한 행위를 참고 받아야 할 의무를 인용(認容)의무라 한다. 의무는 공법상의 의무와 사법상의 의무로 분류할 수 있다. 공법상의 의무로 헌법에 교육의 의무, 근로의 의무, 납세의 의무, 국방의 의무, 환경보전의 의무가 규정되어 있다. 사법상의 의무는 당사자의 자유로운 의사나 법률규정에 의하여 지워진다.

권리와 의무는 채권과 채무처럼 서로 대응되는 것이 보통이나, 언제나 그러한 것은 아니다. 민법상의 취소권처럼 대응 의무 없이 권리만 있는 경우도 있고, 민법 제88조의 공고의무나 민법 제913조의 공고의무처럼 대응되는 권리는 없고 의무만 있는 경우도 있다.

4) 권리·의무의 주체 : 법률행위의 당사자

사인 상호간의 권리·의무관계에서 권리·의무를 지는 자를 권리의무의 주체라고 하는 바, 권리의무의 주체가 될 수 있는 자는 자연인과 법인이 있다. 권리와 의무의 주체가 될 수 있는 지위를 '권리능력'이라고 한다. 자연인은 출생시점에서 권리능력을 가지게 되고, 법인은 설립등기를 한 시점부터 권리능력을 가진다.

가. 자연인

사람은 생존한 동안 권리와 의무의 주체가 된다(민법 제3조). 즉, 살아있는 동안은 그 사람의 나이, 지능, 신체적 장애 여부에 관계없이, 또 절차적으로 출생신고·사망신고를 마쳤는지 여부 등을 불문하고 모두 동등하게 권리와 의무의 주체가 된다.

가) 권리능력의 시기와 종기

사람이 '생존한 동안'이라 함은 출생으로부터 시작하여 사망에 이르기까지의 기간을 의미하는 바, 인간의 출생시기와 사망의 시점을 어떤 점에 착안하여 확정할 것인가가 문제가 된다. 먼저 인간의 출생시점과 관련해서는 임신한 순간부터라고 보는 수태설, 출산에 임박하여 주기적인 진통이 반복되는 시기라고 보는 진통설, 출산이 진행되어 태아의 신체의 일부가 모체 밖으로 노출된 순간이라고 보는 일부 노출설, 태아의 신체가 완전히 노출된 순간부터라고 보는 전부 노출설, 태아가 완전히 노출되고 나아가 독립하여 호흡을 시작한 순간부터라고 보는 독립 호흡설 등이 있다. 민법에서는 대개 태아가 모체로부터 완전히 노출된 시점을 출생시점으로 보고 있다.

인간의 종기 즉, 사망시점과 관련해서는 심장박동이 멈추는 순간이라고 보는 맥박중지설 외에 호흡중지설, 생활현상단절설, 뇌사설 등이 있다. 전통적으로 민법에서는 맥박중지설이 다수설이다. 인간의 시기와 종기는 법학의 분야에 따라 다수설이 달라지는데, 예컨대 인간의 시기와 관련하여 헌법에서는 수태설이 다수설이고 형법에서는 진통설이 다수설이다. 이것은 각각의 법영역에서 보호하고자 하는 법익에 대한 관점이 다르기 때문이다. 인간의 종기와 관련해서는 의학발전·장기이식의 필요성 등의 영향으로 최근에는 뇌사설이 유력하게 등장하고 있다.

한편, 인간의 시기 이전의 상태인 태아의 경우 완전한 권리의무의 주체가 될 수는 없지만, 태아의 권리능력도 예외적으로 일정한 영역에서는(예컨대, 불법행위로 인한 손해배상청구, 상속, 유증 등) 인정된다.

대법원은 "부(父)의 교통사고로 상해를 입을 당시 태아가 출생하지 아니하였다고 하더라도 그 뒤에 출생한 이상 부의 부상으로 인하여 입게 될 정신적 고통에 대한 위자료를 청구할 수 있다."고 판결한 바 있다.[5)]

나) 의사능력(意思能力)과 행위능력

자기행위의 의미나 결과를 인식하는데 필요한 정상적인 의사결정을 할 수 있는 정신능력 내지 판단능력을 의사능력이라고 한다. 유아, 만취자, 정신병자 같은 의시능력이 결여된 자를 의사무능력자라고 하며 의사무능력자가 한 법률행위는 무효가 된다. 의사능력의 유무는 구체적인 법률행위와 관련하여 개별적으로 판단한다.[6)]

그러나 개별적인 법률관계의 모든 상황에서 일일이 의사능력의 유무를 확인한다는 것은 매우 곤란하므로 의사능력이 있어 단독으로 완전하게 유효한 법률행위를 할 수 있는 능력을 인정함에 있어, 비교적 객관적이고 획일적인 기준(예컨대, 연령이나 법원의 선고)을 마련하여 일정한 기준에 해당하는 사람은 누구나 능력이 있는 것으로 일단 판단한다. 이를 행위능력이라고 하며, 개개의 경우를 개별적으로 판단하는 의사능력과 구별된다.

행위능력이 없는 자를 (행위)무능력자라고 하는 바, 민법에서는 이러한 무능력자로서 미성년자, 한정치산자, 금치산자를 규정하고 있다. 미성년자[7)]는 만 20세 미만인 사람으로 법정 대리인(1차적으로 친권자, 2차적으로 후견인)의 동의가 있어야 유효한 법률행위를 할 수 있다. 이

5) 대판 1993.4.27. 93다4663.
6) 김형배, 전게서, p. 91. 의사능력과 유사한 개념에 '책임능력'이 있다. 책임능력은 자기의 행위가 법률상 (불법행위) 책임을 변식할 지능 또는 능력이다. 판례에 따르면 13세 3개월 된 자의 책임능력을 인정한 경우(대판 1969.7.8. 68다2406)도 있고, 14세 2개월 된 자의 책임능력을 부정한 경우(대판 1978.1128. 78다1805)도 있어 책임능력은 개별적 사안에 따라 불법행위자의 주관적 능력을 판단하고 있다. 김형배, 전게서, p. 1588.
7) 민법상의 미성년자(만 20세 미만)와 달리 형법에서는 만 14세 미만의 미성년자는 처벌하지 않는다. 또 근로기준법에서는 만 15세 미만의 미성년자를 기업에서 고용하지 못하도록 하고 있으며, 청소년보호법에서는 만 19세 미만의 청소년에게 유해업소의 출입금지, 음란도서의 소지와 관람 금지, 흡연과 음주를 금지하고 있다.

러한 동의가 없는 행위는 미성년자 본인 또는 법정대리인이 취소할 수 있다(민법 제5조 2항). 다만 단순히 권리만을 얻거나 의무를 면하는 행위, 처분이 허락된 재산의 처분, 등의 경우에는 예외적으로 단독으로 할 수 있다. 민법은 미성년자가 혼인을 한 때에는 성년자로 본다(동법 제826조 2항). 이 경우엔 성년자와 같은 법률행위를 할 수 있다.

한정치산자는 심신이 박약하거나 재산의 낭비로 자기나 가족의 생활을 궁박하게 할 염려가 있는 자로서 가정법원의 한정치산 선고를 받은 자이며, 미성년자와 동일한 행위능력을 갖는다(민법 제9조-11조).

금치산자는 의사능력이 없는 심신상실의 상태에 있는 자로 가정법원으로부터 금치산 선고를 받은 자이다. 금치산자는 1인의 후견인을 두어 금치산의 재산을 관리한다(민법 제929조, 제930조). 금치산자의 법률행위는 언제든지 취소할 수 있다(민법 제13조). 다만 혼인 등 신분행위는 후견인의 동의를 얻어 할 수 있으며, 의사능력이 회복된 경우에는 유언행위를 할 수 있다(민법 제1063조).

무능력자 제도는 의사능력이 완전하지 않은 상태에서 법률행위를 행하였다는 입증이 없어도 일방적으로 취소할 수 있게 하여 무능력자를 보호하는 기능을 한다. 한편 거래의 상대방은 매우 불안한 지위에 있게 되므로 상대방의 보호를 위하여 취소권의 단기소멸(민법 제146조), 법정추인(민법 제145조), 상대방의 최고(催告)권(민법 제15조), 철회권(민법 제16조) 등을 규정하고 있다.

나. 법인(法人)

가) 법인의 개념과 종류

민법상의 인(人)에는 자연인 외에 법인도 있다. 법인(法人)은 법률에 의하여 인정된 권리능력이 인정된 단체 또는 재산의 집합(사업체)을 말한다. 권리주체에 적합한 조직체에 대하여 법인격을 부여하는 것은 법률관계를 간편하게 처리하기 위한 법기술이라 할 수 있다.

법인에는 공법인과 사법인이 있다. 공법인은 국가에 의하여 설립되고 기관 등에 관하여 국가가 관여하고 해산의 자유가 제한된다. 공법인에 대한 쟁송은 행정소송에 따른다. 사법인은 사적자치원칙이 적용되며 쟁송시 민사소송에 따른다. 지방자치단체가 대표적인 공법인이다.

사법인은 사단법인과 재단법인으로 분류할 수 있다. 구성원과 독립된 법인격을 단체에 부여하고 독립된 권리의무의 주체성을 인정한 것이 사단법인이고, 일정한 목적을 위하여 제공된 재산의 집합(사업체)에 독립된 인격을 부여한 것이 재단법인이다.[8] 재단법인은 학교장학재단이 그 예이며 언제나 비영리법인이다.

사단법인은 영리사단법인과 비영리사단법인으로 분류된다. 영리사단법인은 은행이나 회사가 대표적인 형태인데 상법의 적용을 받는다. 비영리사단법인은 적십자사가 해당되며 민법의 적용을 받는다. 재단법인은 언제나 비영리법인으로 민법의 적용을 받는다. 사단법인과 동일한 실체를 갖고 있는 단체일지라도 법인설립 절차를 밟지 않은 것을 '법인 아닌 사단', 또는 '권리능력 없는 사단'이라고 하며, 사단법인에 관한 규정을 준용한다.

나) 법인의 설립과 등기

비영리사단법인은 2인 이상의 설립자가 정관을 작성하여 주무관청의 허가를 받고 그 주된 사무소의 소재지에 설립등기를 하여야 성립한다. 비영리재단법인은 설립자가 일정한 재산을 출연하고 정관을 작성하여 주무관청의 허가를 받고, 설립등기를 하여야 성립한다(민법 제32조, 제33조). 법인의 성질 내지 종류에 따라 허가가 아닌 다양한 입법정책이 있다.[9]

---

8) 사단은 단체성이 강하며 그 구성원은 법률상 주체성을 상실하고 단체가 표면에 나타나 민사소송법상 당사자 능력이 인정된다. 그러나 조합(組合)은 단체성이 약하여 구성원이 표면에 나타나 민사소송법상 당사자 능력이 인정되지 않는다. 사단은 구성원에 대하여 일반적 효력을 갖는 정관에 의하여 규율되지만, 조합은 특정한 개인을 당사자로 하는 조합계약에 의하여 규율된다. 김형배, 전게서, pp. 114-118.

9) 상사회사 및 노동조합 등은 준칙주의, 지역 농업협동조합은 인가주의, 한국은행

다) 법인의 능력과 기관

법인은 법률의 규정과 정관의 범위 안에서 권리능력을 갖는다. 법인 대표기관의 행위는 법인의 행위가 되므로 법인의 행위능력도 인정된다. 또한 법인은 그 대표기관이 그 직무에 관하여 타인에게 가한 손해를 배상할 불법행위 책임도 있다.

법인의 내부를 관리하고 외부와 거래행위를 하기 위하여 자연인이 필요한바, 법인을 대표하는 등 법인과 일정한 지위에 있을 때 그 지위를 기관이라 한다. 일반적으로 법인의 기관에는 이사, 감사, 총회가 있다. 이사(理事)는 대외적으로 법인을 대표하고, 대내적으로 업무를 집행하는 상설적 필수기관이다. 감사는 법인의 재산 및 사무집행을 감독하는 임의기관이다. 총회는 사원 모두로 구성되는 최고의사결정기관으로 필수기관이다. 재단법인의 경우는 총회가 없으므로 최고의사는 정관으로 정하여진다.[10)]

5) 권리의 객체

권리의 대상이 되는 법률상의 이익을 권리의 객체라고 한다. 권리의 객체는 권리의 종류에 따라 각각 다르다. 예컨대, 물권의 객체는 물건, 채권의 객체는 채무자의 일정한 행위(민법에서는 급부라고 함), 무체재산권의 객체는 정신적 산물, 친족·상속법상의 권리의 객체는 가족법상의 지위나 상속재산 등이 된다.

가장 대표적인 권리의 객체는 물권의 객체인 '물건'이다. 물건이란 유체물 및 전기 기타 관리할 수 있는 자연력을 의미한다(민법 제98조). 물건은 부동산과 동산, 주물과 종물, 원물과 과실로 분류된다. 부동산이란 토지와 그 정착물을 말한다. 종물이란 물건의 소유자가 그 물건의

및 공사(公社)는 특허주의, 약사회 및 변호사회 등은 강제주의를 취하고 있다. 김형배, 전게서, pp. 124-125.

10) 최종고, 전게서, p. 384.

상용에 공하기 위하여 자기소유인 다른 물건을 이에 부속하게 한 때 그 부속물을 말한다. 과실(果實)은 천연과실과 법정과실이 있는 바, 천연과실은 물건의 용법에 의하여 수취하는 산출물이고, 법정과실은 물건의 사용대가로 받는 금전 기타의 물건이다.

3. 법률관계의 발생과 변동

법률관계는 구체적으로 권리의 발생, 변경, 소멸의 모습으로 나타난다. 법률관계의 변동, 즉 법률효과를 발생하게 하는 원인을 법률요건이라 하며 법률사실로 구성된다. 법률요건에는 법률행위, 준법률행위, 불법행위, 부당이득, 사무관리 등이 있으며 가장 대표적인 것은 법률행위이다. 법률행위라 함은 일정한 법률효과를 발생시키기 위하여 한 개 또는 수개의 의사표시를 불가결의 요소로 하는 법률요건이며 그 종류에는 단독행위, 계약, 합동행위가 있다.

어떤 법률행위가 그 내용대로 법률효과를 가지려면 첫째, 당사자에게 권리능력, 행위능력, 의사능력이 적법하게 존재하여야 한다. 둘째, 법률행위의 목적이 확정되어야 하고 그 내용이 실현될 수 있어야 한다. 그리고 그 목적이 적법하고 사회질서나 선량한 풍속을 해하는 것이 아니어야 한다(민법 제103조). 셋째, 의사표시에 있어서 의사와 표시가 일치되어야 한다. 그리고 의사표시가 효력을 갖기 위하여서는 수령능력 있는 상대방에게 도달되어야 한다.

민법 제103조에서 규정하고 있는 선량한 풍속 기타 사회질서에 반하는 법률행위는 무효인바, 그 구체적 모습은 판례를 통하여 나타난다. 예컨대, 공무원에게 청탁을 하고 돈을 지급하는 행위처럼 정의개념에 반하는 행위, 첩계약 같은 인륜에 반하는 행위, 어떤 경우라도 이혼하지 않겠다는 각서를 일방적으로 교부하는 행위처럼 개인의 자유를 심하게 제한하는 행위, 도박자금을 대여하는 계약 같은 지나치게 사행적

인 행위가 해당된다.[11]

법률행위는 내심의 의사와 그것을 외부에 표시하는 표시의사가 일치하여야 하는 바, 그것이 불일치하는 경우 어떤 법률효과를 부여할 것인가의 문제가 발생한다. 민법은 다음 네 가지를 규정하고 있다.

첫째, 표의자가 자기의 진의를 유보하고 의사표시를 한 경우 비진의(非眞意) 의사표시는 표시된 대로 효력을 갖는다(민법 제107조).

둘째, 상대방과 합의하여 행하는 허위(虛僞)의 의사표시는 원칙적으로 무효이다. 다만 선의의 제3자에게 대항하지 못한다(제108조).

셋째, 표의자가 착오에 빠져 진정한 의사표시를 할 수 없었던 착오(錯誤)에 의한 의사표시는 법률행위의 중요부분에 착오가 있을 경우에 취소할 수 있다(민법 제109조).

넷째, 사기(詐欺)나 강박(强拍)에 의한 의사표시는 취소할 수 있다. 상대방이 있는 의사표시에 관하여서는 상대방이 그 사실을 알았거나 알 수 있었을 경우에 한하여 그 의사표시를 취소할 수 있다. 그러나 취소는 선의의 제3자에게 대항하지 못한다(민법 제110조).

11) 김형배, 전게서, p. 64. pp. 167-169.

토론주제

1. 일상생활에서 겪게 되는 호의관계에는 어떤 것이 있으며, 법률관계와의 차이는 무엇인가?

2. 출생시기와 사망시점에 관한 여러 학설의 장·단점은 무엇인가?

3. 미성년자가 단독으로 할 수 있는 법률행위에는 어떤 것이 있으며, 어떻게 유효한 법률행위를 할 수 있는가? 거래의 상대방은 어떻게 보호되는가?

4. 법인이란 무엇이며 왜 필요한가? 어떤 종류가 있으며 어떻게 법률행위를 하는가?

5. 법률행위에서 중요한 것은 내심의 의사와 외부에 표시의사가 일치되는 것이다. 내심의 의사와 표시의사가 다른 경우 민법이 규정하고 있는 네 가지 형태는 무엇이며 각각 어떤 법률효과를 부여하고 있는가?

제2부

사법 영역에서의 법률생활

제 5 장

민법의 주요 내용

본장에서는 사인간의 법률관계에서 적용되는 가장 대표적인 민법의 체제 내지 기본원리를 언급하고, 민법이 담고 있는 내용을 총칙, 물권법, 채권법 순서로 살펴본다. 친족과 상속에 관한 가족법 분야는 제7장에서 따로 다룬다. 채권법 내용 중 일상생활에서 자주 겪게 되는 불법행위 책임에 관한 상세한 내용도 제6장에서 따로 다룬다.

1. 민법의 의의와 체제

1) 민법의 의의

민법은 전통적인 공·사법 이분론에 따를 경우 사법(私法)에 해당한다. 여기서 공법은 국가나 공공단체의 구성원으로서의 생활관계를 규율하는 법이며 사법은 인류로서의 생활관계(경제생활과 가족생활관계)를 규율하는 법을 의미한다. 민법은 사법이면서 민사에 관한 일반법이다. 즉, 일반사법으로서의 지위를 가진다. 상법과 같은 특별법의 규정이 없는 한 민사에 관하여 일반적으로 민법이 적용된다. 민법은 실체법으로서 직접 권리의무를 귀속·변동시키며 그 범위를 정한다.

2) 민법의 체제

민법은 제1편 총칙, 제2편 물권, 제3편 채권, 제4편 친족, 제5편 상속으로 구성된다. 여기서 물권법과 채권법은 재산법에 해당하고 친족법과 상속법은 가족법에 해당한다. 그리고 민법전 이외에 민사특별법으로서 부동산등기법, 주택임대차보호법, 가족관계의 등록 등에 관한 법률 등이 존재한다.

2. 민법의 기본원리

1) 민법의 3대 원리

자유와 평등으로 상징되는 근대에서의 민법은 자유주의적·개인주의적 법사상을 배경으로 추상적이고 이성적인 인간을 전제로 한다. 이에 따라 근대 민법은 소유권 절대의 원리, 계약자유의 원리, 과실책임의 원리를 근간으로 하는 3대 지도이념에 따라 규율되었다. 소유권 절대의 원리는 자기 소유물에 대하여 자유로이 사용·수익·처분할 수 있으며 사인은 물론 국가권력도 이러한 소유권을 침해할 수 없다는 내용이다. 계약 자유의 원리는 계약은 계약의 체결, 내용, 방식 등 모든 분야에서 자유롭게 행하여져야 한다는 것으로 사적 자치의 원칙이라고도 하는 경쟁의 자유를 말한다. 과실 책임의 원리는 누구도 자기의 과실 없이는 (손해배상)책임을 부담하지 않는다는 내용으로 자기책임의 원칙이라고도 한다.

그러나 이러한 근대 민법의 기본원리들은 현대에 이르러 자본주의의 발달과 이에 따른 모순의 등장, 사회적·경제적 약자에 대한 배려의 필요성 대두 등으로 일정한 수정이 가하여 진다. 먼저 소유권 절대의 원리가 소유권의 상대화로 변모하였다. 한국의 헌법에서도 재산권의 행사는 공공복리에 적합하여야 한다고 규정하고 있다(헌법 제23조 2항). 계약자유의 원리도 경제적 발전에 큰 기여를 하였으나 실질적인 불평등이 사회적 문제로 대두되어 계약자유의 원리에 제한을 가하게 되었다. 근로기준법, 소비자기본법, 약관의 규제에 관한 법률 등에서 계약상의 불이익을 받을 수 있는 근로자나 소비자를 보호하고 있는 것이 예이다.

과실책임의 원리도 일정조건 하에서 무과실책임이 인정되기 시작하였다. 즉, 일정한 위험이 내포된 행위로 이익을 얻는 자는 비록 그 과실이 입증되지 않는다 하더라도 그 행위의 결과 필연적으로 발생하는 피해를 보상할 것을 요구하는 경우가 대표적인 예이다. 대법원은 사업장 등에서 발생하는 환경오염으로 인하여 피해가 발생하는 경우에는 당해 사업자의 귀책사유가 없더라도 특별한 사정이 없는 한 그 피해를 배상할 의무가 있다고 판시한 바 있다.[1)]

2) 신의 성실의 원칙과 권리남용 금지의 원칙

우리 민법은 "권리의 행사와 의무의 이행은 신의에 좇아 성실히 하여야 한다."고 규정하고 있으며(민법 제2조 1항), "권리는 남용하지 못한다."(민법 제2조 2항)고 규정하고 있다. 신의 성실의 원칙은 일정한 법률관계에 있는 자는 형평에 어긋나거나 상대방의 신의를 저버리는 내용 또는 방법으로 권리를 행사하거나 의무를 이행하여서는 안 된다는 추상적 규범이다.

이러한 신의 성실의 원칙의 구체적인 형태가 권리남용 금지의 원칙

1) 대판 2001.2.9. 99다55434.

이다. 권리 남용의 성립요건에 관하여 다툼이 있다. 상대방을 해칠 목적으로 또는 부당한 이익을 취할 목적으로 권리를 행사하는 것이 주관적 요건이다. 한편, 권리자의 권리행사의 필요성과 이익을 상대방이 받게 될 피해와 사회에 미칠 영향과 비교 형량하여 판단하여야 한다는 것을 객관적 요건이라 한다. 객관적 요건만 충족하면 된다는 것이 통설이다. 판례에서는 주관적 요건으로 판단한 경우, 객관적 요건으로 판단한 경우,[2] 주관적 요건과 객관적 요건을 모두 기준으로 판단한 경우 등 일정하지 않다. 개별적이고 구체적인 사안에 따라 종합적으로 판단하여야 할 것이다.[3]

3. 민법총칙

1) 권리의 주체와 객체(생략: 앞의 제4장에서 다루었음)

2) 권리변동과 법률행위(생략: 앞의 제4장에서 다루었음)

3) 법률행위의 대리(代理)

본인과 일정한 관계에 있는 타인(대리인)이 본인을 위해서 하는 것임을 의사표시하고 법률행위를 하면 그 법률효과가 직접 본인에게 귀속하는 제도가 대리 제도이다. 복잡하고 전문화된 현대사회에서는 개인능력에 한계가 있으므로 타인을 대리인으로 삼아 자기의 법률관계를 형성하는 것이다. 사적자치 기능의 확장 내지 보충적 기능을 한다.

대리의 종류는 법률의 규정에 기하여 인정되는 법정대리와 본인의

2) 인접토지의 사용권자가 건물을 건축함으로 직사광선이 차단되는 불이익을 입은 경우 일조방해의 정도가 사회통념상 일반적으로 인용되는 수인한도를 넘어서는 경우에는 권리남용에 해당하여 일조방해로 인한 불법행위가 성립한다(대판 2004.9.13. 2003다64702).

3) 김형배, 전게서, pp. 44-45.

법률행위로 대리권을 수여하여 인정되는 임의대리가 있다. 대리는 대리권의 유무에 따라 유효한 대리권을 가진 대리를 유권대리라고 하고, 정당한 대리권을 갖지 못한 경우를 무권대리(無權代理)라 한다. 무권대리의 경우에 본인의 추인으로 대리의 효과가 발생할 수 있으나, 본인이 추인을 거절하면 무권대리인이 이행하거나 손해배상책임을 진다(민법 제103-136조).

한편, 실제로는 대리권이 없이 대리행위를 하였으나 대리권이 있다고 믿을 만한 특별한 사정이 있는 경우에는 무권대리 행위의 법률효과를 본인에게 귀속시키는 제도를 표현대리(表見代理)라 한다. 본인이 어느 정도 원인을 제공하여 대리권이 있는 것처럼 보였고, 상대방이 정당한 대리인으로 신뢰하여 법률관계를 형성한 경우 상대방을 보호하고 거래의 안전을 도모하기 위한 제도이다.[4)]

본인이 추인을 거부할 수 없는 '특별한 사정'이란 대리행위의 상대방에게 대리권을 주었다고 본인이 표시한 경우(민법 제125조), 본인이 대리권을 주었으나 대리인이 그 대리권의 범위를 이탈한 경우(민법 제126조), 대리인의 대리권 소멸을 상대방에게 알리지 않은 경우(제129조)이다.

4) 법률행위의 효력/무효와 취소

법률행위가 유효요건을 갖추지 않으면 당사자가 의도하였던 법률효과는 발생하지 않는다. 즉, 무효 또는 취소의 효과가 발생한다. 예컨대 공서양속에 반한 법률행위는 무효이고, 착오에 의한 법률행위는 취소할 수 있다. 무효(無效)는 법률효과가 처음부터 발생하지 않는다. 법률행위의 일부분이 무효일 때는 원칙적으로 전부가 무효이다. 그러나 그 무효부분이 없었더라도 법률행위를 하였을 것이라고 인정될 때에는 나머지 부분은 유효하다(민법 제137조).

4) 김형배, 전게서, p. 238.

취소(取消)는 일단 유효한 법률행위로 효력이 발생하지만 취소권의 행사로 법률행위가 있었던 때로 소급하여 효력을 잃게 되는 것이다.[5] 취소는 반드시 법률로 취소권이 보장된 경우에만 가능하다. 예컨대 법정대리인 동의 없는 행위무능력자의 법률행위(민법 제5조), 사기나 착오, 강박에 의한 의사표시(민법 109조, 제110조) 등이다. 취소할 수 있는 법률행위도 취소원인이 종료한 후에는 취소권자가 추인하면 유효한 행위로 확정된다(민법 제143조).

5) 시효(時效)제도

시효란 일정한 사실상태가 오랜 기간 계속되는 경우 그것이 진실한 권리관계에 합치하는지 여부를 묻지 않고 그 사실 상태를 존중하여 현재의 사실 상태에 따른 권리관계를 인정하는 제도이다. 시효에는 시간의 경과에 따라 일정한 권리를 취득하는 취득시효와 일정한 권리의 소멸을 인정하는 소멸시효가 있다. 시효제도가 인정되는 근거로 첫째, 일정한 기간의 경과에 따른 현재의 사실 상태를 신뢰한 제3자를 보호한다. 둘째, 진실한 권리관계를 증명할 증거가 불충분한 입증곤란을 구제한다. 셋째, 장기간 권리를 행사하지 않은 권리자 이른바, 권리 위에 잠자는 자는 보호할 필요가 없다.

소멸시효는 권리자가 그의 권리를 행사할 수 있음에도 불구하고 행사하지 않아야 하며 일정기간을 계속하여 권리불행사가 있어야 한다. 소멸시효는 재산권에 한정되며, 소유권은 소멸시효에 걸리지 않는다. 소유권과 채권 이외의 재산권은 소멸시효기간이 20년이다(민법 제162조2항). 민법은 소멸시효기간에 대하여 일반채권은 10년(민법 제162조), 이자 사용료 등은 3년(민법 제163조), 숙박료와 음식료 등은 1년으로(민법 제164조) 규정하고 있다.

---

5) 법률행위의 처음으로 소급하여 효력을 상실하는 것을 협의의 취소라 한다. 혼인의 취소나 영업허가의 취소처럼 효력이 소급하지 않는데도 취소란 용어를 사용하는 예가 많이 있다.

소멸시효의 중단(中斷)은 권리자가 그 권리를 행사한 것으로 볼 수 있는 청구, 압류, 가처분 등을 행사한 경우 인정되며, 그 권리의 행사 시점부터 다시 시효가 기산된다. 시효의 정지(停止)는 시효진행이 일시적으로 정지되는 것으로 정지사유로 인하여 시효가 정지되며 정지사유가 사라지면 일시 정지되었던 이전의 시효가 다시 진행된다는 점에서 시효의 중단과 차이가 있다. 시효의 정지사유에는 무능력자의 법정대리인이 없을 때, 천재 기타 사변(事變) 등이 있다.

취득시효는 부동산과 동산이 그 대상이다. 점유취득의 경우 부동산의 소유권은 20년간 소유의 의사를 갖고 평온 공연하게 부동산을 점유하였어야 하며, 최종적으로 등기를 하여야 한다. 등기부취득시효는 10년간 평온 공연히 점유하고, 소유자로 등기가 되어 있고, 선의 무과실이어야 한다(민법 제245조).

4. 물권법

1) 물권(物權)의 의의와 효력

물권이라 함은 특정한 독립된 물건을 직접 지배하여 이익을 얻는 배타적 권리를 의미한다. 채권이 특정인의 행위를 객체로 하여 권리를 실현하는 재산권인데, 물권은 특정의 독립된 물건 자체를 객체로 하여 권리를 실현한다. 채권법은 대체로 임의규정이나, 물권법은 대체로 강행규정이다. 물권법은 자유로운 거래를 통하여 축적한 재산을 보호한다는 의미가 있다.

일정한 물건을 직접 지배하는 배타적 권리로서 물권은 우선적 효력을 가진다. 즉, 동일물건에 대한 동일내용의 물권상호간에는 성립순서에 따라 먼저 성립한 물권이 우선적 효력을 가지는 것이다. 나아가 동일물건 위에 물권과 채권이 동시에 성립하는 경우 성립시기를 묻지 않고 물권이 우선적 효력을 가진다.

또한 물권자는 물권의 행사가 어떤 사정으로 방해당하고 있거나 방해당할 우려가 있을 경우 그 방해를 제거 또는 예방하기 위하여 물권적 청구권을 행사할 수 있다. 물권적 청구권에는 목적물 반환청구권, 방해제거청구권, 방해예방청구권이 있다.

2) 물권의 종류

물권의 종류 및 그 내용은 법률에 규정된 것에 한하여 인정된다. 이를 물권법정주의라고 하며 물권법정주의에 따라 거래당사자는 임의로 새로운 물권을 창설하거나 기존의 물권의 내용을 변경하지 못한다(민법 제185조). 민법이 인정하고 있는 물권에는 점유권, 소유권, 제한물권으로 분류된다.

점유권은 법률상의 권원에 관계없이 사실상 물건을 지배하는 권리이고, 소유권과 제한물권은 물건을 '지배할 수 있는 권리'이다. 소유권과 제한물권을 본권이라고 하는바, 소유권은 물건을 전면적으로 지배하는 권리이고 제한 물권은 소유권이 갖는 권능의 일부 사용가치나 교환가치만을 지배하는 권리이다. 제한물권은 용익물권과 담보 물권으로 분류된다. 용익물권은 물건이 갖는 사용가치의 지배를 목적으로 하며 지상권, 지역권, 전세권이 있다. 담보 물권은 채권담보를 위하여 물건이 갖는 교환가치의 지배를 목적으로 하며, 유치권, 질권, 저당권이 있다.

가. 점유권

점유권(占有權)은 물건에 대한 '사실상의 지배' 관계를 보호하고자 인정되는 권리이다. 사실상의 지배란 사회통념상 물건이 어떤 사람의 지배 안에 있다고 인정되는 객관적 관계를 말한다. 이에 따라 점유자가 점유물에 대하여 행사하는 권리는 적법하게 가진 것으로 추정되며, 일정한 물건을 점유하고 있는 점유자는 그 점유물을 소유의 의사로 선의(善意) · 평온(平穩) · 공연(公然)하게 점유한 것으로 추정된다(민법 제197조 1항). 점유권자에게 인정되는 이러한 추정은 선의취득 또는 취득시효 등의 제도와 관련하여 중요한 의미를 가진다.

나. 소유권

소유권(所有權)은 가장 대표적인 물권으로서 '소유자는 법률의 범위 내에서 그 소유물을 사용 · 수익 · 처분할 권리가 있다.'(민법 제211조). 소유권은 헌법 제23조에서 보장하고 있는 재산권 보장의 구체적 실현으로 자본주의 체제의 근간을 이루고 있다.

그러나 소유권도 헌법상의 재산권 행사의 제한원리에[6] 따라 다양한 제한이 따른다. 국토의계획및이용에관한법률, 도로법, 산림법, 건축법, 문화재보호법 등에 의한 사용권능의 제한이 많다. 개발부담금의 부과나 양도소득세의 부과를 통한 수익권능의 제한도 있으며, 심지어 특정지역의 경우에는 토지거래허가제가 이루어지고 있다. 농지법에서는 농민만이 농지를 소유할 수 있도록 하고 있다(농지법 제6조).

토지소유권의 경계는 현실의 경계와 관계없이 지적공부상의 경계에 의하여 확정된다. 토지 소유권은 정당한 이익이 있는 범위 내에서 토지의 상하에 미친다(민법 제212조). 인접한 토지의 이용 시 상호간의 조절을 위한 제도가 상린(常鱗)에 관한 민법규정이다(민법 제215조-제244조). 예컨대, 토지소유자는 경계나 그 근방에서 담 또는 건축물을 축조하거나 수선하기 위하여 필요한 범위 내에서 이웃 토지의 사용을 청구할 수 있다(민법 제216조). 매연, 열기체, 액체, 음향, 진동 기타 이와 유사한 것으로 이웃토지의 사용을 방해하거나 이웃 거주자의 생활에 고통을 주는 것을 금하고 있다(민법 제217조 1항).[7]

---

6) 재산권 행사는 공공복리에 적합하도록 행사되어야 하며, 공공필요에 의한 재산권의 수용 · 사용 또는 제한을 할 수 있다(헌법 제23조, 2항과 3항).

7) 인접대지에 건물이 건축됨으로 인하여 입는 환경 등 생활이익의 침해를 이유로 건축공사의 금지를 청구하는 경우 그 침해가 사회통념상 일반적으로 수인할 정도를 넘어서는지의 여부는 피해의 성질과 정도, 가해행위의 양태, 가해행위의 공

다. 용익물권

용익물권이라 함은 타인의 물건을 일정한 목적의 범위 내에서 사용·수익할 수 있는 제한물권을 말한다. 완전하고(원칙적으로) 제한이 없는 소유권과는 달리 "일정한 목적" 내에서 "사용·수익"만을 할 수 있다는 점에서 제한적인 물권이다. 용익물권에는 지상권, 지역권, 전세권 등이 있다.

지상권(地上權)은 타인 소유의 토지에 건물 기타 공작물(주택, 광고탑, 분묘, 기념비 등)이나 수목을 '소유'하기 위하여 그 토지를 사용하는 권리이다. 지상권은 토지소유자와 지상권설정을 합의하고 등기하여 취득하는 것이 일반적이다. 지역권(地役權)은 지역권설정행위를 통하여 자기토지의 편익을 위하여 타인의 토지를 이용하는 권리이다. 예컨대, 타인의 토지를 통행하거나 타인의 토지를 거쳐 물을 끌어오는 행위이다.

전세권(傳貰權)은 전세금을 지급하고 타인의 부동산을 점유하여 그 부동산의 용도에 좇아 사용·수익하는 물권이다. 전세권이 소멸하면 목적 부동산으로 전세금의 우선변제를 받을 수 있다(민법 제303조 1항).

라. 담보물권

담보물권이라 함은 일정한 채권(債權)을 담보할 목적으로 특정물 위에 설정되는 제한물권이다. 용익물권과 마찬가지로 "채권의 담보"라는 일정한 목적을 위해서 설정된다는 점에서 제한적인 물권이다. 담보물권에는 유치권, 질권, 저당권 등이 있다.

유치권(留置權)은 타인의 물건 또는 유가증권을 점유한 자가 그 물건이나 유가증권에 관하여 생긴 채권이 변제기에 있는 경우에는 변제를 받을 때까지 그 물건 또는 유가증권을 유치할 수 있는 권리이다. 예컨대 타인의 물건을 수선한 자가 수선비의 지급을 받을 때까지 그 물건을 유치할 수 있는 권리이다. 법률상의 우선변제권은 없다.

공성, 가해자의 방지조치 등 모든 사정을 종합적으로 고려하여 판단하여야 한다(대판 1999.7.27. 98다47528).

질권(質權)은 채권의 담보로 채무자 또는 제3자가 제공한 동산을 점유하고 그 동산에 대하여 다른 채권자보다 자기채권의 우선변제를 받을 권리이다. 예컨대 갑이 을에게 돈을 빌려주고 시계를 유치한 경우 갑은 차용금을 변제받을 때까지 을의 시계를 유치할 수 있고, 변제하지 않은 경우에 을의 시계를 경매하여 다른 채권자에 우선하여 변제받을 수 있다. 부동산을 질권의 목적물로 삼을 수 없다는 점에서 저당권과 다르다.

저당권(抵當權)은 채무자 또는 제3자가 채무의 담보로 제공한 부동산 기타의 목적물을 인도받지 않고서도 채무의 변제가 없는 경우에 담보로 제공한 부동산에 대하여 다른 채권자보다 우선변제를 받을 권리이다. 저당권은 저당권설정계약과 등기에 의하여 성립한다(민법 제186조). 저당권 중에는 담보할 채무의 최고액만을 정하고 채무의 확정을 장래에 유보하는 경우가 있는데 이를 근저당(根抵當)이라고 한다. 계속적인 거래관계가 있는 경우 불특정다수의 장래채권을 결산기에 남아있는 채권의 최고액 범위내에서 담보하는 것이다.

3) 물권의 변동

가. 물권의 변동과 물권행위

물권의 발생 · 변경 · 소멸을 아울러 일컬어 물권의 변동이라고 한다. 물권변동은 크게 법률의 규정에 의한 물권변동(취득시효, 무주물선점, 상속 등)과 법률행위에 의한 물권변동(당사자 간 의사표시의 합치에 의한 물권행위)이 있다. 물권행위는 이행의 문제를 남기지 않는 처분행위인 반면, 채권행위는 이행의 문제를 남기는 의무부담행위이다.[8)]

이러한 물권변동에 관하여 제도적으로 어떻게 다룰 것인가에 따라 의사주의와 형식주의의 대립이 있다. 의사주의는 일정한 물권변동에 관한 의사표시의 합치만으로 물권변동의 효력을 인정하는 입장이다. 형식

8) 김형배, 전게서, p. 445.

주의는 당사자 간의 의사표시의 합치와 함께 등기(부동산의 경우) 또는 인도(동산)와 같은 공시방법까지 갖추어야 완전한 물권변동이 일어난 것으로 다룬다. 의사주의의 경우 당사자 간에는 완전한 물권변동이 일어났다고 하더라도 변동된 물권관계를 제3자에게 주장하기 위해서는 등기와 인도와 같은 일정한 공시방법이 필요함을 강조한다.

의사표시의 합치로서 물권변동은 일단 일어나지만 제3자에게 대항하기 위해서 일정한 공시방법이 필요하다는 점에서 의사주의를 대항요건주의라고도 한다. 이에 반하여 형식주의는 등기나 인도와 같은 공시방법이 물권변동이 이루어지는데 일정한 요건으로 작용하므로 이를 성립요건주의라고도 한다. 우리나라 민법의 경우 형식주의를 취하고 있으므로 완전한 물권변동을 위해서는 물권변동에 관한 의사표시의 합치와 함께 일정한 공시방법도 갖출 것을 요구하고 있다(민법 제186조, 제188조).

나. 물권의 변동과 공시제도(등기와 인도)

물권은 그 배타성으로 말미암아 그 존재를 타인에게 알릴 필요가 있다. 여기에서 등장하는 것은 바로 물권에 있어서 공시(公示)의 원칙이다. 공시의 원칙에 따라 부동산의 경우 등기로서, 동산의 경우 인도로서 일정한 물권의 존재를 타인에게 알리게 된다.

나아가 거래의 안전을 위하여 등기나 점유를 신뢰한 제3자를 보호할 필요가 있다. 이에 따라 인정되는 것이 공신(公信)의 원칙이다. 민법은 동산에 관해서만 공신의 원칙을 인정하고(민법 제249조), 부동산에 대해서는 인정하지 않는다. 예를 들어 동산의 경우 매매 목적물의 점유 등으로 그 소유관계가 진실한 것으로 신뢰한 제3자(이른바, 선의의 제3자)는 매도인이 매매 목적물의 진실한 소유권자가 아니라고 하더라도 매매계약에 따라 매매 목적물의 소유권을 취득할 수 있다. 이를 선의취득이라고 한 제251조다. 다만 도품이나 유실물에 대해서는 공신의 원칙에 대한 예외를 인정하고 있다(민법 제250조).

5. 채권(債權)법

1) 채권의 의의와 효력

채권이라 함은 특정인(채권자)이 특정인(채무자)에 대하여 일정한 행위(급부)를 청구할 수 있는 권리를 의미한다. 채권은 물권과 달리 배타성이 없어 계약자유의 원칙상 수개의 채권이 발생할 수 있으며, 특정인(채무자)에게만 주장할 수 있는 대인적·상대적 권리이다. 또한 채권이 유효하게 성립하려면 채권의 목적인 급부가 적법하고 가능하며 확정될 수 있는 것이어야 하며 신의성실의 원칙이 강조된다. 채권에는 특정물채권, 종류채권, 금전채권, 이자채권 등이 있다.

채권의 효력은 크게 대내적 효력과 대외적 효력으로 나누어 살펴볼 수 있다. 대내적 효력은 채무자의 채무불이행에 따른 이행청구권을 갖으며, 압류 등의 강제이행 수단을 쓸 수 있고, 채무불이행에 따른 손해배상청구도 행사할 수 있다. 채무불이행이라는 원인사실이 있는 경우 일반적으로 보통 그러한 손해를 결과로서 발생케 하는 것이면 불이행과 손해 사이에 상당인과(相當因果)관계가 있는 것이고 채무자는 그 손해를 배상하여야 한다(민법 제393조 1항). 채무자가 채무의 내용에 이행을 제공하였는데 채권자가 수령을 거절하거나 수령이 불능한 경우에는 채무자는 고의 또는 중대한 과실이 있는 때에만 불이행의 책임을 지며 이자의 지급 의무를 부담하지 않는(민법 제401조, 제403조) 채권자지체(遲滯)제도가 있다.

대외적 효력은 주로 채무자의 일반(책임)재산의 보전과 관련된 것으로서 채권자대위권과 채권자취소권이 있다. 채권자가 자신의 채권을 보전하기 위하여 채권이 이행기에 있을 때 채무자에게 속한 권리를 갈음(대위)하여 행사하는 것이 채권자 대위권(민법 제404조, 제405조)이다. 채무자가 채권자를 해(害)함을 알고 이미 행해진 채무자의 일탈된 책임재산을 회복하기 위하여 채권자가 그 법률행위의 취소 및 원상회복을 재판으로 청구하는 권리가 채권자 취소권이다(민법 제406조, 제407조).

2) 채권의 발생원인

채권의 발생원인은 이른바 채권각론에 해당하는 내용으로서 계약, 사무관리, 부당이득, 불법행위로 구분할 수 있다. 계약은 법률행위에 의한 채권의 발생원인이고 나머지는 법률의 규정에 의한 원인이다.

가. 계약

계약은 서로 대립하는 두 개 이상의 의사표시 즉, 청약과 승낙의 합치에 의하여 성립하는 법률행위이다. 가장 대표적인 채권의 발생 원인으로서 계약자유의 원칙에 따라 원칙적으로 개인 간에 자유롭게 계약관계의 내용을 정할 수 있다. 다만, 민법에서는 거래관계에서 가장 빈번하게 체결되는 계약(전형계약)을 예시하고 일정한 규정을 두어 당사자의 의사를 확인할 수 없는 경우 이를 적용하도록 하고 있다.

재산권의 이전을 급부의 목적으로 하는 계약에는 증여(무상), 매매(금전으로 반대급부), 교환(금전 아닌 반대급부)이 있다. 물건의 대차(貸借)를 급부의 목적으로 하는 계약에는 소비대차(대체물을 반환), 사용대차(빌린 물건 자체를 반환하는 무상계약), 임대차(빌린 물건 자체를 반환하는 유상계약)가 있다. 노무의 제공을 급부의 목적으로 하는 계약에 고용(종속적 노무제공), 도급(비종속적 노무, 일의 완성), 현상광고(비종속적 노무, 광고행위), 위임(비종속적 노무, 사무처리), 임치(비종속적 노무, 물건의 보관)가 있다. 단체적 결합을 목적으로 하는 계약에 조합이 있다. 그 밖에 종신정기금과 화해가 있다. 이들을 간략히 살펴보면 다음과 같다.

증여는 당사자일방이 무상으로 재산을 상대방에 수여하는 의사를 표시하고 상대방이 이를 승낙함으로써 그 효력이 생긴다(제554조). 매매는 당사자일방이 재산권을 상대방에게 이전할 것을 약정하고 상대방이 그 대금을 지급할 것을 약정함으로써 그 효력이 생긴다(제563조). 매매의 당사자일방이 계약당시에 금전 기타 물건을 계약금, 보증금등의 명목으로 상대방에게 교부한 때에는 당사자 간에 다른 약정이 없는 한 당사자의 일방이 이행에 착수할 때까지 교부자는 이를 포기하고 수령자는 그 배액을 상환하여 매매계약을 해제할 수 있다(제565조). 매도인은 매수인에 대하여 매매의 목적이 된 권리를 이전하여야 하며 매수인은 매도인에게 그 대금을 지급하여야 한다(제568조). 교환은 당사자 쌍방이 금전이외의 재산권을 상호 이전할 것을 약정함으로써 그 효력이 생긴다(제596조).

소비대차는 당사자일방이 금전 기타 대체물의 소유권을 상대방에게 이전할 것을 약정하고 상대방은 소유권을 취득하여 그 목적물을 소비처리할 수 있고, 일정기간 후에 그와 같은 종류, 품질 및 수량으로 반환할 것을 약정함으로써 그 효력이 생긴다(제598조). 차주는 약정시기에 차용물과 같은 종류, 품질 및 수량의 물건을 반환하여야 한다. 반환시기의 약정이 없는 때에는 대주는 상당한 기간을 정하여 반환을 최고할 수 있지만 차주는 언제든지 반환할 수 있다(제603조). 소비대차는 빌린 물건 자체를 반환할 필요는 없다는 점에서 사용대차나 임대차와 다르다.

사용대차는 당사자일방이 상대방에게 무상으로 사용, 수익하게 하기 위하여 목적물을 인도할 것을 약정하고 상대방은 이를 사용, 수익한 후 그 물건을 반환할 것을 약정함으로써 그 효력이 생긴다(제609조). 차주는 계약 또는 그 목적물의 성질에 의하여 정하여진 용법으로 이를 사용, 수익하여야 한다(제610조).

임대차는 당사자일방이 상대방에게 목적물을 사용, 수익하게 할 것을 약정하고 상대방이 이에 대하여 차임을 지급할 것을 약정함으로써 그 효력이 생긴다(제618조). 전월세 계약이 임대차에 해당한다. 임대차계약은 채권이므로 목적물의 양도로 임대인이 바뀌면 임대차관계가 당연히 승계되지 않는다. 이런 이유에서 부동산의 임차인을 보호하는 주택임대차보호법, 상가건물임대차보호법이 제정되었다. 임차인이 임차물의 보존에 관한 필요비를 지출한 때에는 임대인에 대하여 그 상환을 청구할 수 있다. 임차인이 유익비를 지출한 경우에는 임대인은 임대차 종료시에 그 가액의 증가가 현존한 때에 한하여 임차인의 지출한 금액이나 그 증가액을 상환하여야 한다(제626조).

고용은 당사자일방이 상대방에 대하여 노무를 제공할 것을 약정하고 상대방이 이에 대하여 보수를 지급할 것을 약정함으로써 그 효력이 생긴다(제655조). 도급은 당사자일방이 어느 일을 완성할 것을 약정하고 상대방이 그 일의 결과에 대하여 보수를 지급할 것을 약정함으로써 그 효력이 생긴다(제664조).

현상광고는 광고자가 어느 행위를 한 자에게 일정한 보수를 지급할 의사를 표시하고 이에 응한 자가 그 광고에 정한 행위를 완료함으로써 그 효력이 생긴다(제675조). 위임은 당사자일방이 상대방에 대하여 사무의 처리를 위탁하고 상대방이 이를 승낙함으로써 그 효력이 생긴다(제680조). 수임인은 위임의 본지에 따라 선량한 관리자의 주의로써 위임사무를 처리하여야 한다(제681조).

임치는 당사자일방이 상대방에 대하여 금전이나 유가증권 기타 물건의 보관을 위탁하고 상대방이 이를 승낙함으로써 효력이 생긴다(제693조). 수치인은 임치인의 동의 없이 임치물을 사용하지 못한다(제694조). 보수 없이 임치를 받은 자는 임치물을 자기재산과 동일한 주의로 보관하여야 한다(제695조). 조합은 2인 이상이 상호 출자하여 공동사업을 경영할 것을 약정함으로써 그 효력이 생긴다. 출자는 금전 기타 재산 또는 노무로 할 수 있다(제703조).

종신정기금계약은 당사자일방이 자기, 상대방 또는 제3자의 종신까지

정기로 금전 기타의 물건을 상대방 또는 제3자에게 지급할 것을 약정함으로써 그 효력이 생긴다(제725조). 화해는 당사자가 상호 양보하여 당사자 간의 분쟁을 종지할 것을 약정함으로써 그 효력이 생긴다(제731조). 화해계약은 당사자일방이 양보한 권리가 소멸되고 상대방이 화해로 인하여 그 권리를 취득하는 효력이 있다(제732조).

나. 사무관리

사무관리라 함은 법률상 의무 없이 타인을 위하여 사무를 관리하는 행위를 말한다. 이 경우 법률상 의무가 없음에도 불구하고 일단 사무관리를 개시한 자에게 일정한 권리와 의무를 인정함으로써 사무 관리자와 사무관리의 목적물의 소유자 모두에게 이익이 돌아가도록 법률은 규정하고 있다. 즉, 사무 관리를 개시한 자는 그 사무의 성질에 따라 본인에게 가장 이익이 되는 방법으로 이를 관리하여야 하고(제734조), 사무 관리에 의하여 지출한 필요비나 유익비는 본인에 상환을 청구할 수 있다(제739조).

다. 부당이득

부당이득이라 함은 법률상 원인 없이 타인의 재산 또는 노무로 인하여 이익을 얻고 이로 인하여 타인에게 손해를 가한 경우를 말한다. 이 경우 그 이익을 손실자에게 반환하여야 한다(제741조). 부당이득한 자가 선의인 경우에는 현존이익만을, 악의인 경우에는 이익과 이자는 물론이고 손해가 발생한 경우 그 배상까지 해야 한다(제748조).

라. 불법행위

불법행위라 함은 고의 또는 과실로 타인에게 손해를 가한 행위를 말한다. 불법행위를 한 자는 이로 인하여 손해를 입은 타인에게 그 손해를 배상하여야 한다(제750조). 일상생활에서 자주 발생하므로 제10장에서 자세히 살펴본다. 한편, 불법행위를 행한 자는 이러한 민법상의 손해배상책임과는 별개로 형사법상의 책임(형사책임)을 지는 경우도 있다. 즉, 민사상의 손해배상과 형사책임은 상호 구분되며 일치하는 것은 아니다.

3) 채권의 소멸

민법이 규정하고 있는 채권의 일반적인 소멸원인은 다음과 같다. 변제는 급부를 실현하는 채무자 또는 기타의 자의 행위로 가장 일반적인 채권소멸원인이다. 변제 제공은 그 때로부터 채무불이행의 책임을 면하게 된다(제461조). 대물변제는 채무자가 채권자의 승낙을 얻어 본래의 채무이행에 가름하여 다른 급여를 하는 것을 말하며, 변제와 같은 효력이 있다(제466조).

공탁은 채권자가 변제를 받지 아니하거나 받을 수 없는 때에는 변제자는 채권자를 위하여 변제의 목적물을 공탁소에 임치하여 채무를 면하는 것이다. 변제자가 과실 없이 채권자를 알 수 없는 경우에도 같다(제487조). 상계란 쌍방이 서로 같은 종류를 목적으로 한 채무를 부담한 경우에 그 쌍방의 채무의 이행기가 도래한 때에는 각 채무자는 대등액에 관하여 소멸하게 하는 행위이다(제492조).

경개는 당사자가 채무의 중요한 부분을 변경하는 계약을 하여 신 채무를 발생시키고, 구 채무를 소멸시키는 의사표시이다(제500조). 면제는 채권자가 채무자에게 채무를 면제하는 의사를 표시하여 채권을 소멸시키는 행위이다. 그러나 면제로써 정당한 이익을 가진 제3자에게 대항하지 못한다(제506조). 혼동은 채권과 채무가 동일한 주체에 귀속한 때 채권이 소멸하는 것을 말한다(제507조).

4) 다수당사자의 채권관계

동일한 채권관계에 다수인의 채권자 또는 채무자가 참여하는 경우를 다수당사자의 채권관계라고 한다. 채권관계는 크게 분할채권관계와 불가분채권관계로 구분할 수 있다. 분할채권관계라 함은 분할이 가능한 한 개의 급부에 관해 채권자 또는 채무자가 다수 있는 경우 별다른 의사표시가 없으면, 그 채권 · 채무가 다수인의 채권자나 채무자 사이에서 균등하게 분할되는 채권관계를 말한다. 민법은 다수당사자의 채권관계에 있어 분할채권관계를 원칙으로 하고 있다. 불가분채권관계라 함은 불가분한 급부에 대한 다수당사자의 채권관계로 일부의 급부를 청구하거나 일부의 이행을 할 수 없다. 모든 채권자는 단독으로 모든 채권자를 위하여 자기에게 급부할 것을 청구할 수 있다(제409조).

한편 다수 당사자의 채권관계는 인적 담보적 기능도 한다. 민법은 연대채무와 보증채무에 관하여 규정하고 있다. 연대(連帶)채무라 함은 여러 채무자가 같은 내용의 급부에 관하여 각각 독립해서 전부의 급부를 하여야 할 채무를 부담하는 경우를 말한다. 이 경우 한 채무자가 전부의 급부를 하면 모든 채무자의 채무가 소멸한다(제409조). 보증(保證)채무라 함은 주된 채무자가 그 채무를 이행하지 않을 경우 보증인이 이를 이행하여야 할 채무를 말한다(제413조).

5) 채권양도와 채무인수

자본주의가 발전하면서 채권과 채무도 하나의 상품처럼 다른 사람에게 양도 또는 인수될 수 있다. 채권양도는 채권자와 제3자간의 양도계약에 의하여 채권의 동일성을 유지하면서 타인에게 이전하는 것을 말한다(제499조 1항). 채무인수란 채권자 · 채무자와 제3자의 계약의 의하여 채무의 동일성을 유지하면서 타인에게 이전하는 것을 말한다. 채무인수는 채권자 · 채무자 · 인수인의 3면 계약에 의한 경우, 채권자와 인수인간의 계약과 여기에 구 채무자가 동의한 경우, 채무자와 인수인간의 계약과 여기에 채권자의 승낙한 경우 등이 있다.

토론주제

1. 민법의 3대원리가 시대의 변화에 따라 어떤 변화를 하고 있는가?

2. 신의 성실의 원칙 내지 권리남용 금지의 원칙에 반하는 구체적인 판례에는 어떤 것이 있는가?

3. 민법상의 대리제도가 왜 필요한가? 표현대리와 무권대리란 무엇이며 어떤 법률효과가 부여되는가?

4. 물권에는 어떤 종류가 있는지 구체적인 예를 들어 설명할 수 있는가?

5. 채권발생 원인의 대표적인 것이 계약이다. 계약의 다양한 모습을 구체적인 예를 들어 설명할 수 있는가?

6. 보증채무와 연대채무는 어떻게 다른가?

제 6 장

불법행위책임과 민사소송

민주주의 내지 법치주의는 개인의 권리 보장을 특징으로 한다. 그러나 실질적으로 권리가 보장되려면 권리가 침해된 경우 효율적인 구제장치가 마련되어 있어야 한다. 본장에서는 권리구제의 원칙인 공권력구제의 원리를 언급하고 다양한 권리구제장치를 개관해 본다. 공권의 침해 내지 공권력에 의한 권리침해 분야는 제3부에서 다룰 사항이지만 편의상 이곳에서 언급한다. 특히, 민법의 채권분야인 일상생활에서 자주 다투게 되는 불법행위에 기한 손해배상책임문제를 자세히 소개한다. 그리고 민사영역에서의 분쟁해결 절차인 민사소송의 기본적인 내용을 언급한다.

1. 권리구제장치

권리구제의 기본원리는 무엇이며 구체적 장치에는 어떤 것이 있는지 개관해 본다.[1)]

1) 표시열, 전게서, pp. 161-165.

1) 공권력구제의 원칙

국민이 공권이건 사권이건 그 권리를 침해당한 사후에는 국가의 공권력에 의하여 구제된다. 사력(私力)구제는 실력 없는 권리자를 보호하지 못하고 오히려 힘 있는 강자의 논리만 보호되므로 원칙적으로 허용되지 않는다.

그러나 후일에 국가의 보호를 구하는 것이 불가능하거나 또는 곤란하게 될 상황에서는 예외적으로 사력구제도 허용된다. 정당방위, 긴급피난이 그러한 경우이다. 자기 또는 타인의 법익에 대한 현재의 부당한 침해를 방위하기 위하여 부득이 가해행위를 하는 것이 정당방위인데, 「민법」 제761조 1항과 「형법」 제21조에서 위법성 조각사유로 인정하고 있다. 자기 또는 타인의 급박한 피난을 피하기 위하여 부득이 타인에게 가해행위를 하는 것이 긴급피난인 데, 「민법」 제761조 2항과 「형법」 제22조에서 위법성 조각사유로 인정하고 있다. 그러나 가해자가 고의나 과실로 자초한 위난은 긴급피난에 해당하지 않는다. 예컨대, 운전병이 제한속도 25킬로미터 지점에서 시속 45킬로미터의 과속으로 달리던 중 보행인 3인과 충돌을 피하기 위하여 방향을 바꾸다가 점포를 들이받아 화재가 발생하였다면 운전병의 행위는 긴급피난에 해당한다 할 수 없다.[2)]

2) 사권침해에 대한 구제장치

권리의 구제제도는 침해받는 권리가 사권인가 공권인가에 따라 나누어 설명할 수 있다. 사권의 침해를 구제 받으려면 법률이 정하는 절차에 따라 법원에 권리보호를 구하여야 한다(헌법 제27조). 법원은 권리보호의 청구를 받으면 우선 입증을 통하여 구체적 사건의 내용을 확정

2) 대판 1968.10.22. 68다1643.

하고, 그 사건에 적용할 법을 발견하고 해석을 통하여 법규의 내용을 명확히 한 후, 추상적 법률을 대전제로 하고 구체적 사실을 소전제로 하여 판결을 한다. 판결의 내용은 주로 권리의 확정 또는 손해배상의 지급명령이다. 판결의 의무를 따르지 않는 경우에는 국가가 강제집행으로 그 권리의 내용을 실현할 수 있다. 또 장래의 강제집행을 보전하거나 권리관계의 현상을 유지하기 위하여 가압류, 가처분의 제도가 있다. 일정한 민사 분쟁, 가사 사건, 그리고 노동쟁의 사건에 관하여서는 당사자의 신청이 있는 경우 복잡한 재판 절차가 아닌 소송외의 분쟁해결 장치인 조정제도가 있다.

3) 공권침해에 대한 구제장치

공권침해에 대한 구제장치는 매우 다양하므로 사전적, 사후적 구제장치로 나누어 요약하면 다음과 같다.

가. 사전적 예방장치

권리는 일단 침해를 받으면 그 구제에 많은 시간과 경비가 들고 완전한 원상회복도 어렵다. 따라서 최선의 방책은 권리침해를 사전에 예방하는 것이다. 기초적인 법률지식을 습득하여 자기 권리를 알고 스스로 자기 권리를 지키는 것이 권리침해의 사전 예방책이다. 전문화된 영역에서는 변호인의 조력으로 분쟁 또는 권리침해의 여지를 사전에 예견하여 대비책을 마련하여야 한다. 예컨대 계약체결의 경우에도 가능한 모든 예상되는 분쟁에 대하여 구체적으로 명확히 계약서를 작성하는 것 등이 이에 해당한다.

헌법상의 기본권 침해에 대한 사전예방책은 헌법이 최고법률임을 명문으로 규정하고, 대통령 등 공무원으로 하여금 헌법수호 의무를 선서하게 하며, 삼권분립제도를 통하여 권력상호간의 억제와 균형을 유지시키는 것이다. 정당정치의 구현, 국민의 국정통제, 국민의 호헌(護憲) 내지 기본권 보장의식 고양 등도 정치적 헌법보장 방법이다. 헌법 개정을 어렵게 한다든지, 반민주적 정당의 행동을 사전에 예방하기 위해 위헌정당 해산제도를 둔다든지, 군과 공무원의 정치적 중립성을 보장하는 규정을 두는 것도 간접적으로 기본권 침해에 대한 사전적 예방대책의 예에 해당된다.

가장 많이 문제가 되는 행정기관에 의한 권리침해를 사전에 예방하는 장치는 상급행정청이 하급행정청에 대하여 감독권을 행사하는 것과 행정절차에 의한 통제로 "행정 절차법"이 있다. 행정절차법은 적법절차 원리를 행정 분야에서 구현하는 제도로 이해관계인에게 사전 통지함으로써 자기의견을 제시할 기회를 부여한다는 점에서 권리침해에 대한 사전 예방효과가 크다고 할 수 있다.

나. 사후적 구제장치

헌법상의 기본권이 침해받은 경우에 그 구제수단은 여러 가지가 있다. 우리 「헌법」 청원권(제26조), 재판청구권(제27조), 행정쟁의제도(제107조 2항·3항, 제27조 1항), 국가배상청구권(제29조), 형사보상청구권(제28조), 위헌법률·명령·규칙·처분심사제(제107조, 제111조), 그리고 헌법소원(제111조 1항 5호)을 보장하고 있다.

사법적 구제가 주된 구제방법으로 가장 효과적이며 헌법재판소에 의한 헌법소원은 최종적인 것이라고 할 수 있다. 헌법소원 청구사유는 공권력의 행사 또는 불행사로 인하여 헌법상 보장된 기본권을 침해받은 경우이다. 단, 법원의 재판은 제외되며, 다른 법률에 구제절차가 있는 경우에는 그 절차를 사전에 거쳐야 한다(헌법재판소법 제68조).

기본권의 침해는 주로 법의 적용과정에서 행해지므로 행정기관에 의한 기본권 침해가 가장 많이 문제가 된다.[3] 행정기관이 불법행위로써

3) 입법기관에 의한 기본권의 침해는 입법에 의하여 적극적으로 기본권을 침해하는 경우와 마땅히 제·개정해야 할 법률을 하지 않고 방치하는 경우가 있다. 전자의 경우에는 재판을 전제로 위헌법률심사권을 행사할 수 있고 예외적으로 처분적 법률인 경우 헌법소원을 제기할 수 있다. 그밖에 국회에 청원을 하거나 선거를 통한 책임추궁이 가능하다. 후자의 경우에는 헌법에서 명시적인 입법위임을

기본권을 침해한 경우에는 해당 공무원의 파면을 청원할 수 있을 뿐만 아니라 국가배상을 청구할 수 있으며, 또한 행정심판을 통한 구제가 가능하다. 무고하게 체포·구속되어 불기소처분을 받거나 기소되어 무죄판결을 받은 경우에는 형사보상을 청구할 수 있고, 모든 구제절차를 거친 뒤에도 기본권에 대한 위헌적인 침해가 구제되지 않은 경우에는 헌법재판소에 헌법소원을 제기할 수 있다. 그밖에도 감독청의 직권취소나 정지처분 및 해당 공무원에 대한 민사·형사책임이나 징계책임의 추궁도 중요한 구제수단이 된다.

국민의 입장에서 볼 때 공무원에 대한 징계책임 추궁은 공무원으로 하여금 불법적인 행위를 억제하게 하는 중요한 권리구제의 수단이 되지만, 반면에 공무원 입장에서는 부당한 징계에 대한 구제수단이 요구되어진다. 공무원은 「국가공무원법」에서 정하고 있는 징계사유(동법 제78조 제1항 각호)가 있을 경우 「공무원 징계령」에 규정하고 있는 징계위원회(제1중앙 징계위, 제2중앙 징계위, 보통징계위)의 징계처분을 받게 되는 바, 동 징계처분에 관하여 불복이 있을 때에는 처분이 있는 것을 안 날부터 30일 이내에 소청심사위원회에 재심을 청구할 수 있다(동법 제76조).

2. 불법행위에 관한 법이론

이와 같이 권리구제 제도는 다양하나 일상생활에서 자주 문제가 되는 영역은 불법행위에 대한 손해배상의 청구이다. 불법행위에 관한 법

하였고, 헌법해석상 특정인에게 구체적 기본권이 생겨 이를 보장하기 위한 국가의 작위의무 내지 보호의무가 명백한 경우에만 헌법 소원을 할 수 있다(헌재 1989.3.7. 88헌마1). 사법기관에 의한 기본권 침해는 위헌적인 법률을 적용한다든지 법률해석의 잘못 또는 사실인정의 오인 등으로 인한 오판의 경우이다. 이 경우에는 헌법소원을 제기할 수 으며, 항소·상고 등의 상소와 재심·비상상고 등의 절차상의 구제수단과 형사보상제도가 있다.

이론은 일반불법행위와 특수 불법행위로 나누어진다.[4)]

1) 일반불법행위

「민법」 제750조는 계약과 같은 특별한 관계가 없는 일반시민 사이에서 타인에게 손해를 가한 경우, 가해자는 그 손해를 배상하여야 한다고 규정하고 있다. 이를 일반불법행위라고 하는 바, 그 성립요건은 책임능력 있는 자가 자기의 고의 또는 과실로 위법(違法)적인 행위를 하여 타인에게 손해를 가하는 것이다. 일반불법행위의 성립요건을 상설하면 다음과 같다.

첫째, 불법행위가 성립하기 위해서는 행위자에게 책임능력이 있어야 한다. '책임능력'이란 자기행위의 책임 또는 결과를 분별할 수 있는 능력을 말한다. 이는 단지 도덕적으로 나쁜 일이라고 아는 것만으로는 부족하고, 자기 행위의 결과가 위법한 것으로 법률상 비난받는 것임을 인식하는 정신능력이 있어야 한다.

「민법」은 미성년자가 타인에게 손해를 가한 경우에 그 행위의 책임을 변식(辨識)할 지능이 없을 때 책임능력이 없다고 규정하고 있다(동법 제753조). 모든 법률행위의 기본전제인 의사능력의 판단은 외부에서 확실히 알 수가 없으므로 행위의 상대방이나 제3자가 받게 될 예측불허의 손해를 막기 위하여 일정한 획일적 기준, 예컨대 만 20세 미만을 미성년자로 정하여 그 기준을 갖춘 때에는 '행위 무능력자'라 하여 구체적인 경우에 의사능력을 가지고 있는지를 문제삼지 않고 그 자가 단독으로 행한 일정범위의 법률행위에 관하여 취소할 수 있게 하는 것 등이다. 그러나 불법행위 경우에는 의사능력 유무를 연령에 의하여 획일적으로 정하지 않고 특정의 미성년자가 행한 개개행위에 관하여 개별적, 구체적으로 의사능력, 즉 책임능력의 유무를 결정한다.

---

4) 불법행위에 관한 법이론은 김증한, 『채권각론』, 서울 : 박영사, 1989, pp. 441-484 요약임. 표시열, 전게서, pp. 169-179.

우리나라 대법원은 14세 3개월은 물론 13세 6개월이 된 사람도 특단의 사정이 없는 한 사회통념상으로 자기행위에 대한 책임을 변식할 지능이 있다고 판결하고 있다.[5] 그러나 대법원은 13세 5개월이 된 중학생이 전쟁놀이 중 장난감이라고 할 수 없는 위험한 물건인 고무총으로 땅콩크기의 돌을 발사하여 같이 놀던 아이의 눈을 실명하게 한 행위[6]와 14년 2개월 된 중학생이 콘크리트 바닥에 엎드려 있는 피해자를 갑자기 예고 없이 발로 밀어버린 행위는[7] 다른 사정이 없는 한 불법행위의 책임을 변식할 지능을 가진 사람의 행위로 볼 수 없다고 판결하고 있다.

이러한 판결로 보아 13-14세의 어린아이의 행위에 대한 책임능력 판단은 구체적 상황에 따라 판단해야 하며 피해자의 구제측면에서 친권자의 책임 또는 사용자의 책임인정 여부와도 관련해서 고려해야 한다. 즉, 미성년자의 책임능력 부정은 후술하는 친권자 책임의 전제가 되며, 그 인정은 사용자 책임의 전제가 된다. 미국의 경우 7세까지는 아동에게 책임 변식 능력이 없다고 보고 7-14세까지의 아동에게는 일견(a prima-facie) 책임능력이 없다고 보나 증거에 의하여 번복될 수 있다는 것이 일반적 경향이다. 미성년자가 아니더라도 병적 발작이나 음주 등으로 심신 상실 중에 타인에게 손해를 가한 경우에는 판단능력이 없으므로 배상책임이 없다(민법 제754조). 그러나 고의 또는 과실로 '심신상실'을 초래한 경우에는 그 책임을 면치 못한다.

둘째, 불법행위가 성립하려면 고의 또는 과실이 있어야 한다. '고의'라 함은 일정한 결과가 생길 것을 인식하면서 감히 이것을 하는 심리상태이며, '과실'은 통상적인 사람을 기준으로 마땅히 하여야 할 주의를 다하지 않았기 때문에 일정한 결과의 발생을 인식하지 못한 것을 의미한다. 과실은 주의를 게을리한 정도에 따라서 경과실과 중과실로 나누어진다. 같은 직업에 종사하는 사람으로는 보통 누구나 할 수 있는 주

---

5) 대판 1971.4.6. 71다187, 대판 1969.2.25. 68다1822.
6) 대판 1978.7.11. 78다729.
7) 대판 1978.11.28. 78다1805.

의의 정도를 '선량한 관리자의 주의'라 하며, 이는 민법상 주의의무의 원칙이다.

이러한 정도의 주의를 다하지 못하는 것을 '추상적 과실'이라고 한다. 특히 법률이 이러한 주의의무를 경감하여 행위자 자신의 주의능력에 따른 주의만을 요구하는 것을 '구체적 과실'이라고 한다. 추상적 과실과 구체적 과실을 합하여 '경과실'이라 하며, 선량한 관리자의 주의를 심하게 또는 현저히 결여한 경우는 '중과실'이라 한다. 불법행위의 성립은 경과실만으로 족하다. 과실의 인정여부는 불법행위의 성립여부에 있어 중요한 요소이다.

고의, 과실의 입증책임은 피해자에게 있다. 그러나 타인의 주관적인 사정을 입증한다는 것은 실제로 곤란한 경우가 많으므로 피해자가 가해행위가 행하여진 상황을 밝힘으로써 간접적으로 반증이 없는 한 과실이 성립된 것으로 본다든가, 가해상황이 특수한 경우에는 공평의 원칙을 가미하여 과실의 추정이 이루어지기도 한다.[8)]

통상적인 사람을 기준으로 마땅히 하여야 할 주의의무를 태만히 하였거나 또는 하지 않으면 아니될 의무를 이행하지 않은 경우가 과실인데, 그와 같이 하지 아니한 것이 불가항력이었다면 과실이 있다고 볼 수 없다. 그러나 현대사회의 급속한 과학기술발달이 가져온 위험성이 수반된 기업 활동, 예컨대 광업과 원자력사업 등의 경우에는 통상인의 주의의무를 다하였고, 현재의 기술수준으로 손해발생을 막을 수 없었을 경우라도 무과실 책임을 인정하는 경향이 있다.

셋째, 불법행위가 성립하기 위해서는 가해행위가 '위법'하여야 한다. '위법'하다는 것은 법률이 보호할 가치 있는 이익을 침해하는 것이다. 소유권 같은 물권, 청구권 같은 채권, 신체 · 자유 · 명예 · 정조권 · 생활안정[9)] 같은 인격권적 이익의 침해가 그 예에 속한다.

---

8) 예컨대 자동차 운전 중에 자동차가 전복되는 등의 사고가 발생하였다면 이는 운전수의 고의 또는 과실에 기인한 것으로 추정한다(대판 1959.10.29. 4292민상67).

9) 예컨대 토지소유자가 경계선에서 한 치의 거리도 두지 아니하고 건축한 교사(校舍)의 2층에서 6층까지의 각 난간에서 각종 오염물을 이웃지붕에 떨어뜨리고 학생들이 지붕 위에 올라가 주택을 내려다보고 부녀자를 희롱하는 일이 허다한 것

앞에서 지적하였듯이 민법에서는 정당방위와 긴급피난의 경우에는 위법성이 조각된다고 예외를 인정하고 있다. 민법에서 위법성 조각사유로 명시하고 있지는 않지만 '정당업무'와 '피해자의 승낙'도 사회적 타당성이 인정되는 경우 위법성을 조각한다. 경찰의 범인체포, 노동조합의 단체행동, 친권자나 교사의 징계권, 의사의 수술, 복싱 같은 스포츠중의 가해는 정당한 행사의 범위 안에서 '정당업무'로 위법성이 없다. 예컨대 교사가 수업태도가 불량한 학생에게 징계의 수단으로 심하지 않은 폭행을 가한 것은 교육업무상 정당한 행위로 위법성이 조각된다.[10)]

피해자의 승낙도 위법성을 조각하지만, 피해자가 그 승낙의 의미를 이해할 만한 정신능력을 가지고 자유로운 판단에 의하여 승낙하여야 하며 그 승낙이 사회질서에 반하지 않아야 한다. 예컨대 대법원은 어린이들이 편을 갈라서 상대편을 원 밖으로 밀어내는 삼각놀이를 하던 중 상대편의 다리를 걸어서 땅바닥에 넘어지게 하여 상해를 입게 한 경우에 "별로 위험성이 있다고 보아지지 아니하는 위 삼각놀이에서 11, 12세의 소년들이 상대방의 다리를 거는 따위는 상대방 승낙을 전제한 통상 있을 수 있는 행위에 속한다고 봄이 상당하므로 위법성이 없다"고 판결하였다.

넷째, 불법행위가 성립하기 위해서는 손해의 발생이 있어야 한다. 불법행위가 성립하려면 '손해'의 발생이 있어야 하며, 위법행위와 발생한 손해 사이에 '인과관계'가 있어야 한다. '손해'라 함은 법적으로 보호할 가치 있는 이익에 관하여 입은 불이익인 바, 재산적 손해와 정신적 손해가 있다. 불법행위로 인한 정신적 손해도 배상할 책임이 있다(민법 제751-752조). 사고로 인하여 장차 특별한 치료를 요하는 상해를 입었을 경우에도 현실적 손해로 본다.[11)]

은 소음 및 불안상태의 조성으로 이웃거주자는 이를 용인할 의무가 없다(대판 1974.6.11. 3다1691).

10) 대판 1979.9.11. 77다522.

11) 대판 1965.3.23. 64다1899.

그리고 '인과관계'라 함은 그 행위가 없었으면 그 손해가 발생하지 않았으리라고 인정되는 관계를 말한다. 민법은 채무불이행으로 인한 손해배상의 범위를 정한 「민법」 제393조를 불법행위에도 준용하여 상당인과관계 범위내의 손해만을 배상하도록 하고 있다. 즉, 그 행위가 없었으면 그 손해가 발생하지 않았으리라고 인정되고, 그러한 행위가 있으면 그러한 손해가 발생하는 것이 보통이라고 인정되는 경우에만 배상책임이 있다. 인과관계의 판단은 필연적·과학적 원인관계를 규명하는 것이 아니고, 발생한 손해를 누구에게 책임을 지울 것이냐 하는 법률적인 판단으로서 가해자의 주의의무의 정도, 피침해 이익의 중대성 등이 고려된다.

주의의무를 다하지 못하여 발생한 위법행위와 손해발생 간에 상당한 인과관계가 있느냐의 판단은 대단히 판별하기 어렵다. 특히 행위자의 과실에다 피해자 자신 또는 제3자의 행위가 개입되는 경우에는 인과관계의 성립여부를 판단하는 데 더욱 어려움이 있다. 예컨대 경운기를 운전하던 운전자가 이를 길가에 세워두고 발동을 끄지 않은 채 운전석을 떠난 사이에 그 차를 타고 있던 피해자가 경운기를 운전하다가 운전미숙으로 사고를 내어 사망한 경우에 발동기를 끄지 않은 운전자의 과실과 위사고 사이에는 인과관계가 있다고 보았다.[12)]

그러나 비상경계 근무 중인 순경이 휴대하고 다니던 권총을 용변을 위하여 숙직실에 펴 있는 자기의 이불 밑에 탄창이 꽂혀 있는 채로 넣어 두었는데, 사환이 숙직실 청소를 하다가 권총을 발견하여 방안에 있는 피해자 갑에게 빨리 일어나라는 농담을 하면서 탄환이 장전된 것을 모르고 노리쇠를 당겨 사망케 한 사건에서 대법원은 권총방치행위와 사고발생 사이의 상당인과관계는 인정하지 않았다. 순경이 권총을 무기고에 넣던가, 탄창만이라도 소지하여야 하는 주의의무를 태만히 하였으나, 권총취급의 부주의가 있었다고 당연히 사환의 오발로 인한 결과 발생 사이에 상당인과관계가 있다고 보지 않았다. 경찰이 잠시 용변 중

12) 대판 1976.4.13. 75다1187.

권총을 가지고 장난할 사람이 있으리라는 상황은 예측할 수 없으므로 순경의 권총취급의 부주의는 사고발생 결과와 간접적인 관계(remote relation)에 있다고 본 것이다.[13)]

요컨대 가해행위와 손해발생관계에서 상당인과관계를 인정하려면 그 행위로부터 일반적인 여건 하에서 예견 가능한 결과여야 한다. 즉, 상당인과관계의 인정여부는 예측가능성(forecasting)이 중요한 판단기준이 된다. 같은 맥락에서 대법원은 철도 건널목 간수인으로 차단기를 내린 이상 이로써 일단 그 주의의무를 다한 것으로 볼 것이고 아직 차단기가 오르기 전에 통행인이 마음대로 건널목에 뛰어 들어온다는 것은 특별사정으로 예견할 수 없는 이례(異例)에 속하는 사례라고 판결하고 있다.[14)]

인과관계가 있다는 주장 내지 입증책임은 청구자인 피해자에게 있다. 다만 공해로 인한 불법행위의 경우에는 당해 행위가 없었다면 그러한 결과가 발생하지 아니하였으리라는 정도의 개연성이 있으면 족하고 가해자는 이에 대하여 반증을 할 경우에만 인과관계를 부정할 수 있다.[15)]

2) 특수 불법행위

「민법」은 특수 불법행위로 책임무능력자의 감독책임, 사용자책임, 공작물(工作物) 등의 점유자・소유자의 책임을 규정하고 있다.

가. 책임무능력자의 감독자 책임(「민법」 제755조)

미성년자가 타인에게 손해를 가한 경우에 그 행위의 책임을 변식할 지능이 없을 때에는 배상책임이 없고(민법 제753조), 심신상실자가 타인에게 손해를 가한 경우에도 심신상실을 고의・과실로 자초한 경우가 아니면 배상의 책임이 없다(민법 제754조). 이 경우에는 이들을 감독할

13) 대판 1970.3.31. 70다18.
14) 대판 1972.4.11. 7다2165.
15) 대판 1974.12.10. 72다1774.

법정의무가 있는 자와 감독의무자에 갈음하여 무능력자를 감독하는 자가 제3자에 가한 손해를 배상할 책임이 있다(민법 제755조). 법정의무 있는 자는 친권자와 후견인이며, 감독의무자에 갈음하여 무능력자를 감독하는 자는 대리감독자로 탁아소의 보모, 정신병원의 의사, 유치원과 초등학교의 교원 등이다. 책임무능력자의 감독자 책임제도는 자기책임의 원칙과 맞지 않는 예외이다.

책임무능력자의 감독자 책임은 책임무능력자의 행위에 관한 일반적인 감독을 게을리한 데 대한 책임을 의미하고, 그 위법행위가 행하여진 데 대한 과실을 의미하지 않는다. 예컨대 12세밖에 되지 않는 미성년자가 산탄공기총을 가지고 새를 잡으러 다니다가 오발로 제 3자를 부상케 하였다면, 그의 법정 감독의무자는 평소 사고발생의 위험한 짓을 하지 못하게 잘 감시·감독하고 훈련하여야 할 주의의무를 다하지 않은 과실 책임이 있다.16)

책임무능력자의 감독자는 감독의무를 해태하지 아니한 때에는 책임이 없다. 중요한 것은 입증책임인 데, 감독의무를 게을리하지 않았음을 스스로 입증하지 않는 한 책임을 면하지 못한다. 예컨대 학교 내에서 발생한 미성년자의 상해행위에 대하여 감독의무를 해태하지 아니하였음을 주장·입증하지 않는 한 친권자는 손해배상책임이 있다.17)

나. 사용자의 책임

타인을 사용하여 어떤 사무에 종사하게 한 자는 피용자가 제3자에 가한 손해를 배상할 책임이 있다(민법 제756조). 예컨대 버스회사의 운전사가 운전 중 그의 과실로 통행인을 부상케 한 때에는 그 운전사의 사용자인 버스회사가 배상책임을 지는 것이다. 민법은 피용자가 배상을 할 충분한 자력이 없는 경우가 많으므로 피용자의 불법행위가 성립하는 경우 그 사용자에게 선임과 감독의 책임추궁으로 배상책임을 지우고 내부적으로 구상하도록 한 것이다. 사용자 책임이 성립하기 위하여

16) 대판 1971.4.6. 71다59.
17) 대판 1962.5.17. 62다44.

서는 실질적으로 보아 사용-피용의 관계가 있어야 하며, 피용자의 행위가 외부에 의하여 객관적으로 판단될 때 사용자의 사업에 종사하고 있다고 인정되어야 하며 제3자에게 손해를 가하였어야 한다.

사용자는 피용자의 선임 및 그 사무 감독에 상당한 주의를 한 때, 또는 상당한 주의를 하였어도 손해가 있을 경우에는 배상을 면할 수 있다(민법 제756조 ①). 여기에서 '상당한 주의'의 정도는 감독자가 통상의 주의의무를 다 하였으면 이를 방지할 수 있었음을 의미한다.[18] 선임과 사무 감독에 상당한 주의를 하였느냐의 입증책임은 사용자에게 있지만[19] 판례는 사용자의 주장을 거의 인정하지 않고 있어서 무과실책임에 가까운 결과로 되고 있다.

사용자의 배상책임은 피용자의 배상의무와는 별개의 사용자 자신의 독립적 책임이다. 다만 피해자가 어느 편으로부터 배상을 받으면 그 범위 내에서 타방의 배상책임이 소멸한 것으로 본다.[20] 또한 사용자가 배상책임을 한 때에는 피용자에 대하여 구상권을 행사할 수 있다(민법 제757조 ③).

사용자가 국가 또는 지방자치단체인 경우에는 「국가배상법」 제2조의 규정을 적용 받으며 사용자 책임에 관한 「민법」 제756조 규정은 배제된다. 「국가배상법」 제2조는 국가 그리고 지방자치단체의 공무원이 직무를 집행함에 당하여 불법행위를 한 경우에 그 사용자인 국가 또는 지방자치단체가 배상책임을 지도록 규정하고 있다. 이는 상술한 「민법」 제756조의 사용자 책임과 같은 법 이론이다. 다만 국가배상법 제2조의 경우에는 면책규정이 없어 언제나 국가 및 지방자치단체가 책임을 져야 하며, 고의 또는 중대한 과실이 있는 경우에만 공무원에 대한 구상권이 인정된다는 점이 다르다. 「국가배상법」 제2조의 배상책임이 자기책임인가 아니면 대위책임인가에 관하여는 학설이 엇갈리고 있다.[21]

---

18) 대판 1978.3.14. 77다491.
19) 대판 1978.3.14. 77다491.
20) 대판 1960.8.18. 4292민상772.
21) 공무원의 위법행위는 국가 또는 지방자치단체의 행위로 볼 수 없으며 공무원에 대신하여 책임을 질뿐이라는 것이 대위책임설의 논거이고, 국가 또는 지방자치

대법원은 「국가배상법」 제2조는 민법상의 사용자 책임에 대한 특별규정이므로 민법에서와 마찬가지로 선임·감독에 대한 자기책임이며, 두 책임은 양립하므로 피해자는 국가 또는 지방자치단체나 공무원 자신에게 선택적으로 배상을 청구할 수 있다고 보고 있다.[22]

「국가배상법」 제2조에서 규정하고 있는 배상책임의 요건은 공무원이 직무행위를 집행함에 당하여 고의 또는 과실로 법령에 위반하여 타인에게 손해를 가하는 것이다. 여기에서 '공무원'의 범위는 국가공무원법 또는 지방공무원법에서 말하는 공무원의 신분을 가진 자에 한하지 않고, 널리 공무를 위탁받아 실질적으로 공무에 종사하는 자를 포함한다.[23]

'직무행위'란 입법·행정·사법의 모든 공권력행사와 관리 작용을 말한다. 직무의 범위가 행정주체의 사경제적 작용까지 포함되느냐에 관하여서는 학설의 대립이 있다. 국가배상책임의 성질을 공법으로 보는 입장에서는 사경제작용을 포함시킬 수 없다고 보며 사법으로 보는 입장에서는 사경제작용도 포함시켜야 한다고 주장한다. 그렇지만 「국가배상법」 제2조가 본질적으로 「민법」 제756조의 특별법으로 사법적 성질을 갖고 있으므로 사경제적 작용도 포함시켜야 할 것이다. '직무행위를 집행함에 당하여'란 공무원 행위의 외관을 객관적으로 관찰하여 직무의 범위에 속한다고 판단되는 행위 및 직무와 밀접히 관련된 행위를 말한다.[24] 그밖에도 법령에 위반되어야 하며, 타인에게 손해를 가하여야 한다.

다. 공작물 등의 점유자·소유자의 책임

공작물의 설치 또는 보존의 하자로 타인에게 손해를 가한 때에는 점

단체는 현실적으로 공무원을 통하여 행위를 하는 것이므로 공무원의 행위는 곧 국가 및 지방자치단체의 행위라는 것이 자기책임설의 논거이다. 공무원의 고의·중과실 경우에만 구상권을 인정한 국가배상법 제2조 2항과 관련하여 공무원의 중과실로 인한 위법행위는 대위책임이고 경과실로 인한 위법행위는 자기책임이라는 중간설이 타당하다고 할 수 있다.

22) 대판 1972.10.10. 69다701.
23) 대판 1972.10.10. 69다701.
24) 대판 1971.8.31. 71다13.

유자가 제1차로 배상책임을 지고, 점유자가 손해의 방지에 필요한 주의를 해태하지 아니한 때에는 제2차로 소유자가 배상책임을 진다(민법 제758조 ①).

공작물 책임의 성립요건은 첫째로 공작물의 설치 또는 보존의 하자가 있어야 하고, 둘째는 그러한 하자와 손해발생 사이에 인과관계가 있어야 한다. 여기에서 공작물이란 인공적 작업에 의하여 제작된 물건으로 건물, 철도건널목시설, 고압선, 배수시설, 고속도로, 자동차 등이다. 건물의 일부를 이루는 건물내부의 여러 설비는 물론 기업의 물적 설비 일반을 포함한다. '하자'란 그 물건이 본래 갖추어야 할 안전성을 결여한 것을 의미하며, 하자가 처음부터 있었을 때를 '설치의 하자'라 하고, 설치후의 하자를 '보존의 하자'라 한다. 하자의 존재에 관한 입증책임은 피해자에 있으나 공작물의 하자가 쉽게 추정되는 경우에는 점유자나 소유자가 하자의 부존재를 입증하여야 한다. 하자가 손해발생의 공동원인의 하나가 된 것일 때에도 인과관계는 인정된다.

위의 요건을 충족한 경우 공작물의 사실상 지배자인 점유자가 일차로 책임을 지고 그가 손해방지에 필요한 주의를 해태하지 아니하여 면책되는 경우에 그 물건의 소유자가 자기의 과실유무에 관계없이 배상책임을 진다. 예컨대 연탄 중독사고가 난 경우 직접 점유자인 임차인에게 주의의무의 해태가 없으면 건물 소유주가 배상책임을 진다.[25] 점유자 또는 소유자가 책임을 지는 경우에 점유자 또는 소유자는 공사의 시공자 같은 손해의 원인에 대한 책임 있는 자에게 구상할 수 있음은 물론이다.

공작물이 공공시설인 경우에는 「국가배상법」 제5조의 적용을 받는다. 즉, 도로, 하천 기타 영조물의 설치 또는 관리에 하자가 있기 때문에 타인에게 손해를 발생케 하였을 때에는 국가 또는 지방자치단체가 그 손해를 배상할 책임이 있다. 이 영조물 책임은 공권력 관계가 아니고 사법상의 책임이므로 「국가배상법」 제5조가 없을지라도 국가 또는 지

25) 대판 1979.6.12. 79다466.

방자치단체는 당연히 「민법」 제758조의 공작물 책임을 져야 하는 것을 국가배상법이 명시적으로 규정한 것에 지나지 않는다. 「국가배상법」 제5조의 성립요건을 간단히 살펴본다.

국가 또는 지방자치단체는 도로, 하천 기타 공공의 영조물의 설치 또는 관리에 흠이 있기 때문에 타인에게 손해를 발생케 한 경우 배상책임을 진다(국가배상법 제5조 ①). 첫째, 공공의 영조물이란 공적목적을 달성하기 위한 인적·물적 시설의 종합체로 맨홀, 공중전화, 가로수, 전신주, 엘리베이터 등이다. 둘째, '설치·관리에 흠'이 있어야 한다는 것은 영조물의 설계·축조와 그 후의 유지·수선 및 보관 작용에 있어서 통상 갖추어야 할 안전성을 결한 것이다. 「민법」 제758조 ①의 '설치 또는 보존의 하자'와 같은 관념이다. 영조물 설치관리의 하자유무는 객관적 견지에서 본 안전성의 문제이고 그 설치·관리자의 재정사정이나 당해 공공시설의 사용목적에 의한 사정은 그 안전성의 판단에 있어 중요한 사유가 될 수 없음은 물론, 설치·관리자의 고의·과실에 의할 것을 필요로 하지 않는다.

예컨대 육군 모 부대 수송부의 흙벽돌로 지은 병사(兵捨)가 폭우로 인한 산사태로 도괴(倒壞)되고 병사들이 압사한 사건에서 대법원은 견고하지 않은 자재를 사용한 것이 국가의 재정상태 때문이라는 국가의 항변을 받아들이지 않았고, 산사태가 전혀 예상할 수 없는 불가항력적 사유에 해당하지 않는 한 병사의 설치 상 하자를 인정하지 않을 수 없다고 판결하였다.[26] 셋째, 손해의 발생은 하자가 원인이 되어야 한다. 즉 손해와 하자사이에 상당인과관계가 있어야 한다. 상당인과관계가 있는 한 자연력 또는 제3자나 피해자의 행위가 그 손해발생의 원인으로 가세하는 것은 무방하다.

고의·과실은 공작물 등의 점유자·소유자 책임에서와 같이 불법행위의 성립요건이 아니다. 그러나 국가 또는 지방자치단체는 공작물 등의 점유자에 대한 면책규정(민법 제758조 ①항 단서)과는 달리 손해의

26) 대판 1967.2.26. 66다1723.

발생을 방지함에 필요한 주의를 게을리하지 아니한 때에도 배상책임을 진다. 국가 또는 지방자치단체가 배상을 한 경우에는 공사수급인과 같이 그 손해의 원인에 대하여 책임을 질자가 따로 있을 때에는 그 자에 대하여 구상할 수 있다(국가배상법 제5조 ②항).

3. 민사에서의 분쟁해결절차: 민사소송법의 이해

1) 민사소송의 개념

민사소송이라 함은 개인간의 생활관계에서 발생한 법적 분쟁이나 이해관계의 충돌을 국가의 재판권에 의하여 강제적으로 해결 · 조정하기 위한 절차를 말한다. 민사소송은 주로 재산권과 신분권의 발생, 변경, 소멸에 관한 법률관계에 관한 소송이다. 민사소송은 자치적 분쟁해결방식인 화해 · 조정 · 중재 등과 구별되며, 민사사건 중 소송절차로 처리되지 않는 사건인 비송사건과도 구별된다.

비송사건은 민사사건 중 소송절차로 처리하지 않는 사건을 말한다. 형식적 의미에서는 비송사건의 일반법인 비송사건절차법에서 정한 사건과 그 총칙규정이 적용 또는 준용되는 사건을 말한다. 비송사건은 간이 · 신속한 처리를 위해 자유로운 증명이면 되고, 서로 대립하는 당사자 구조가 아니므로 직권주의적 색채가 짙다. 예컨대, 법인, 신탁, 보존 · 공탁 · 보관 · 감정 등이 해당된다.

민사소송법은 형식적으로는 개별 법률로서 제정된 민사소송법전을 말하지만, 실질적으로는 민사소송법전 외에도 민사소송에 관한 규정을 담고 있는 법원조직법, 헌법, 민법, 변호사법, 채무자 회생 및 파산에 관한 법률, 소액사건심판법 등도 포함된다.

2) 민사소송의 지도이념과 소송절차의 기본원칙

민사소송법의 지도이념에 소송의 적정성, 공평성, 신속성, 경제성이 있다.[27] 이러한 이념을 구현하기 위하여 민사 소송절차의 기본원칙으로 당사자처분권주의, 구술심리주의, 변론주의, 직접심리주의, 공개주의, 수시제출주의, 법관의 자유심증주의를 들 수 있다. 당사자처분권주의는 소송절차의 개시 · 진행 · 종료를 법원이 직권으로 정할 것이 아니라, 당사자의 의사에 의하여 결정하여야 한다는 것이다. 구술심리주의는 기본적인 소송자료가 서면주의가 아닌 구두 진술에 의거하여야 한다는 것이다. 변론주의는 소송자료의 제출을 당사자에게 일임하고 당사자가 주장하지 않은 사실을 판결의 기초로 삼아서는 안 된다는 것이다. 변론주의가 원칙이나 직권탐지주의도 보충하고 있다. 재판관은 직접 변론을 듣고 증거조사를 하여야 하며, 소송의 심리와 판결은 공개되어야 한다. 소송자료의 제출에 단계가 없으며, 증거력의 유무 결정 등에 있어 재판관은 자유롭게 법관의 양심에 따라 결정한다.[28]

3) 민사소송의 당사자

민사소송의 당사자에는 먼저 법원에 대하여 자신이 원하는 판결과 집행을 요구하는 자인 원고와 그 대립하는 상대방인 피고가 있다. 원고

---

27) 소송의 적정성은 재판의 내용이나 집행의 결과가 법규의 내용을 충실하게 실현할 것을 추구한다. 심급제도와 재심제도가 소송의 적정을 위한 제도이다. 소송의 공평성이란 소송에 관여하는 이해관계인을 동등하게 대우하고 또한 변론과 입증책임의 기회를 균등하게 부여함을 의미한다. 심리의 공개, 당사자평등주의, 변론주의, 제척 · 기피 · 회피제도가 공평성을 위한 제도이다. 소송의 신속성은 소송을 가급적 신속히 진행하여 그 완결을 이루고자 하는 것으로 소송절차의 직권진행, 독촉절차, 제소 전 화해제도가 이와 관련된다. 소송의 경제성이란 소송에 필요한 법원과 당사자의 비용을 가능한 적게 하고, 자력이 없는 자도 소송제도를 쉽게 이용할 수 있도록 배려하고자 하는 것으로 소의 병합과 소액사건심판법이 이와 관련된다.

28) 최종고, 전게서, pp. 473-473.

와 피고는 항소심과 상고심에서는 항소인과 피항소인, 상고인과 피상고인의 관계로 대체된다. 그 외에 원고와 피고의 소송대리인이 있는데 여기에는 법정대리인과 임의대리인(변호사)이 있다.

4) 민사소송의 절차

민사소송의 절차는 판결절차와 강제집행절차로 나눌 수 있다.

가. 판결절차

통상의 판결절차는 다음과 같다. 원고에 의한 제1심 법원에 소의 제기(소장 작성, 법원에 제출) → 재판장 직권심사, 부본을 피고에 송달 → 당사자소환, 변론진행(변론기일, 공격·방어방법 제출), 당사자주의 원칙 → 당사자의 행위(소의 취하, 청구의 포기, 소송상 화해 등) 또는 종국판결로 소송종료(재판). 법원에 소를 제기하기 전에 채무자에게 빚을 갚으라는 내용증명의 우편을 발송하고, 가압류 처분을 해놓으며, 지급명령을 신청하는 것이 시간도 줄이고 현명한 조치이다.

제1심 법원의 재판에 불복하는 경우 제2심 법원인 고등법원이나 지방법원 합의부에 항소할 수 있으며, 이에 다시 불복하는 경우 제3심인 대법원에 상고할 수 있다. 상고심은 법률심으로서 사실관계에 관한 것은 원칙적으로 제2심인 항소심에서 확정되며 상고심은 법률의 해석과 적용 등에 관한 문제만을 다룬다. 판결 이외의 결정이나 명령에 불복하는 경우 상급법원에 항고할 수 있다.

특별한 소송절차에는 소액사건심판절차와 가사소송절차(조정전치주의, 직권탐지주의 등 특칙 인정), 파산절차 등이 있다. 소액사건 심판제도는 2천만원 이하의 금전채권을 목적으로 하는 청구로 간편하게 소송을 제기할 수 있고 재판도 통상 1회로 끝나며, 판사가 증인도 심문하고, 피고에게 이행권고를 하게 된다. 간편한 민사소송절차에 '지급명령'과 민사조정제도가 있다. 지급명령은 일정한 액수의 금전 같은 경우에 채무자를 신문하지 않고 채권자 신청한 대로 지급하라는 법원의 명령이다. 채무자가 2주안에 이의신청을 하면 통상의 소송절차를 밟게 되지만, 채무를 인정하면서 지급을 자주 미루는 경우에 효과적이다. 민사소송을 하기 전에 민사조정 신청을 하면 법관이나 조정위원회에서 조정안을 만들어 권고하고 조정안에 합의하면 재판상의 화해와 같은 효력을 갖는다.

나. 강제집행절차(민사집행법)

가) 강제집행의 의의와 방법

강제집행절차란 국가의 공권력에 의하여 사법상의 (소송절차에 의하여 확정된) 권리 · 의무의 내용을 강제적으로 실현하는 절차를 말한다. 이행판결의 경우, 금전채권이라면 압류, 매각(경매), 추심, 관리 등이 행해지고, 비금전채권의 경우 직접강제, 대체강제, 간접강제 등의 방법에 의한다.

나) 가압류 · 가처분

가압류 또는 가처분은 채무자의 재산도피를 막기 위하여 채권자가 소송을 내기 전에 채무자의 재산을 확보하는 수단으로 쓰인다. 가압류와 가처분은 강제집행에 앞서 그 집행의 장애를 예방하기 위하여 일정 재산에 대한 현상을 보전하는 절차이다. 채권자의 신청에 의하여 법원이 결정한다. 장래 소송에서 승리하여 원하는 결과를 이끌어내었다 하더라도 시기적으로 적절한 만족을 얻기가 곤란한 경우를 미리 방지하기 위하여 종국판결 전에 이루어지는 임시적인 조치이다.

가압류는 주로 금전채권 또는 금전으로 환산 가능한 채권의 경우 동산 또는 부동산에 대하여 행하여진다. 가압류를 해놓으면 가압류된 부동산이나 가재도구 또는 자동차 등은 채무자가 처분하지 못하고, 소송에서 이겼을 때 경매 처분하여 빌려준 금전채권을 확보할 수 있다. 가처분은 다툼의 대상 즉 '계쟁물(係爭物)에 대한 가처분'과 '임시의 지위를 정하는 가처분'이 있다. '계쟁물에 관한 가처분'은 채권자가 금전 이외의 물건이나 권리를 대상으로 하는 청구권을 가지고 있을 때 그 강제집행시까지 다툼의 대상이 처분·멸실되는 등 법률적·사실적 변경이 생기는 것을 방지하고자 다툼의 대상의 현상을 동결시키는 보전처분이다(민사집행법 제300조 제1항). 최근에 강원도 도지사에 선출되었으나 직무를 수행할 수 없게 된 갑 지사는 헌법재판소를 찾아가 지방자치법 제111조 제1항 제3호에[29] 대한 효력정지 가처분과 헌법소원을 제기하였다.[30]

4. 개인회생과 파산 제도

경제적으로 파산상태에 있는 개인이나 법인이 '개인회생' 또는 '파산'을 신청할 수 있는 바, 채무자 회생 및 파산에 관한 법률이 2006년부터 시행되고 있다. 개인회생제도란 파산 직전의 채무자가 법원에 신청하면 법원이 강제로 채무를 재조정해 파산을 면하게 해주는 제도이다. 총채무가 5억원(담보시 10억원) 미만이어야 하며, 장래 계속적으로 수입을 얻을 가능성이 있는 사람이어야 한다. 개인 회생이 받아들여지면 압류나 가압류가 정지되고 승인된 변제계획에 따라 3년 내지 5년 동안 변제해 가면 나머지 채무는 면제받는다.

사업이나 보증 등으로 과도한 채무에 시달리면 파산과 면책을 신청할 수 있다. 파산 선고를 받으면 파산채권을 변제하지 않아도 되지만 많은 불이익이 따른다. 사법상 후견인이나 친족회원 등이 될 수 없으며,

---

29) 현행 지방자치법 제111조 제1항 제3호에는 금고이상의 형을 선고받고 그 형이 확정되지 아니한 경우에는 부단체장이 권한을 대행하게 돼 있다.

30) 지방자치단체의 장이 금고 이상의 형을 선고받기만 하면 그 형이 확정되기 전이라도 권한을 대행하도록 규정하는 조항은 국민주권과 민주주의, 지방자치 원리에 반하고 무죄추정의 원칙에도 어긋나는 위헌적인 규정이라는 것이 헌법소원의 논거이다.

공무원, 교원, 의사 등이 될 수 없다. 또한 신원증명서에 기재되며, 전국은행연합회 신용정보관리규약에 따라 7년간 특수 기록정보로 남는다.[31)]

토론주제

1. 권리가 침해된 경우 어떻게 구제받을 수 있는가? 권리구제의 기본원칙은 무엇이며 침해받은 권리의 종류 내지 침해주체에 따라 어떤 구제장치가 있는가?

2. 일반불법행위에 의한 손해배상책임의 성립 요건은 무엇이며 어떤 요소가 가장 쟁점이 되는가? 일상생활에서 겪게 되는 구체적 사례에는 어떤 것이 있는가?

3. 특수 불법행위인 감독책임, 사용자책임, 공작물의 점유・소유자책임의 성립 요건은 무엇이며 구체적인 사례에는 어떤 것이 있는가? 일상생활에서 이러한 책임을 피하기 위하여 유의할 사항은 무엇인가?

4. 민사소송의 구체적인 절차는 어떻게 이루어지는가? 민사소송 준비를 어떻게 하여야 하는가?

31) 법무부, 『한국인의 법과 생활』, 서울 : 법무부, 2008, pp. 194-202.

제 7 장

가족관계와 법

친지, 부부 등 일정한 신분관계를 가진 사람들의 공동생활을 규율하는 것을 가족법 또는 신분법이라 한다. 우리 민법은 제4편에서 친족법을 제5편에서 상속법을 규정하고 있다. 본장에서는 친족법에서 다루고 있는 혼인과 이혼 등을 다루고, 상속법에서 규정하고 있는 상속과 유언 등에 관하여 살펴본다.

1. 친족 · 상속법의 의의와 2005년 개정의 주요내용

1) 친족 · 상속법의 의의

친족권은 친족적 가족관계에 따라 인정되는 지위와 그 지위로부터 나오는 권리이다. 즉, 배우자로서의 지위, 친자 사이의 친권적 지위, 일정한 친족 사이에 발생하는 부양적 지위로부터 나오는 권리이다. 이러한 친족권은 일신전속적인 성질을 갖는다. 상속권은 상속재산에 대한 포괄적 지위와 그 지위로부터 나오는 권리이다. 상속재산의 관리처분권, 상속재산분할청구권, 유류분권 등이 그 예이다.

친족·상속법은 친족의 공동생활과 친족간의 재산승계를 규율하는 법으로 이해 타산적인 재산법과는 성질이 다르다. 따라서 재산법에 적용되는 민법총칙 규정 중 행위능력, 법인, 법률행위, 대리, 조건과 기한, 소멸시효에 관한 것은 특별한 규정이 있는 경우를 제외하고 일반적으로 친족·상속법에 적용되지 않는다. 또한 친족·상속법상의 법률행위는 당사자간의 합의 이외에 신고와 같은 일정한 방식이 요구되는 경우가 많다.

가사(家事)소송법은 가사소송사건에 대한 기본절차법으로 가사에 대한 소송과 비송 및 조정에 대한 절차의 특례를 규정하고 있으며, 가사소송사건과 가사비송사건, 조정의 대상을 규정하고 있다(가소법 제1조, 제2조, 제50조). 가사소송법에서 정한 가사소송 등의 제1심재판은 가정법원이 전담한다. 가사사건 중 일정한 사건은 조정전치주의를 채택하고 있다.[1]

2) 2005년 친족·상속법 개정의 주요내용

친족·상속법은 관습과 전통에 많은 영향을 받아 민족적 특색이 강하다. 부계혈통주의의 오랜 전통이 시대의 변화로 크게 바뀌었다. 2005년 헌법재판소의 호주제 헌법불합치 결정으로 호주제가 폐지되었고, 친족·상속법의 많은 내용들이 다음과 같이 개정되었다.[2]

가. 배경

2005년의 민법개정은 종전 민법의 친족편에 규정되어 있는 호주를 중심으로 가(家)를 구성하는 호주제도는 양성평등이라는 헌법이념과 시대변화에 부합하지 아니하므로 이를 폐지하고, 동성동본금혼제도와

1) 김형배, 전게서, p. 1693.

2) http://kin.naver.com/knowhow/detail.nhn?d1id=5&dirId=5&docId=555242&qb=MjAwNeuFhCDsuZzsobHsg4Hsho3rspUg6rCc7KCV7KO87JqU64K07Jqp&enc=utf8&section=kin&rank=2&sort=0&spq=1&pid=gcB88loi5UNssbziCBKsss-030638&sid=THj8cr7QeEwAAFEyfS0

친생부인의 소의 제척기간을 헌법불합치결정의 취지에 따라 합리적으로 조정하며, 입양제도의 현실을 반영하고 양자의 복리를 증진시키기 위하여 양친과 양자에게 친족관계를 인정하면서 양친의 성과 본을 따르게 하는 친양자제도(親養子制度)를 도입하려는 것이다.

나. 개정의 주요 내용

- 호주에 관한 규정을 삭제하여 호주제도를 폐지하고, 호주제도를 전제로 한 자의 입적규정을 삭제하였으며, 아울러 혼인외의 자와 양자의 입적·복적·일가창립·분가 등에 관한 규정을 삭제하였다. - 자의 성과 본은 부(父)의 성과 본을 따르는 것을 원칙으로 하되, 혼인신고시 부모의 협의에 의하여 모(母)의 성과 본을 따를 수 있도록 하였다.

- 자의 복리를 위하여 자의 성과 본을 변경할 필요가 있는 때에는 부·모 또는 자의 청구에 의하여 법원의 허가를 얻어 이를 변경할 수 있도록 하였다. 즉 호주에 관한 규정과 호주제도를 전제로 한 입적·복적·일가창립·분가 등에 관한 규정을 삭제하는 한편, 호주와 가의 구성원과의 관계로 정의되어 있는 가족에 관한 규정을 새롭게 정하였다.

- 헌법불합치결정(헌재 1997.7.1. 95헌가6 내지 13)이 있었던 동성동본금혼제도를 폐지하고 8촌 이내의 부계혈족 또는 모계혈족 사이에서만 혼인을 금지하는 근친혼금지제도로 전환하였다. - 부성추정의 충돌을 방지할 목적으로 규정된 여자에 대한 6개월의 재혼금지기간을 삭제하였다.- 혼인시 처가 부(夫)의 가(家)에 입적하는 규정과 입부혼인(入夫婚姻)에 관한 규정을 삭제하였다.

- 친생부인의 소의 제소권자를 부(夫)뿐만 아니라 처(妻)까지 확대하고 헌법불합치결정(헌재 1997.3.27. 95헌가14 등)을 받았던 제소기간도 부 또는 처가 친생부인의 사유를 안 날로부터 2년 내로 연장하였다. - 친양자제도를 신설하여 양친과 양자를 친생자관계로 보아 종전의 가족관계를 종료시키고 양친과의 친족관계만을 인정하며, 양친의 성과 본을 따를 수 있도록 하였다.

- 친권자가 친권을 행사하는 데에는 자의 복리를 우선적으로 고려하여야 한다는 의무규정을 신설하였다. - 상당기간 동거·간호 등의 방법으로 피상속인을 특별히 부양한 상속인에게 공동상속인의 협의 또는 법원에 의하여 기여분이 인정될 수 있도록 하였다.

2. 친족법

1) 친족의 범위와 법률효과

친족은 혈연의 연락이 있는 혈족, 배우자, 인척으로 이루어진다. 인척(姻戚)은 혈족의 배우자, 배우자의 혈족, 배우자 혈족의 배우자이다(민법 제769조). 민법은 친족의 범위를 8촌 이내의 혈족, 4촌 이내의 인척, 배우자로 규정하고 있다(민법 제777조). 촌수는 혈연의 원근으로 정하며 형제 사이를 2촌으로 한다. 다음은 친족간의 촌수를 나타낸 〈표 1〉이다.[3]

친족관계의 법률효과는 민법 제777조에서 정한 범위의 친족에게 일반적으로 인정되는 것이 있고, 개별적으로 상이한 일정한 범위 친족에게만 인정되는 법률효과가 있다. 예컨대, 후견인해임청구(민법 제940조) 같은 것은 전자에 해당되고, 금치산 내지 한정치산자의 선고 및 취소청구권은 배우자와 4촌 이내의 친족에게만(민법 제9조, 제11조, 제12조, 제14조) 허용되는 것은 후자에 해당한다.

3) 법무부, 전게서, p. 279.

〈표 1〉 친족간의 촌수

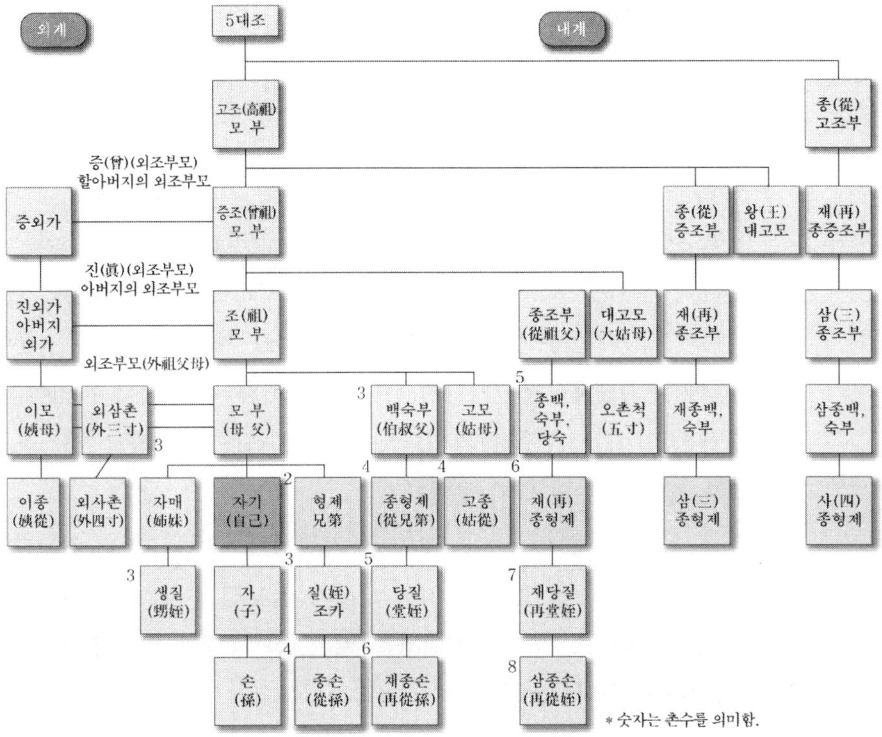

2) 가족의 범위, 자의 성과 본

가족의 범위는 배우자, 직계혈족 및 형제자매, 그리고 생계를 같이하는 직계혈족의 배우자, 배우자의 직계혈족 및 배우자의 형제자매이다(민법 제779조). 자는 부(夫)의 성과 본을 따른다(제781조). 혼인외의 자는 부모의 협의에 따라 종전의 성과 본을 계속 사용할 수 있다(제781조 5항). 그러나 부모가 혼인신고시 모의 성과 본을 따르기로 협의한 경우에는 모의 성과 본을 따른다(제781조 1항 단서).

3) 약혼, 혼인, 이혼

가. 약혼

약혼이라 함은 당사자의 합의로 성립하는 혼인의 예약이다. 남자는 만 18세, 여자는 만 16세에 달하여야 한다(제801조). 약혼으로 아무런 친족관계가 생기지 않으며 성행위를 요구할 권리도 없다. 약혼을 하였다고 혼인의 강제이행을 청구할 수는 없다. 다만, 약혼 해제 시 잘못이 있는 자에게 손해배상청구는 가능하다. 동거는 혼인의 의사가 없이 부부공동생활을 하는 것으로 혼인의사를 갖고 공동 생활하는 사실혼과 구별되며 법의 보호를 받지 못한다.

민법은 약혼의 해제 사유로 약혼 후 자격정지 이상의 형을 선고받았을 때, 타인과 간음한 때, 1년 이상 생사가 불분명할 때, 이유 없이 혼인을 거절하거나 그 시기를 지연하는 때, 기타 중대한 사유가 있을 때 등을 규정하고 있다(제804조).

나. 혼인

혼인은 실질적 요건과 형식적 요건을 갖추어야 성립한다. 혼인의 실질적 요건으로 당사자 간에 혼인의사의 합치가 있어야 한다(제815조의 1호). 그리고 혼인의 장애사유가 없어야 한다. 예컨대, 혼인할 수 있는 나이에 이르렀을 것(혼인 적령: 남자는 만 18세, 여자는 만 16세), 중혼이 아닐 것, 인척간이 아닐 것(8촌 이내의 혈족, 6촌 이내의 혈족의 배우자) 등이 있다. 혼인 당사자가 혼인 적령에 달해도 만 20세 미만일 경우에는 부모의 동의가 필요하다. 혼인의 형식적 요건은 당사자 쌍방과 성년자인 증인 2명이 연서한 혼인 신고서를 작성하여 제출하여야 한다(제812조). 혼인의 실질적 요건을 결할 경우 등에는 혼인을 무효 또는 취소할 수 있다.

혼인의 효과는 신분적 효과로 동거, 부양 및 협조의 의무가 생긴다.

미성년자도 혼인하면 성년으로 의제되며, 민사상 성년과 같은 행위능력이 인정된다. 재산상의 효과로 각자 재산을 소유, 관리·수익할 수 있다. 부부의 일방이 혼인 전부터 가진 고유재산과 혼인중 자기명의로 취득한 재산은 그 특유재산으로 한다(제830조 1항). 이를 부부별산(別算)제라 한다. 부부 중 누구에게 귀속되는지 불분명한 경우 공유재산으로 추정한다. 공동생활에 필요한 비용을 공동부담하며(제833조), 일상가사에 관하여 상호 대리권을 가지며(제827조), 제3자와의 법률행위에 대하여 연대책임을 진다(제832조).

다. 이혼

혼인은 배우자의 사망, 실종선고, 이혼으로 해소된다. 이혼에는 당사자의 협의상 이혼과 법원에 이혼을 청구하여 이루어지는 재판상 이혼이 있다.

가) 협의상 이혼

협의상 이혼이 성립하려면 실질적 요건으로 당사자 사이에 이혼의사의 합치가 있어야 하며 형식적 요건으로 가정법원의 확인을 받아 신고하여야 한다. 협의상 이혼의 절차는 다음과 같다. 이혼합의 → 법원접수(협의이혼 의사 확인신청서) → 이혼숙려기간(양육하여야 할 자가 있는 경우 3개월, 그렇지 않은 경우 1개월) → 판사확인 → 가족관계의 등록 등에 관한 법률에 따른 신고(당사자쌍방, 성년자인 증인 2인이 연서한 서면)

이혼 신고만 하지 않았을 뿐, 이혼 합의를 하고 별거하는 등 혼인관계의 실체가 소멸한 경우 '사실상 이혼'이라 하며, 동거, 협조, 정조의무가 소멸하고 일상가사 대리권이나 가사채무의 연대책임규정이 적용되지 않는다. 그러나 법률상은 부부이므로 상속권이 있고 제3자와 혼인하면 중혼이 된다.

나) 재판상의 이혼

재판상의 이혼은 다음과 같은 민법 제840조가 정한 사유나 혼인을 계속하기 어려운 중대한 사유가 있을 때 인정된다. 1. 배우자에 부정한 행위가 있었을 때.[4] 2. 배우자가 악의로 다른 일방을 유기한 때. 3. 배우자 또는 그 직계존속으로부터 심히 부당한 대우를 받았을 때. 4. 자기의 직계존속이 배우자로부터 심히 부당한 대우를 받았을 때. 5. 배우자의 생사가 3년 이상 분명하지 아니한 때. 6. 기타 혼인을 계속하기 어려운 중대한 사유가 있을 때. 법원에서 '기타 혼인을 계속하기 어려운 중대한 사유'로 인정한 예는 배우자의 범죄, 이유 없는 성교의 거부나 성적 불능, 불치의 정신병, 알코올 마약 중독, 상습도박, 과도한 낭비벽, 부부간의 애정상실, 성격차이 등이 있으며, 부인한 사유로는 임신불능, 사소한 불화나 감정의 대립 등이 있다.[5]

재판상의 이혼절차는 다음과 같다. 가정법원에 조정을 신청 또는 법원이 조정에 회부한다. 조정은 재판상의 화해와 같은 효력을 가지며, 조정성립 1월 이내에 이혼신고를 하여야 한다. 조정이 성립되지 않는 것으로 종결된 경우 이혼판결의 선고로 이혼이 성립한다. 이혼판결 확정일로부터 1개월 이내에 판결문 정본과 확정증명원을 본적지에 신고해야 한다.

다) 이혼의 효과

일반적 효과로 이혼으로 혼인관계는 종료한다. 혼인을 전제로 한 일체의 권리 의무가 소멸한다. 인척관계가 소멸하며 재혼을 할 수 있는 등이다. 자(子)에 대한 효과로 부모가 협의로 친권자를 정하여야 하고, 협의가 안 되면 법원에 지정을 청구하여야 한다(제909조 4항). 자의 양

---

4) 부정한 행위란 간통에 이르지는 않았으나 부부의 정조의무에 충실하지 아니한 것으로 인정되는 일체의 행위이다. 그러나 카바레에서 다른 남자를 사귀었다는 사실만으로는 민법 제840조 1호의 부정한 행위에 해당되지 않는다(대판 1990.7.24. 89므1115).

5) 김형배, 전게서, p. 1763.

육자와 양육에 필요한 사항(보호, 교육, 징계 등)도 부모가 협의하여 정한다. 협의가 아니될 경우엔 가정법원이 조정을 거쳐 자의 연령, 부모의 재산상황, 기타사정을 참작하여 정한다. 친권자나 양육자가 아니기 때문에 현실적으로 보호 양육하지 아니하는 어버이는 그 자와 직접 면접, 서신교환 또는 접촉하는 권리를 가진다(제837조의 2). 이를 면접교섭권이라 한다.

재판상 이혼의 재산상 효과로 이혼피해자는 상대방에 대하여 재산상의 손해와 정신상의 고통에 대하여 손해배상을 청구할 수 있다(제843조, 제806조). 위자료 산정은 유책행위에 이르게 된 경위와 정도, 혼인관계 파탄의 원인과 책임, 배우자의 연령과 재산상태, 변론에 나타나는 모든 사정을 참작하여 법원이 정한다.[6] 협의상, 재판상 이혼한 부부의 일방은 타방배우자에 대하여 혼인 중 취득한 재산의 분할을 청구할 수 있다(제839조의 2). 분할여부, 그 액수와 방법은 당사자간 협의, 또는 조정에 의한다. 협의나 조정이 안 되면 가정법원이 결정한다.

4) 부모와 자

민법상 친자관계는 자연의 혈연관계에 있는 친생·친자관계인 친생자(親生子), 법률상 친생친자관계가 의제되는 양자(養子)가 있다. 친생자는 혼인중에 있는 부모 사이에서 출생한 '혼생자'(적출자)와 혼인하지 않은 남녀 사이에 출생한 '혼인외의 자'(비적출자)로 나누인다. 혼인외의 자의 법적지위는 부자관계에 있어 부의 인지를 받지 못하면 법적으로 부가 없는 상태가 된다. 인지(認知)란 부가 혼인외의 자를 자기의 자로 승인하는 것이다. 과학의 발달로 최근에는 인공수정자, 체외수정자, 대리모의 출생자에 대한 법적지위가 논란이 되고 있다.[7]

양자는 제사 내지 가계(家系)의 계승, 재산 상속, 보호교양을 위하여

6) 대판 2004.7.9. 2003므 2251. 김형배, 전게서, p. 1769.
7) 이에 관한 논의는 김형배, 전게서, pp. 1799-1801 참고.

오랫동안 인정된 제도이다. 양자는 입양당사자 사이에 입양의 합의가 있어야 성립한다. 양자가 될 자는 친생부모의 동의를 얻어야 한다. 당사자 쌍방과 성년자인 증인 2인이 인지한 서면으로 신고하여야 효력이 생긴다. 양자는 양친의 혼인중의 출생자의 신분을 취득하며 양부모의 혈족 인척과도 친족관계가 발생한다(제772조 1항). 양자는 종래의 친족관계는 유지되어 친생부모와의 친자관계는 변화가 없으므로 친생부모의 재산에 대한 상속권도 갖는다.

2005년 민법개정에서는 친양자(親養子)제도를 도입하였다. 양친과 양자를 친생자관계로 보아 혼인중의 출생자가 될 뿐 아니라, 양친의 성과 본을 따르고(제781조 1항), 종전의 친족관계는 근친혼 제한규정을 제외하고는 완전히 소멸하도록 하였고(제908조의 3 제2항), 친양자 입양은 사적인 계약이 아니라 가정법원의 허락결정을 받도록 하였다(제08조의 2 제2항). 친양자관계가 성립하려면 3년 이상 혼인중인 부부로서 공동으로 입양하여야 하며, 친양자가 될 자가 15세 미만이어야 하고, 친생부모 내지 법정대리인의 동의가 필요하다.

부모는 미성년인 자의 친권(親權)자가 된다(제909조 1항). 친권이란 자에 지배권이 아니며, 자를 보호하고 양육할 의무를 누구에게도 방해받지 아니하고 행사할 수 있는 권리라 할 수 있다.[8] 친권자는 자를 보호하고 교양(敎養)할 권리의무가 있다(제913조). 자의 불법행위에 대한 책임과 보호교양에 필요한 비용을 부담할 의무가 포함된다. 친권자는 자의 거소를 지정할 수 있으며, 징계권과 자의 인도청구권을 가진다. 친권자는 자의 명의로 취득한 재산을 관리하며(제915조), 재산상 행위의 대리권, 동의 및 허가권을 갖는다(제911조, 제920조).

자에 대한 징계권이 남용되어서는 안 된다. 징계의 방법과 정도는 건전한 사회상식의 범위 내의 것이어야 하며, 그 한계를 넘으면 형법상 폭행죄, 상해죄, 감금죄, 협박죄에 해당하고 친권상실의 사유가 된다. 최근에 가정폭력이 사회적 쟁점으로 부각되고 있다. 자에 대한 가

8) 김형배, 전게서, p. 1818.

정폭력은 경찰에 신고하여 폭력을 막고, 피해자를 병원에 이송하여야 하며 피해자를 보호하여야 한다. 검사의 임시조치로 2개월 내 가해자의 격리 또는 피해자에 100미터 접근을 금지시킬 수 있다. 폭력정도가 심각하면 법원은 6개월 내 접근금지와 친권행사금지 등의 보호처분을 할 수 있다.

미성년자에게 친권인이 없거나 친권자가 대리권 또는 재산관리권을 행사할 수 없는 경우 또는 성년자의 경우라도 한정치산이나 금치산의 선고의 경우 친족 중 후견인을 선임한다. 후견인은 일차적으로 친권을 행사하는 부모의 유언으로 지정될 수 있다. 친권을 행사하는 부모의 지정이 없는 경우 미성년자의 직계혈족, 3촌 이내의 방계혈족의 순위에 따라 후견인이 선임되며, 배우자가 있는 경우 배우자가 후견인이 된다. 후견인은 피후견인을 보호 · 감독하며, 재산을 관리하고, 재산상 법률행위를 대리한다.

3. 상속법

1) 상속의 의의와 상속인의 순위

상속(相續)이란 어떤 사람이 사망한 경우 그가 갖고 있던 모든 재산상의 권리의무가 다른 사람에게 포괄적으로 승계되는 것으로 사유재산제의 근간을 이룬다.

상속권은 상속개시 전에는 상속을 받을 수 있는 기대권이나, 피상속인이 사망한 때부터 상속의 효과를 받을 수 있는 실체적인 권리이다.[9]

상속인의 순위는 제1순위가 피상속인의 직계비속이고, 제2순위는 직계존속, 제3순위는 형제자매, 제4순위는 4촌 이내의 방계혈족이다(제

9) 종전에는 상속에 호주권과 재산권이 포함되었으나 호주제도의 폐지로 재산권만 규정되어 있다. 김형배, 전게서, pp. 1852-1855.

1000조). 배우자는 그 직계비속과 동순위로 공동상속인이 된다. 직계비속이 없는 경우에는 직계존속과 공동상속하며, 직계존 · 비속이 없는 경우는 단독상속 한다(제1003조 1항). 상속인이 될 직계비속이나 형제자매가 상속개시 전에 사망하거나 결격자가[10] 된 경우에는, 그 직계비속이나 배우자가 상속순위를 대습(代襲)한다(제1001조, 제1003조 2항).

2) 상속분(相續分)

공동상속인이 상속재산에 대해서 갖는 권리의무의 비율을 상속분이라 한다. 피상속인은 유언으로 포괄적 유증을 할 수 있다(제1074조). 이를 지정상속분(유언상속분)이라 한다. 피상속인이 공동 상속인의 상속분을 지정하지 않았을 때에는 민법이 규정한 바에 따른다. 민법은 동순위의 상속인이 수인인 겨우 그 상속분을 균분으로 한다(제1009조 1항) 하여 균등상속의 원칙을 채택하고 있다. 그러나 배우자의 상속분은 직계비속 또는 직계존속 상속분의 5할을 가산하도록 한다(제1009조 2항).

공동상속인 가운데 상당한 기간 동거 · 간호 그 밖의 방법으로 피상속인을 특별히 부양하거나 피상속인의 재산의 유지 또는 증가에 특별히 기여한 자가 있을 때에는 다른 상속인과 합의 또는 합의가 이루어지지 않은 경우 기여자의 청구에 의한 법원의 결정으로 기여분(寄與分)을 가산할 수 있다.

3) 상속의 효력과 한정승인

상속인은 상속개시된 때부터 피상속인의 재산에 관한 포괄적 권리의무를 승계한다(제1005조). 공동상속인은 각자의 상속분에 대하여 피상

10) 민법은 상속결격사유로 고의로 직계존속, 피상속인과 그 배우자 또는 상속의 선순위자나 동순위자를 살해하거나 살해하려고 한 경우, 사기나 강박으로 피상속인의 상속에 관한 유언을 하게 한 경우 등을 규정하고 있다(민법 제1004조).

속인의 권리의무를 승계하나 분할을 할 때까지는 상속재산을 공유한다(제1006조, 제1007조).

상속인은 상속개시가 있음을 안 날로부터 3월 이내에 단순승인이나 한정승인 또는 포기를 할 수 있다. 상속인이 단순승인을 한 경우 제한 없이 피상속인의 권리 · 의무를 승계한다. 상속인의 금융거래를 조회한 후 상속받을 재산과 빚이 비슷하다면 상속받은 재산 범위 내에서만 빚을 갚는다는 한정승인을 가정법원에 신청하는 것이 더 나은 선택일 수 있다. 물론 빚이 더 많으면 상속포기를 할 수 있다.

4) 유언(遺言)

유언제도는 사유재산제도에 기한 재산처분의 자유의 한 형태로 발전해 왔다. 유언은 유언자의 사망과 동시에 법률효과를 발생시킬 목적으로 일정한 방식에 따른 상대방 없는 단독행위이다.[11] 따라서 유언은 언제든지 철회할 수 있다. 민법이 인정하는 법정사항은 재단법인의 설립(제47조 2), 상속재산분할방법의 지정(제1012조), 유증(제1074조) 등이다. 민법은 유언의 방식에 관하여 법정요식주의를 택하고 있다. 즉, 자필증서(제1066조) · 녹음(제1067조) · 공정증서제(1068조) · 비밀증서(제1068조) · 구수(口授)증서(제1070조)방식에 따르지 아니한 유언은 유언으로서의 효력이 없다(제1060조). 유언자가 유언으로 자기 재산을 수유(受遺)자에게 사후에 무상으로 양도할 것을 내용으로 하는 단독행위를 유증(遺贈)이라 한다. 유증의 효력은 유언자가 사망한 때부터 발생한다(제1089조 1항).

11) 김형배, 전게서, p. 1921.

5) 유류분(遺留分)제도

개인은 유증 등으로 자기재산을 자유롭게 처분할 권리가 있으나 상속재산의 전부가 타인에게 넘어가는 경우 상속인의 생활기반이 붕괴될 수도 있다. 민법은 재산처분의 자유와 상속인의 보호를 조화시키기 위하여 유류분 규정을 두고 있다. 즉, 유류분은 피상속인의 직계비속과 배우자는 상속재산 가운데 법정상속분의 1/2를, 직계존속과 형제자매는 1/3을 유류분으로서 확보할 수 있는 제도이다. 유류분 권리자는 유류분에 부족한 한도내에서 유증 또는 증여된 재산의 반환을 청구할 수 있다(제1115조 1항).

토론주제

1. 2005년 친족 및 상속에 관한 민법개정의 주요 내용은 무엇인가? 호주제란 무엇이며 어떤 근거에서 헌법불합치 결정을 하였는가?

2. 민법이 규정하고 있는 친족의 범위와 법률효과는 무엇인가? 친족법은 재산법과 어떤 특성을 갖는가? 친족 내지 가족관계는 왜 중요한가?

3. 혼인의 성립요건은 무엇인가? 혼인은 왜 중요한가?

4. 이혼의 구체적인 절차는 어떠한가? 민법이 규정하고 있는 재판상 이혼 사유에는 어떤 것이 있으며, 구체적인 관련 판례는 무엇인가?

5. 부모와 자의 관계에서 적출자, 비적출자, 양자는 어떻게 구분되며, 법률효과와 재산상속 및 친권행사에서 어떤 차이가 있는가?

6. 상속 순위와 상속분을 민법은 어떻게 규정하고 있는가?

7. 유언의 형식에는 어떤 것이 있는가?

제 8 장

민사관계 실무와 상거래

본장에서는 앞에서 살펴본 민법, 특히 물권법과 채권법의 기본적인 이론을 바탕으로 일상생활에서 자주 겪게 되는 부동산의 거래, 부동산 임대차, 그리고 금전거래에 관하여 실무적으로 필요한 사항들을 살피어 본다.[1] 그리고 민법의 특별법인 상법에서 규율하고 있는 상거래의 주요 내용을 간략히 언급한다.

1. 부동산 거래

토지나 집과 같은 부동산은 경제적 가치가 매우 크므로 거래 시 신중하여야 한다. 부동산 거래 시 유의할 사항은 다음과 같다.

1) 유의 사항

부동산 매매계약을 맺기 전에 살필 점은 첫째로 '등기부 등본'을 확인하여야 한다. 건물이나 토지의 소유자가 맞는지, 주소가 정확한지, 저

1) 법무부, 전게서, pp. 110-140.

당 잡힌 물건은 아닌지, 가압류되어 있는 것은 아닌지를 확인하기 위한 것이다. 등기부 등본은 표제부, 갑구, 을구로 표시되어 있다. 표제부에는 토지와 건물의 내용으로 소재지, 면적, 용도(대지, 임야, 주택 등), 구조 등이 표시된다. 갑구에는 소유권에 관한 사항으로 최초의 소유자부터 소유권이전에 따른 소유자가 순서대로 기재되어 있다. 을구는 소유권 이외의 권리 즉 지상권, 저당권 같은 저당물권이 기재된다. 둘째로 구청에서 건축물 관리대장과 토지이용계획 확인원을 발급받아 도시계획 등을 확인하여야 한다. 셋째로 현장에 직접 가서 위치, 주변 환경 등을 살펴보는 것이 필요하다.

매매계약 체결 시 유의사항은 첫째로 등기부상의 소유자와 직접 계약을 체결하여야 한다. 주민등록증으로 대조확인하면 된다. 대리인이 나온 경우는 주민등록증과 인감증명서 확인이 필요하다. 미성년자는 법정대리인의 동의서를 확인하여야 한다. 둘째는 계약 대금의 액수, 지불시기, 팔고 사는 사람의 이름 주소 주민등록번호, 이양시기, 제대로 넘겨주지 못할 경우 파는 사람의 책임 기타 특약 사항을 확인하여야 한다. 계약금은 일반적으로 총 금액의 10%로 한다. 계약금만 준 경우 어느 쪽이든 마음대로 해약할 수 있으나 매수인이 해약한 경우는 계약금을 찾을 수 없고, 매도인이 해약하는 경우에는 계약금의 두 배를 돌려준다는 약정을 한다. 중도금지급은 계약의 이행이 시작된 것으로 임의로 해약할 수 없다.

잔금 지급시 유의사항은 잔금기일이 긴 경우에는 등기부 등본을 재확인하여 권리변동이 없음을 확인한다. 잔금지급은 등기서류와 동시 이루어진다. 법무사의 도움을 받아 등기신청을 한다. 잔금을 받고 저당권을 설정하거나 다른 사람에게 이중으로 팔면 형법상의 배임죄에 해당한다.

2) 부동산 거래의 신고제와 세금

2006년부터 부동산 거래를 투명하게 하기 위하여 부동산 실거래 가격 신고 의무제도를 시행하고 있다. 거래 당사자는 부동산의 실제 가격 등 거래사실을 계약체결일로부터 60일내에 시군 구청에 신고하여야 한다. 중개업자가 거래약정서를 작성한 경우에는 중개업자가 신고하여야 한다.

부동산을 매매할 경우엔 관련 세금도 적지 않다. 부동산 취득시에는 취득세(1.5%), 등록세(소유권취득시 1.0%), 교육세, 농어촌특별세가 부과된다. 취득세는 취득일로부터 30일내 시군구에 자진신고 납부하여야 한다. 부동산 양도시에는 양도소득세를 물게 된다. 시세차액이 없거나 무상으로 제3자에게 넘기는 경우엔 비과세이다. 1가구 1주택으로 3년 이상 보유한 경우에는 양도소득세가 비과세된다. 양도소득세가 비과세되는 집을 가지고 있는 세대가 이사를 가기 위해서 새 집을 사고 1년 안에 살던 집을 파는 경우 등에는 1가구 2주택이라도 양도소득세를 내지 않는다(소득세법 제89조).

부동산은 보유만 하고 있어도 재산세, 종합소득세, 종합부동산세가 부과된다. 종합부동산세는 일정기준을 초과하는 토지(개별 공시지가 3억원 초과)와 주택(공시가격 6억원 초과)의 소유주에게 국세청이 별도로 누진세율을 적용해 부과하는 국세이다. 부동산을 증여하거나 상속하는 경우에는 증여세와 상속세를 물게 된다.

3) 부동산 실명제와 명의 신탁

부동산에 대한 물권(소유권, 전세권, 지상권)은 반드시 실제권리자의 이름으로 등기하여야 한다. 자신의 부동산을 다른 사람의 이름을 빌려 등기하는 명의신탁 약정은 무효이다. 단 부동산을 판 사람이 명의수탁

자를 진정한 매수인으로 안 경우 등기는 유효하다. 명의수탁자가 제3자에게 부동산을 판 경우 명의신탁자는 권리를 주장할 수 없다.

2. 부동산의 임대차

높은 주택 가격 때문에 주택을 사지 않고 전세 등 임대차 계약으로 사는 사람들이 많다. 부동산의 임대차에 관하여 살펴본다. 부동산의 임대차 계약 전에 등기부 등본을 열람하여 실제 소유자인지, 저당권이 설정되어 있는지 등을 확인하여야 한다. 임대차 계약서에는 임대인 임차, 중개인의 이름과 주소, 연락처, 날인, 대금액수, 지불시기, 목적물의 표시, 명도시기, 특약사항이 기재된다.

주거용 주택 임대차 경우에는 주택을 인도받고 주민등록을 하면 주택임대차보호법이 적용을 받는다. 동사무소에서 '확정일자'를 받으면 등기가 없어도 제3자에 대하여 대항력을 갖는다. 즉, 임대차 기간 중 소유자가 변경되어도 계약기간동안(보증금의 반환을 받을 때까지) 생활할 수 있다. 임차주택의 환가대금에서 후순위권리자나 기타채권자보다 우선하여 변제받는다.

임대기간에 있어서 2년 미만의 임대차 기간은 2년으로 본다. 임차인 보호를 위한 것이므로 계약기간을 2년 미만으로 하고 나가고 싶을 때 한 달 전에 통지하면 3개월 후에 해지의 효력이 있다. 기간만료 전에 재계약통지가 없으면 묵시적 갱신으로 본다.

꼭 필요한 수리비용이나 임대한 건물의 가치를 높이는데 든 비용을 유익비(有益費)라 하며 이에 대하여 임대인에게 비용을 청구할 수 있다. 임차인이 실수로 집을 파손한 경우에 임대인은 손해배상 청구나 계약을 해제할 수는 있지만 임대인은 수리를 거절할 수 없다. 임대인은 천재지변 등 어쩔 수 없는 사정으로 집이 파손된 경우에도 정상적으로 사용 수익할 수 있도록 해 주어야 한다. 아파트의 장기수선충당금(장기적 수선계획에 따른 적립금액)은 소유자가 부담한다.

3. 금전거래

1) 계약서 작성

우리는 여러 가지 계약(契約)을 맺으며 살고 있다. 정확한 내용의 계약서가 없으면 시간이 경과한 후 분쟁의 소지가 된다. 계약서는 재판에서 유리한 증거로 활용될 수도 있다. 계약서 작성시 계약 내용을 꼼꼼히 살펴보고, 정당한 상대방인지, 사회질서에 반하는 내용은 아닌지 등을 확인하여야 한다. 계약서에 들어갈 내용은 계약의 당사자, 계약의 목적물, 금전이면 금액의 지급방법 및 시기, 특약사항, 당사자 서명날인이다.

2) 금전차용계약서(차용증)의 작성

채무자가 돈이나 물건을 빌려 쓴다는 문서를 채권자에게 작성해 주는 것이 차용증이다. 차용증에는 대여금액, 이자율, 변제 장소, 변제 시기, 위약금, 기타 특약사항을 기재한다. 채무자가 돈을 갚지 않으면 차용증을 근거로 지급명령 청구, 가압류신청, 민사소송을 신청할 수 있다. 온라인으로 차용증 없이 돈을 빌려 주었을 경우엔 거래 내역서로 송금을 확인하면 된다.

3) 영수증 작성

채무자가 돈을 갚을 때 채권자에게 돈을 받았다는 영수증을 요구하여야 한다. 영수증에는 목적물(받은 물건 또는 돈), 받았다는 문구, 영수인의 서명날인, 상대방의 표시와 일자를 기재한다. 물품 구입 후 대금을 지급한 경우에도 영수증을 받아 일정기간 보관하면 이중지급을 방지할 수 있다. 현금 영수증은 연말에 소득 공제에 활용된다.

4) 공증(公證)

계약서를 공증 받으면 분쟁 시 유력한 증거로 활용될 수 있다. 공증은 합동법률사무소, 법무법인, 공증인 사무실에서 특정한 사실이나 법률관계의 존부를 증명하여 주는 제도이다. 공증인이 직접 작성하는 공정증서(公正證書)와 당사자가 작성한 서류상의 서명날인이 틀림없다고 공증인이 확인한 사서증서의 인이 있다. 공정증서에 강제집행을 인락(認諾)하는 문구를 기재하면 채무를 이행하지 않은 겨우 재판절차 없이 곧바로 강제집행을 할 수 있다. 상법에서는 일정한 법인은 정관 및 법인 등기절차에서 정관 및 의사록을 공증 받도록 하고 있다.

5) 연대보증(連帶保證)

연대보증은 보증인이 채무자와 연대하여 채권자의 채권을 담보하는 제도이다.

채권자는 채무자가 채무이행을 하지 않을 때 보증인에게 보증채무 이행을 촉구하게 된다. 보증인은 주채무의 이행이 없을 때 책임을 지며(보증채무의 보충성), 주채무자에게 먼저 청구, 집행하도록 요구하는 최고·검색의 항변권이 있다. 그러나 연대보증의 경우에는 보증채무의 보충성과 동시이행의 항변권(抗辯權)이 없다.

고용계약에 부수한 보증계약을 신원 보증이라 한다. 노무자가 장래 고용계약상의 채무불이행으로 사용자에게 손해배상책임을 지는 경우에 그 이행을 담보하는 장래채무의 보증이다. 신원보증법에 따르면 기간을 정하지 않은 신원 보증 기간은 2년이다. 최근에는 보험회사와 개인이 보험계약을 맺고 보험증권으로 보증을 대신하는 보증보험제도가 널리 활용되고 있다.

4. 상거래: 상법

상거래에 관한 법률관계는 상법에서 규정하고 있는 바, 상법의 구성체계와 그 주요내용을 간략히 살펴본다.[2)]

1) 상법의 구성과 특성

상법이라 함은 상거래 또는 기업(영리를 목적으로 일정한 계획아래 계속적 · 반복적으로 활동하는 경제적 조직체)을 규율대상으로 하는 법규범이다. 상법은 일반사법인 민법에 대하여 특별법의 지위에 있다. 상법전은 제1편 총칙, 제2편 상행위, 제3편 회사, 제4편 보험, 제5편 해상으로 구성되어 있으며 이외에 개별입법으로서 어음법과 수표법 등이 있다.

상법은 기업의 유지 · 활동을 위한 법으로서 이에 따른 몇 가지 특징이 있다. 먼저 기업의 유지 · 강화를 위하여, 기업의 영리성 보장, 자본집중의 촉진, 노동력의 확충, 위험부담의 완화, 기업의 독립성 보장, 소유와 경영의 분리, 기업소멸의 방지에 관한 규정들을 두고 있다. 또한 기업 활동의 합리화를 위하여, 거래의 간이 · 신속주의, 공시주의와 외관존중주의, 책임의 가중과 연대책임, 계약의 정형성과 보통거래약관, 유가증권제도 등을 규정하고 있다.

상법은 각국의 전통이나 관습에 지배되는 민법과 달리 세계적으로

2) 최종고, 전게서, pp. 415-429. 요약.

통일된 하나의 법질서에 의하여 규율되는 경향이 있다. 오늘날 상거래나 기업의 활동이 세계적으로 이루어지는 바, 이를 개별 국가마다 다르게 규율한다면 거래의 혼란과 기업 활동의 위축을 가져올 수 있기 때문이다.

2) 상법전의 내용

가. 총칙(상인, 상업사용인, 상호, 상업장부, 상업등기)

상법의 총론에 해당하는 상법총칙에는 민법에서의 총칙과 마찬가지로 상법 전반에 공통적으로 적용될 수 있는 내용들을 규정하고 있다. 이를 간단히 살펴보면 다음과 같다.

가) 기업의 인적 요소

상법의 규율대상인 기업의 인적 요소에는 먼저 '상인'이 있다. 상인에는 자기명의(권리의무의 귀속주체가 됨)로 상행위를 하는 자인 당연상인이 있으며(상법 제4조), 점포 기타 유사한 설비에 의하여 상인적 방법으로 영업을 하는 자와 상행위 이외의 영리를 목적으로 하는 사단(민사회사)과 같은 의제상인이 있다. 상법시행규칙상 자본금 천만원이하의 상인으로서 회사가 아닌 자는 '소(小)상인'으로 다루어 지배인 상업등기 등에 관한 규정의 적용을 안 받는다.

기업에는 상인 이외에 특정 상인에 종속되어 그 대외적인 영업상의 활동을 보조하는 자인 '상업사용인'이 있다. 상업사용인은 대리권의 범위에 따라서 지배인 〉 영업의 특정한 종류나 사항에 대한 위임을 받은 사용인 〉 물품판매를 목적으로 하는 점포 사용인 등으로 구분된다.

나) 기업의 조직과 공시

상법총칙에서 기업의 조직과 관련한 것으로 상인 영업상 자기를 표시하기 위하여 사용하는 명칭인 상호와 이에 관한 권리인 상호권, 상인이 그 영업상의 재산과 손익의 상황을 명백히 하기 위하여 상법상의 의무로 작성하는 상업장부(예컨대, 회계장부, 대차대조표), 상인의 영업 활동의 중심이 되는 공간적 장소인 영업소 등의 규정이 있다.

상업등기라 함은 상법의 규정에 의하여 법정사항을 공시할 목적으로 법원의 상업등기부에 기재하는 것을 말한다. 이를 통하여 영업에 관한 중요사항을 공시함으로써 거래의 안전을 도모하고, 기업의 사회적 신용을 증대하며, 제3자에 대항하는 수단이 된다. 등기사항으로는 기업 일반에 통하는 사항(상호, 지배인), 개인 기업에 관한 사항(미성년자 · 법정대리인에 의한 영업 등), 회사 기업에 관한 사항(설립 · 해산 · 청산 · 자본의 증감 등)이다.

다) 기업의 양도

기업의 양도 즉, 영업양도라 함은 양도인과 양수인의 계약에 의하여 기업의 동일성을 유지하면서 기업을 이전하여 소유와 경영에 법적 변동을 가져오는 것을 말한다.

나. 상행위

가) 상행위의 개념과 의의

상행위라 함은 실질적 의미에서는 기업의 영리행위를 말하며, 형식적 의미에서는 상법과 특별법에서 상행위로 규정된 행위를 말한다. 상법상 상행위에 관한 규정들은 민사상의 일반법인 민법상의 일반원칙이 상사 관계에 그대로 적용되는 것이 적당치 않다고 판단되는 사항에 관하여 민법의 규정을 수정하는데 그 의의가 있다.

나) 상행위 관련 규정

상법 2편 규정에는 총칙적 규정으로 민법상의 일반원칙을 수정하는 내용의 상행위일반에 관한 특칙이 있다. 상행위 일반에 관한 특칙(상법 제72조 이하), 상호계산(相互計算), 익명조합(匿名組合) 등에 관한 규정이다. 상호계산은 상인간 또는 상인과 비상인간에 상시 거래관계가 있는 경우에 일정한 기간의 거래로 인한 채권채무의 총액에 관하여 상계하고 그 잔액을 지급할 것을 약정함으로써 그 효력이 생긴다(상법 제72조). 익명조합은 당사자의 일방이 상대방의 영업을 위하여 출자하고 상대방은 그 영업으로 인한 이익을 분배할 것을 약정함으로써 그 효력이 생긴다(상법 제78조).

상법 2편에서는 각론적 규정으로 전형적인 상행위로서 민법규정을 그대로 적용하기 어려운 몇 가지 유형을 규정하고 있는데, 대리상, 중개업, 위탁매매업, 운송주선업, 운송업, 공중접객업, 창고업에 관한 규정들이 그러하다(상법 제87조-155조).

다. 회사

상법상 회사란 상행위 기타 영리를 목적으로 하는 사단법인을 의미한다. 사단법인으로서 회사는 영리성 · 사단성 · 법인성의 특성을 갖는다. 회사의 종류에는 합명회사, 합자회사, 주식회사, 유한회사가 있다. 합명회사는 2인 이상의 무한책임사원 전원이 회사채권자에 대하여 직접 · 무한 · 연대책임을 부담하는 회사이다. 합명회사는 형식적으로는 사단의 형태를 띠고 있지만 실질적으로는 조합이다.

합자회사는 무한책임사원과 유한책임사원으로서 조직되는 회사이다. 합명회사에 유한책임사원이 오로지 투자만을 하여 그 한도 내에서 책임을 지고 이익분배에 참여하는 형태이다. 주식회사는 대표적인 회사형태로 자본을 전부 주식으로 분할하여 주주는 주식의 출자의무 이외에는 아무런 의무도 지지 않는 회사이다. 주식의 발행을 통하여 대규모의 자본을 모으는데 유리하며 사원의 책임이 주주로서의 출자한도에 그침에 따라 회사의 설립 · 운영하는데 따르는 자본상의 위험을 덜 수 있으므로 일반적으로 대기업 등에서 많이 채택하고 있는 회사의 형태이다. 유한회사는 균등 액으로 분할된 자본을 출자하고 출자액만큼만 책임지는 유한사원(2인-50인)으로 조직되는 회사이다. 합명회사와 주식회사가 혼합된 형태로서 중소기업에 적합하다.

라. 보험

가) 보험의 의의

보험이란 화재나 사망 등 우발적인 사고발생의 위험 하에 있는 다수의 사람들이 사고로 인한 경제적 불안에 대비하기 위하여 갹출한 금전을 현실적 피해자에게 급부하는 제도이다. 상법에서는 보험계약은 당사자 일방이 약정한 보험료를 지급하고 상대방이 재산 또는 생명이나 신체에 관하여 불확정한 사고가 생길 경우에 일정한 보험금액 기타의 급여를 지급할 것을 약정함으로써 효력이 생긴다고 규정하고 있다(상법 제638조).

나) 보험계약의 요소

보험계약의 요소에는 먼저 보험계약의 관계자가 있다. 보험계약의 관계자는 다시 계약당사자와 계약관계자로 구분할 수 있다. 계약당사자에는 보험자와 보험계약자가 있는데, 보험자는 위험을 인수하고 보험료를 지급받으며 보험사고가 발생하면 보험금액을 지급하는 자(예컨대, 보험회사)를 말하며 보험계약자는 보험계약에 따른 보험료의 납입당사자를 의미한다. 계약관계자에는 피보험자와 보험수익자가 있다. 피보험자란 손해보험에서는 피보험이익의 주체로서 보험사고가 발생한 경우 보험금의 지급을 받을 자이며 인보험에서는 보험사고의 객체로서 보험계약에 의하여 보험이 붙여진 자를 말한다. 보험수익자는 보험금을 지급받을 자로 지정된 자로서 주로 인보험에서 사용되는 개념이다.

보험계약의 관계자 외에 보험계약의 요소에는, 보험자의 책임을 구체화시키는 불확정한 사고[위험]을 의미하는 보험사고, 보험자의 위험부담에 대하여 보험계약자가 지급하는 보수인 보험료, 보험사고가 발생한 경우 보험자가 지급해야 할 금액의 최고한도인 보험금액, 보험금액 가운데 사고발생시 현실적으로 지급되는 금전인 보험금 등이 있다.

다) 보험의 종류

보험은 종류는 크게 손해보험과 인보험(人保險)으로 구분된다. 손해보험은 당사자의 일방(보험자)이 우연한 사고(보험사고)로 인하여 발생한 재산상의 손해를 보상(보험금액)할 것을 약정하고, 상대방(보험계약자)은 이에 대하여 일정한 보수(보험료)를 지급할 것을 약정하는 보험계약이다. 이러한 손해보험에는 다시 구체적으로 화재보험, 운송보험, 해상보험, 책임보험, 자동차보험 등이 있다. 인보험은 당사자의 일방(보험자)이 보험사고로 인하여 발생한 상대방(보험계약자) 또는 제3자(피보험자)의 생명이나 신체에 대한 손해를 보상(보험금)할 것을 약정하고, 상대방은 이에 대하여 일정한 보수(보험료)를 지급할 것을 약정하는 보험계약을 말한다. 인보험 역시 구체적으로 생명보험, 상해보험 등으로 구분될 수 있다.

마. 해상(海商)

가) 해상법과 해상기업

상법 제5편 해상법은 해상기업(예컨대, 해상운송기업, 해난구조기업, 해상매매업, 해상금융업, 예선기업 등)에 특유한 사법적 법규이다. 특별히 해상기업을 따로 규율을 하는 이유는, 해상기업은 광대하고 위험성이 많은 해상에서 특별히 선박을 통하여 영업을 하므로 일반기업과는 다른 특수성이 있기 때문이다.

해상기업은 크게 물적 조직과 인적 조직으로 구성되는데, 물적 조직에 대표적인 것으로서 상행위 또는 영리를 목적으로 항해에 사용하는 선박이 있다. 해상법에 규율대상이 되는 선박은 등기제도, 국적·명칭부여를 통하여 특별한 규율을 하고 있다. 해상기업의 인적 조직에는 선박소유자인 선주와 선주에 고용되어 특정선박의 항해를 지휘하고 선적항 외에서 항해에 필요한 재판상 및 재판외의 모든 행위를 대리하는 선장 등이 있다.

나) 해상운송

해상기업의 활동 중에 가장 대표적인 것이 해상운송이다. 해상운송계약은 다시 물건운송계약과 여객운송계약으로 구분된다. 물건운송계약은 물건운송을 위하여 선박 전체를 이용하는 용선계약과 개개의 물건의 운송을 위탁하는 개품운송계약 등이 있다. 물건운송과 관련하여 선하증권(船荷證券)이라는 개념이 등장하는데, 선하증권은 해상물건운송계약에 따른 운송물의 수령 또는 선적을 증명하고 해상운송인에 대한 운송물의 인도청구권을 표창하는 유가증권을 말한다. 선하증권을 통하여 원거리에 있는 거래당사자 사이에 해상운송중인 물건의 자유로운 처분과 인도가 가능해진다.

다) 해상기업의 위험: 해손(海損)

해상기업의 활동 중 발생하는 위험인 해손은 해상에서 발생함으로써 상법상의 다른 기업 활동상의 위험에 비하여 그 규모가 크고, 천재지변으로 인한 경우와 같이 그 책임을 특정당사자에게 묻기 어려운 경우가 많다. 이에 따라 해상법에서는 해손에 관한 특별규정을 두고 있다.

먼저 공동해손에 관한 규정이 있다. 즉, 선박과 적하의 공동위험을 면하기 위한 선장의 선박 또는 적하에 대한 처분으로 인하여 생긴 손해 또는 비용(공동해손)은, 그 위험을 면한 선박 또는 적하의 가액과 운임의 반액과 공동해손의 액과의 비율에 따라 각 이해관계인이 이를 분담한다. 다음으로 선박충돌이 불가항력이거나 원인이 불명확한 경우 이해당사자는 서로 손해배상을 청구할 수 없으며, 선원의 과실로 발생한 경우에는 선박소유자가 그 손해를 배상토록 하고 있다.

해난구조와 관련해서는 항해선 또는 그 적하 그 밖의 물건이 어떠한 수면에서 위난에 조우한 경우에 의무 없이 이를 구조한 자는 그 결과에 대하여 상당한 보수청구권(구조목적물의 가액범위 내)을 인정한다. 구조의 보수에 관한 당사자 사이에 합의가 성립하지 아니한 때에는 법원은 당사자의 청구에 의하여 구조된 선박·재산의 가액, 위난의 정도,

구조자의 노력과 비용, 구조자나 그 장비가 조우했던 위험의 정도, 구조의 효과, 환경손해방지를 위한 노력, 그 밖의 제반사정을 참작하여 그 액을 정하도록 하고 있다.

3) 어음 · 수표법

어음과 수표는 일정액의 금전의 지급을 목적으로 하여 발행되는 요식의 유가증권이다. 어음에는 환어음과 약속어음이 있다.

환어음은 발행인이 지급인에게 수취인 기타 증권의 정당한 소지인에 대하여 증권상의 일정금액을 무조건으로 지급할 것을 위탁하는 지급위탁증권이다. 그 구조는 발행인 - 지급인 - 수취인으로 이루어져 있다. 어음수취인은 배서하여 양도하거나 어음의 만기 또는 발행일로부터 1년 안에 지급인에게 어음을 제시하고 지급을 청구(지급제시)할 수 있다. 지급인이 인수를 거절하거나 인수는 하였으나 지급하지 아니할 경우, 공증인에게 지급거절증서를 작성하여 지급이 없었음을 증명하면 발행인과 모든 배서인에게 일정금액의 지급을 청구할 수 있다. 이것을 상환청구 또는 소구(遡求)라 한다. 약속어음은 발행인이 주채무자로서 수취인 기타 증권의 정당한 소지인에게 증권상의 일정금액을 지급할 것을 약속하는 지급약속증권이다. 그 구조는 발행인 - 수취인의 양당사자 관계이다.

수표는 발행인이 지급인에게 수취인 기타 증권의 정당한 소지인에 대하여 증권상의 일정금액을 지급할 것을 위탁하는 지급위탁증권이다. 발행인 - 지급인 - 수취인의 구조로 거래가 이루어진다. 환어음의 변종이라 할 수도 있지만, 환어음은 주로 신용증권으로 활용됨에 반하여 수표는 지급증권이라는 점에서 차이가 있다.

토론주제

1. 부동산 거래 시 유의할 사항은 무엇인가? 자기집 등기부등본을 발부받아 기재된 내용을 이해할 수 있는가?

2. 주택임대차보호법은 어떻게 임차인을 보호하고 있는가?

3. 금전거래시 차용증 또는 영수증을 꼭 작성하여야 하는 이유는 무엇인가? 어떤 내용들을 기재해야 하는가?

4. 연대보증은 법적으로 어떤 의무를 지우는가? 친구가 연대보증을 하여 달라고 부탁할 때 어떻게 거절할 수 있는가?

5. 상거래 내지 상행위는 일반 개인 간의 거래와 어떤 특색이 있으며, 상법에서 어떻게 다른 취급을 하고 있는가?

6. 보험은 왜 중요하며, 어떤 종류가 있는가?

제3부

공법 영역에서의 법률생활

제 9 장

헌법의 기본원리와 기본권보장

본 장에서는 최고의 법규범인 헌법의 기본원리를 다루고, 헌법의 핵심인 기본권 보장을 살펴본다. 많은 기본권 중에서 평등권의 원리, 신체의 자유와 적법절차, 그리고 표현의 자유를 분석한다.

1. 헌법의 개념과 특성

헌법은 국민의 기본권을 보장하고, 국가의 통치조직과 작용의 원리를 정한 근본법이다. 헌법 개념은 역사적 발전과정에 따라 '고유한 의미의 헌법', 근대 '입헌주의 헌법', 현대 '복지국가의 헌법'으로 분류된다.

국가의 구성, 조직, 작용에 관한 기본사항을 정하고 있는 헌법은 국가가 존재하는 경우에는 늘 존재하는 '고유한 의미의 헌법'이라 한다. 그러나 전제 군주제를 타파한 시민계급이 새로이 제정한 '입헌주의(立憲主義)헌법' 국민주권주의와 법치주의를 바탕으로 국민의 기본권 보장을 핵심내용으로 하며, 국가권력의 집중과 남용을 방지할 목적으로 권력분립의 원리를 통치원리로 규정하고 있다.

이러한 근대 입헌주의 헌법은 자본주의의 파행적 발전과 제1·2차

세계대전을 계기로 새로운 내용들이 추가된다. 즉 시민의 실질적 자유와 평등을 보장하기 위하여 생존권적 기본권이 보장되고, 경제활동에 국가가 규제와 조정을 하게 되며, 국제평화주의를 선언하고 있다. 이러한 의미의 헌법을 현대적 '복지국가 헌법' 또는 '사회적 법치국가의 헌법'이라고 한다. 한국의 헌법은 현대적 복지국가의 헌법에 해당된다.

헌법은 사실적인 측면과 동시에 규범적인 측면을 살펴보아야 한다. 사실적 측면에서 보면 헌법은 정치권력의 투쟁 산물이라고 할 정도로 정치성, 이념성, 그리고 역사성을 특성으로 한다. 한국 헌법의 제정과정과 9차례의 빈번한 개정 과정을 보면 헌법의 사실적 측면을 잘 이해할 수 있다. 한편 헌법의 규범적 측면을 보면 헌법은 사실적 권력관계를 규율하는 '정치의 준칙'이기도 하다.[1] 헌법의 규범적 측면에서 최고규범성, 기본권보장 규범성, 조직·수권규범성, 권력제한 규범성을 특성으로 한다.

2. 한국 헌법의 기본원리

헌법의 기본원리란 헌법을 총체적으로 지배하는 지도 원리이다. 헌법의 기본원리는 헌법과 모든 법령의 해석기준이 되며, 입법권의 한계가 된다. 한국헌법의 기본원리라 할 수 있는 민주주의, 사회적 시장경제주의, 문화주의, 그리고 평화주의에 관하여 간단히 살펴본다.[2]

1) 민주주의

민주주의 어원은 평민(demos) + 지배하다(cratia)로 평민이 지배하는 정치체제이다. 민주주의 내지 민주적 기본질서는 인간의 존엄과 가

1) 권영성, 전게서, p. 12.
2) 표시열, 전게서, pp. 52-55.

치를 구현하기 위하여 자유와 평등을 핵심이념으로 한다. 자유를 강조할 때 자유민주주의, 평등을 강조할 때 사회민주주의라고 한다.[3] 민주주의의 실천정도를 알 수 있는 주요지표는 개개인의 다양성 인정, 자유내지 자율 또는 자기표현과 자기주장의 보장, 의사결정에의 참여, 갈등의 조정과 타협, 다수결 원리의 실천 등이다.

민주주의는 제도적으로 확립되는 바, 국민주권의 원리, 기본권 보장과 권력분립주의, 법치주의, 사법권의 독립 등이 민주주의의 주요제도이다. 국민주권주의는 의회주의와 지방자치제, 그리고 정당의 발전을 통하여 구현되고 있다. 한국 헌법에서는 국민주권주의를 구현하기위한 제도로 선거제도, 정당제도, 지방자치제도에 관하여 규정하고 있다. 법치주의는 법률의 지배를 강조하는 형식적 법치주의와 법의 지배를 강조하는 실질적 법치주의가 있다. 위헌법률심사제도가 실질적 법치주의를 확립하는 중요수단이 된다.

2) 사회적 시장경제주의

민주주의가 정치적 공동체로서의 한국헌법의 원리라면 사회적 시장경제주의 또는 복지국가의 원리는 경제적 공동체로서의 한국헌법의 원리이다. 근대 시민적 법치국가에서는 자본주의의 발전과 함께 국민의 자유와 권리를 보장하기 위하여 자유 시장경제질서를 기반으로 하였다. 자유 시장경제주의는 계약자유를 내용으로 한 사적자치의 원리와 개인의 재산권 보장이 중심내용이었다. 그러나 자본주의의 발전과 더불어 부의 편재와 경쟁위주의 황금만능주의 등의 부작용이 생겨 경제에 대한 국가의 규제와 조정이 불가피하게 되었다.

한국 「헌법」 제119조에서 경제 질서는 개인의 경제상의 자유와 창의를 바탕으로 하되, 사회정의를 위하여 국가가 경제에 규제와 조정을 한다는 규정을 두어 사회적 시장경제원칙을 선언하고 있다. 구체적으로는

3) Demos의 어원이 분배(daio)에서 유래한 바, 민주주의 개념에 평등도 포함된다.

「헌법」 제23조의 재산권 보장과 제15조의 직업선택의 자유가 시장경제주의 실천의 핵심 내용이고, 제120조에서 제127조까지가 국가의 규제와 조정을 내용으로 하는 사회주의 경제 원리의 실천규범이다.

3) 문화주의

문화주의 내지 문화국가주의라 함은 국가로부터 문화 활동의 자유가 보장되고 문화가 국가로부터 보호·지원되는 원리이다. 20세기에 들어와 문화가 경제에 종속되며, 계층 간의 문화에 불평등이 생기고, 제3세계의 문화가 선진국 문화에 종속되는 현상이 나타나자 국가의 문화기능의 중요성이 강조되고 있다.

문화국가의 원리는 1966년에 유엔의 「경제적·사회적 및 문화적 권리에 관한 국제규약」을 통하여 문화적 권리의 보편성이 선언되었으며, 몇몇 나라의 헌법에서 명문화되었다. 우리 헌법에서도 전문에 전통문화의 계승, 민족문화의 창달, 평생교육의 진흥을 명기하고 있다. 「헌법」 제34조의 '인간다운 생활'의 보장규정이 문화주의의 이념적 규정이며, 학문과 예술의 자유를 포함한 헌법상의 제 정신적 자유권과 교육을 받을 권리가 그 구체적 내용이다.

칠십 평생을 한결같은 마음으로 나라사랑에 모든 것을 바쳤던 민족주의자 백범 김구는 우리 민족 모두가 인의와 사랑을 나누는 참다운 문화민족으로서 세계의 모범이 되기를 열망하였다. 백범은 백범일지의 「내가 원하는 우리나라」에서 다음과 같이 문화를 강조하고 있다.

> 나는 우리나라가 세계에서 가장 아름다운 나라가 되기를 원한다. 가장 부강한 나라가 되기를 원하는 것은 아니다. 우리의 부력은 우리의 생활을 풍족히 할 만하고, 우리의 강력은 남이 침략을 막을만하면 족하다, 오직 한없이 가지고 싶은 것은 높은 문화의 힘이다. 문화의 힘은 우리자신을 행복하게 하고 나아가서 남에게 행복을 주겠기 때문이다. 인류가 현재에 불행한 근본이유는 인의가 부족하고 사랑이 부족

하기 때문이다. 이 정신을 배양하는 것은 오직 문화뿐이다. 나는 우리 나라가 이러한 높고 새로운 문화의 근원이 되고 목표가 되고 모범이 되기를 원한다. 홍익인간이라는 우리 국조 단군의 이상이 바로 이것이라고 믿는다.[4)]

4) 평화주의

평화주의 내지 국제질서 존중주의는 우리나라 대외정책의 기본원리이다. 양차 세계대전을 경험하고 또 오늘날의 지구촌 시대를 맞아 대부분의 나라에서 헌법에 평화주의 내지 국제질서 존중주의를 선언하고 있다.

우리 「헌법」도 제5조에서 국제평화유지에 노력하며 침략전쟁을 부인하는 평화주의를 천명하고 있는 바, 이 원리는 한반도의 통일에도 적용된다. 또 제6조 제1항에서는 헌법에 의하여 체결·공포된 조약과 일반적으로 승인된 국제법규는 국내법률과 동일한 효력을 가진다고 국제질서 존중주의를 선언하고 있다. 조약이 유효하게 성립하기 위하여서는 문서에 의한 국가 간의 진정한 합의가 이루어지고 일정한 절차를 거쳐 체결되어야 한다. 「헌법」 제60조 제1항에 규정된 국민의 권리·의무에 관련되는 일정한 사항은 조약의 체결·비준 전에 국회의 동의를 요한다. 외국인의 법적 지위에 관하여서 우리 「헌법」 제6조 제2항은 상호주의 원칙을 채택하고 있다.

---

4) 김구, 『백범일지』, 서울 : 백범김구선생기념사업회, 1971, p. 15.

3. 기본권의 보장

1) 기본권 보장의 역사와 유형

기본권 보장의 발전과정은 오랜 역사적 인권투쟁사이기도 하다. 기본권이 국민의 주관적 공권으로 확립되고 국가권력이 제한된 것은 18세기 후반의 미국과 프랑스에서 일어난 개인주의와 자유주의 사상을 배경으로 한다. 1776년의 버지니아주 권리선언과 미국독립선언, 1789년 프랑스의 '인간과 시민의 권리선언' 등이다. 자본주의가 발전한 현대 20세기에 와서는 1919년의 바이마르 헌법을 시작으로 생존권적 기본권이 강조되고 많은 경제조항들을 헌법에서 규정하게 되었다.

다양한 기본권의 유형을 살펴보면 아래와 같다. 포괄적 기본권으로 인간의 존엄과 가치/행복추구권과 평등권이 있다. 개별적인 기본권은 자유권, 수익권(청구권), 사회권(생존권), 참정권(정치적 기본권)으로 분류된다.

자유권은 신체에 관한 자유, 정신 활동의 자유, 사회 경제적 자유로 구성된다. 정신 활동의 자유에는 표현의 자유, 종교의 자유, 양심의 자유, 학문예술의 자유가 있다. 사회 경제적 자유는 사생활비밀유지의 자유, 통신의 자유, 주거이전의 자유, 직업선택 자유, 재산권, 소비자 보호가 해당된다.

사회적 기본권에는 인간다운 생활을 할 권리, 근로의 권리, 노동 3권, 교육을 받을 권리, 환경권, 보건에 관한 권리가 있다. 수익권에는 청원권, 재판청구권, 형사보상청구권, 손실보상청구권, 국가배상청구권이 있다. 참정권에는 선거권, 피선거권, 공무담임권, 국민투표권이 있다.

2) 기본권 제한의 법 원리[5)]

헌법에서 보장하고 있는 개인의 기본권은 타인의 권리를 침해해서는 아니 되며, 헌법질서에 위배할 수 없는 내재적 한계가 있다. 또한 헌법이 명문의 규정으로 직접 기본권을 제한하는 경우도 있다. 공무원의 노동 3권을 제한한 「헌법」 제33조 2항이 그러한 예인바, 헌법 유보라 한다.

대부분의 기본권은 법률에 의하여 제한된다. 특정 개별적 기본권이 법률이 정하는 바에 따라 제한할 수 있음을 명시한 경우를 개별적 법률 유보라 한다. 기본권 제한의 목적이나 방법 등을 일괄적으로 규정한 「헌법」 제37조 2항을 일반 법률유보 조항이라 한다. 「헌법」 제37조 2항: 국민의 모든 자유와 권리는 국가안전보장·질서유지 또는 공공복리를 위하여 필요한 경우에 한하여 법률로써 제한할 수 있으며, 제한하는 경우에도 자유와 권리의 본질적인 내용을 침해할 수 없다.

일반적 법률유보에 의한 기본권 제한의 형식은 '법률'이어야 하는바, 형식적 의미의 법률로서 일반성과 구체성을 가져야 한다. 개별인 대상인 처분적 법률은 안 되며, 불명확한 규정은 '막연하기 때문에 무효'이론에 따라 무효이다.[6)]

기본권 제한의 대상이 되는 기본권은 국민의 모든 자유와 권리이며, 기본권 제한의 목적은 국가안전보장, 질서유지, 공공복리를 위하여 필요한 경우이다. 국가안전보장은 국가의 독립과 영토보전, 헌법질서유지 내지 헌법기관의 보호 등을 말한다. 질서유지는 광의로 헌법질서의 유지, 협의로 사회적 경찰상의 안녕질서이다. 공공복리는 다의적 불확정 개념으로 소극적인 질서유지를 넘어 국가구성원 다수의 실질적 이익을 의미한다. 인권제한의 규제이념이라기보다는 인권 상호간의 모순 충돌을 조정하기 위한 인권보장의 조정원리라 할 수 있다. 즉, 기본권을 제

5) 표시열, 전게서, pp. 71-71.
6) 헌재 19904.2. 89헌가113.

한함으로 얻는 국민 다수의 실질적 이익이 제한하지 않을 경우 얻을 개인의 이익보다 클 때 공공이익이 있다고 할 수 있다.

기본권 제한의 방법은 과잉(입법)금지원칙에 따라야 한다. 즉, 기본권제한의 요건을 충족한 경우에도 과잉금지 원칙에 어긋나는 방법으로 기본권을 제한할 수 없다. 입법권의 한계를 의미하는 과잉입법금지 원칙은 다음 4가지 부분원칙을 내용으로 한다. 첫째, 목적의 정당성 내지 불가피성: 기본권을 제한하는 입법목적이 정당하고, 불가피한가? 둘째, 방법의 적정성 내지 수단의 상당성: 기본권 제한의 방법이 입법 목적을 달성하기 위하여 적절한 것인가? 입법자는 방법의 적정성 판단에서 광범위한 입법형성의 자유를 가진다. 셋째, 제한(피해)의 최소성: 보다 완화된 방법을 모색하여 제한을 필요 최소한에 그치고 있는가? 넷째, 법익비례성(법익균형성)의 준수: 제한하여 얻는 정치, 경제, 사회적 유용성과 제한으로 야기되는 국민적 사회적 손실 사이에 합리적인 균형이 유지되고 있는가?

과잉금지원칙을 적용하는 경우 기본권의 성격에 따라 준수의 정도를 달리하는 이중기준의 원칙이 있다. 즉, 본질적 기본권 내지 정신적 자유권은 경제적 자유권과 구별하여 더 엄격한 요건을 요한다는 원칙이다.

기본권을 제한하는 경우에도 자유와 권리의 본질적인 내용을 침해할 수 없는 바(「헌법」 제37조 2항 후단). 본질적인 내용의 침해라 함은 그 침해로 말미암아 당해 자유나 권리가 유명무실하게 되어 버리는 정도의 침해이다. 헌법재판소는 "근로3권의 본질적인 내용을 침해하는 경우란 그 침해로 인하여 근로3권이 유명무실해지고 근로3권이 형해화(形骸化)되어 헌법이 근로3권을 보장하는 궁극적인 목적을 달성할 수 없게 되는 지경에 이르는 경우"라고 판결한 바 있다.[7]

7) 헌재 1990.9.3. 89헌가95.

3) 평등권 : 국민에 대한 평등한 기회보장

우리나라 「헌법」은 전문에서 모든 영역에 있어서 각인의 기회를 균등히 보장하고 있으며 제11조 제1항에서 모든 국민에게 법 앞에 평등을 보장하고 있다. 헌법 원리로서의 평등권은 법 앞에 평등이다. '법 앞에 평등'이란 행정부와 사법부가 모든 법령을 집행할 때는 물론이고, 입법부가 법률을 제정할 때에도 그 내용에 있어 합리적 근거 없이는 차별대우를 하여서는 아니된다는 의미이다. 다시 말하여 평등권이란 본질적으로 평등한 것은 평등하게, 동등하지 않은 것은 동등하지 않게 다루는 것이다. 평등권의 중심내용은 실질적인 기회의 평등 또는 자의적 차별의 금지이다. 따라서 평등권의 핵심원리는 어떤 것이 합리적 차별이고, 어떤 것이 자의적 차별이냐에 있다.

평등권의 침해 여부에 대한 심사기준은 완화된 심사척도(자의심사)와 엄격한 심사척도(비례심사)가 있다. 완화된 심사척도는 차별을 정당화하는 합리적 이유가 있는지 만을 심사하기 때문에 그에 해당하는 비교대상간의 사실상의 차이나 입법목적 또는 차별목적의 발견·확인에 그친다. 그러나 엄격한 심사척도는 비교대상간의 사실상의 차이의 성질과 비중 또는 차별하고 있는 입법목적의 비중과 차별의 정도에 적정한 균형관계가 이루어져 있는가를 심사한다. 엄격한 심사척도는 차별하고 있는 입법목적의 합리적 이유의 유무만 심사하는 것이 아니라 차별취급의 목적과 수단 간의 엄격한 비례관계가 성립하는지를 심사하는 것이다.

미국의 경우 엄격한 심사의 기준은 다음 두 가지 요건을 충족하는 것이다. 첫째로 차별을 하는 목적 또는 이유가 국가의 중요이익이어야 한다. 둘째로 차별하는 방법 내지 수단이 그러한 중요이익을 실현하는데 사회통념상 불가분의 관계에 있어야 한다. 즉, 그러한 중요이익을 달성할 수 있는 다른 덜 제한적인 또는 덜 차별적인 수단이 있는 경우에는 그러한 방법에 의존해야 한다. 평등권은 입법목적만 중요시하는 것이 아니라 그러한 목적달성을 위한 수단도 중요시하고 있다. 공무원들은 어떤 정책을 추진할 경우 목적만 정당하다고 그것을 달성하는 모든 수단이 합리화되는 것이 아니라는 것을 유념할 필요가 있다.[8)]

한국의 헌법재판소는 평등심사에 있어서 원칙적으로 완화된 심사척도를 기준으로 삼고 있으나 다음 두 가지 경우에는 엄격한 심사를 한다. 첫째, 헌법에서 특별히 평등을 요구하고 있는 경우, 즉 헌법이 스스로 차별의 근거로 삼아서는 안 되는 기준을 제시하거나 차별을 특히 금지하고 있는 영역을 제시하고 있는 경우이다. 둘째, 차별적 취급으로 인하여 관련 기본권에 대한 중대한 제한을 초래하게 되는 경우이다.

헌법재판소는 제대군인이 공무원 채용시험에 응시한 때에 과목별 득점에 과목별 만점의 5%(2년 이상의 군복무자) 또는 3%(2년 미만의 군복무자)을 가산해 준 제대군인 가산점제도를 여성과 신체장애자 등에 대한 평등권 침해라고 판결한 사건에서 엄격한 심사기준을 사용하였다. 제대군인 가산점제도는 남자의 대부분이 제대군인에 해당되므로 실질적으로 성별에 의한 차별인 바, 「헌법」 제32조 제4항에서 특별히 남녀평등을 요구하는 규정을 두고 있어 엄격한 심사기준을 적용하였다. 특히 차별수단에 있어서 만점의 5% 내지 3% 가산점은 합격여부에 결정적인 영향을 미치므로 가산점을 못 받는 지원자는 실질적으로 거의 배제되는 결과를 초래한다. 입법목적의 비중에 비하여 차별로 인한 불평등의 효과가 극심하므로 차별 취급의 비례성을 상실하고 있다고 위헌 판결하였다.[9)]

한편 헌법재판소는 국가유공자와 그 유족 등 취업보호대상자가 국가기관이 실시하는 채용시험에 응시하는 경우에 10%의 가산점을 주도록 한 「국가유공자 예우 및 지원에 관한 법률」 제34조 제1항의 위헌확인 소송에서는 완화된 심사기준을 적용하였고 합헌을 선언하였다. 즉 국가

8) Donald P. Warwick, "The Ethics of Administrative Discretion," *Public Duties of Government Officials*, Cambridge : Harvard University Press, 1981, p. 123.
9) 헌재 1999.12.23. 98헌마363.

유공자와 그 유족 등에 대한 가산점제도는 국가유공자 등에게 우선적으로 근로의 기회를 제공하도록 규정하고 있는 「헌법」 제32조 제6항에[10] 근거를 두고 있는 제도임을 고려하여 평등권 심사에서 완화된 기준을 적용하였고, 입법목적의 합리성과 차별대우의 필요성 내지 정책수단으로서의 적합성을 충족하였다고 합헌임을 결정하였다.[11] 그러나 국가유공자 수가 급증하여 불평등효과가 크게 되자, 「헌법」 제32조 제6항의 '유가족' 범위를 전몰군경의 유가족으로만 좁게 해석하고, 입법목적과 그 달성 수단 간의 비례성을 현저히 초과한 것으로 일반 공직시험 응시자들의 평등권을 침해한다고 위헌 판결하였다.[12]

평등권의 실질적 의미는 사회를 움직이고 있는 실질적인 힘을 가진 경제적 강자들이 약자를 억압하고 착취하는 것을 막아주고 건강과 문명의 외면적 조건들을 공유하게 하는 적극적 조치를 취하는 것이다. 토니(Tawney)는 실질적 평등을 확보하기 위해서는 기회가 열려 있는 것만으로는 부족하고 동일한 출발이 되어야 한다고 강조한다.[13]

출발이 이미 늦어버린 경우 또는 그동안 많은 차별을 받아 온 경우 형식적인 기회의 평등을 넘어선 적극적인 우대조치(affirmative program)가 필요하다. 미국정부는 고용기회 평등위원회(EEOC, The Equal Employment Opportunity Commission)에 의하여 여성, 흑인, 장애자에 대한 우대조치를 적극 추진하고 있다. 우리나라 경우도 공무원 채용시험에서 여성채용목표제가 실시되었고, 장애자와 과학기술공무원에 대한 우대조치도 이루어지고 있다. 열악한 환경 속의 지방대학 졸업자에 대

---

10) 헌법 제32조 제6항 국가유공자·상이군경 및 전몰군경의 유가족은 법률이 정하는 바에 의하여 우선적으로 근로의 기회를 부여받는다.

11) 헌재 2001.2.22. 00헌마25.

12) 2002년 광주민주유공자예우에 관한 법률, 2004년 특수 임무 수행자 지원에 관한법률 등으로 보훈대상자가 급증함. 7급 공무원 경우 국가유공자가산점 수혜자가 30.3%(2002), 25.1(2003), 34.2(2004)이었다. 헌재는 헌법 제32조 6항의 "국가유공자 상이군경 및 전몰군경의 유가족 범위를 국가유공자, 상이군경, 전몰군경의 유가족으로 좁게 해석함. 10%가산점은 일반 응시자의 공무담임권에 지나친 차별효과를 가져오므로 2007년 6.30까지 가산점의 수치를 낮추고, 수혜대상자범위를 재조정하도록 헌법 불합치 결정함(2006.2.23. 2004헌마675).

13) Tawney, *Equality*, London: Unwin Books, 1931, p. 106.

한 정부의 적극적인 우대조치로 공무원 인턴제도 시행되고 있다. 최근에 여성교수의 채용을 위한 우대조치 제도가 정책이슈화되고 있다.

4) 신체의 자유와 적법절차의 원리

가. 신체의 자유

신체의 자유는 사상의 자유와 함께 인간의 자유권 중 가장 근본적인 자유이다. 한국 헌법은 제12조에서 신체의 자유에 관하여 다음과 같은 자세한 규정을 두고 있다.

> ① 모든 국민은 신체의 자유를 가진다. 누구든지 법률에 의하지 아니하고는 체포·구속·압수·수색 또는 심문을 받지 아니하며, 법률과 적법한 절차에 의하지 아니하고는 처벌·보안처분 또는 강제노역을 받지 아니한다.
>
> ② 모든 국민은 고문을 받지 아니하며, 형사상 자기에게 불리한 진술을 강요당하지 아니한다.
>
> ③ 체포·구속·압수 또는 수색을 할 때에는 적법한 절차에 따라 검사의 신청에 의하여 법관이 발부한 영장을 제시하여야 한다. 다만, 현행범인인 경우와 장기 3년이상의 형에 해당하는 죄를 범하고 도피 또는 증거인멸의 염려가 있을 때에는 사후에 영장을 청구할 수 있다.
>
> ④ 누구든지 체포 또는 구속을 당한 때에는 즉시 변호인의 조력을 받을 권리를 가진다. 다만, 형사피고인이 스스로 변호인을 구할 수 없을 때에는 법률이 정하는 바에 의하여 국가가 변호인을 붙인다.
>
> ⑤ 누구든지 체포 또는 구속의 이유와 변호인의 조력을 받을 권리가 있음을 고지받지 아니하고는 체포 또는 구속을 당하지 아니한다. 체포 또는 구속을 당한 자의 가족 등 법률이 정하는 자에게는 그 이유와 일시·장소가 지체없이 통지되어야 한다.
>
> ⑥ 누구든지 체포 또는 구속을 당한 때에는 적부의 심사를 법원에 청구할 권리를 가진다.
>
> ⑦ 피고인의 자백이 고문·폭행·협박·구속의 부당한 장기화 또는

기망 기타의 방법에 의하여 자의로 진술된 것이 아니라고 인정될 때 또는 정식재판에 있어서 피고인의 자백이 그에게 불리한 유일한 증거일 때에는 이를 유죄의 증거로 삼거나 이를 이유로 처벌할 수 없다.

신체의 자유의 보장원리로 죄형법정주의, 일사부재리의 원칙, 연좌제 금지, 무죄추정의 원리가 있다. 죄형법정주의는 어떤 행위가 범죄가 되고, 그 범죄에 관하여 어떤 형벌을 과하느냐는 미리 성문의 법률로서 규정해 두어야 한다는 원칙이다. 파생원칙으로 관습형벌의 배제, 형벌법규의 불소급(제13조 1항 전단), 유추해석의 금지[14], 법규내용의 명확성, 절대적 부정기(不定期)선고형금지가 있다.

일사부재리(一事不再理)의 원칙은 동일한 범죄에 대하여 거듭 처벌(형벌권 실행) 받지 아니한다는 헌법 제13조 1항이다. 유무죄의 판결 또는 면소의 판결 후 동일사건에 관하여 재차 공소를 제기하여 심판을 구하는 것을 허용하지 아니한다. 연좌제(緣坐制)금지는 자기의 행위가 아닌 친족의 행위로 인하여 불이익한 처우를 받지 아니한다는 헌법 제13조 3항의 내용이다.

무죄추정의 원칙이란 형사피고인은 유죄판결의 확정 때까지 무죄로 추정된다는 헌법 제27조 4항의 내용이다. 형사재판에서 유죄입증은 국가에게 있다. 무죄추정의 원칙에 반한다는 위헌판결의 예로 확정판결이 있을 때까지 변호사 업무를 정지한 변호사법[15]과 형사사건 공소 제기시 확정판결 있기 전에 직위를 해제하도록 한 사립학교법[16]이 있다.

신체의 자유에 관하여서는 절차적 보장이 철저히 보장되어 있다. 절차적 보장의 핵심원리인 적법절차의 원칙은 별도로 다룬다. 영장제도 등을 살펴본다. 영장(令狀)제도는 체포, 구속, 압수 수색할 경우에는 검사의 신청에 의하여 법관이 발부한 영장(written order, 관청발행명령서)을 사전에 제시해야 한다는 것이다.[17] 영장에는 피의자나 피고인의

14) 어떤 사항을 직접 규정한 법규가 없는 경우 그와 비슷한 사항을 규정한 법규를 적용하는 것으로 사법영역에서는 가능하다.

15) 1990.11.19. 90헌가49.

16) 1994.7.29. 93헌가3.

성명, 주소, 죄명, 공소사실의 요지, 구금 장소, 발행 연월일, 유효기간이 명시되어야 한다. 일반영장은 금지된다.

변호인의 조력을 받을 권리는 누구든지 체포 구속을 당한 때에는 즉시 변호인의 조력을 받을 권리를 가진다는 내용이다(제12조4항). 체포 구속 시 변호인의 조력을 받을 권리가 있음을 고지하여야 하며, 피고인과 자유로운 접견 및 교통(交通)을 내용으로 한다. 형사피고인 스스로 변호인을 구할 수 없을 때에는 일정한 경우[18] 국선변호인의 조력을 받을 권리가 있다.

그 밖에 고문을 받지 아니할 권리, 불리한 진술 거부권(묵비권), 피고인의 자백 증거능력 및 증명력의 제한, 구속이유 등의 고지 등이 보장되어 있다. 피의자가 진술거부권을 가지고 있다는 사실, 피의자의 진술이 그에게 불리한 증거로 사용될 수 있다는 사실, 그리고 변호인의 조력을 받을 수 있다는 사실을 피의자에게 고지하지 아니하고 구금한 상태에서 심문하여 얻은 진술은 증거로 채택할 수 없다는 원칙을 Miranda 원칙이라 한다.[19]

신체의 자유가 침해된 경우 사후구제방법으로 구속적부심사제도가 있다. 누구든지 체포 또는 구속을 당한 때에는 적부(適否)의 심사를 법원에 청구할 권리를 가진다는 헌법 제12조 6항의 보장이다. 구속적부심

---

17) 영장주의의 예외로 다음의 경우엔 사후영장이 가능하다. 현행범인(범죄 실행 중에 있거나, 실행직후에 있는 자), 또는 준 현행범인(범인으로 추적되고 있는 자, 현저한 흔적이 있거나, 누구냐 질문에 도망가는 자, 범행에 사용된 무기휴대자). 경미한 죄의 현행범인은 주거가 불분명한 경우만 체포 영장없이 체포가능(형소법 제214조). 48시간 내 영장청구. 장기 3년 이상의 형에 해당하는 죄를 범하고 도피 또는 증거인멸의 염려가 있을 때 사후에 영장을 청구할 수 있음(제12조3항, 형소법 제211조).

18) 형사소송법 제33조

① 다음 각호의 어느 하나에 해당하는 경우에 변호인이 없을 때에는 법원은 직권으로 변호인을 선정하여야 한다.

1. 피고인이 구속된 때, 2. 피고인이 미성년자인 때, 3. 피고인이 70세 이상인 때, 4. 피고인이 심신장애의 의심이 있는 때, 5. 피고인이 사형, 무기, 또는 단기 3년 이상의 징역이나 금고에 해당하는 사건으로 기소된 때.

② 법원은 피고인이 빈곤 그 밖의 사유로 변호인을 선임할 수 없는 경우에 피고인의 청구가 있는 때에는 변호인을 선정하여야 한다.

19) Miranda v. Arizona 383 U.S. 436, 1966.

청구주체는 체포 구속된 피의자(피고인 아님), 그 변호인, 법정 대리인, 배우자, 직계친족, 형제자매, 고용주이며, 심사청구 사유에는 제한이 없다. 법원은 지체 없이 피의자와 변호인이 출석한 공개법정에서 체포 또는 구속의 이유(주거부정, 도주염려, 증거인멸)를 밝히도록 하고, 피의자를 심문하고 수사 관계 서류와 증거물을 조사하여 이유가 있다고 인정할 때에는 법원결정으로 석방을 명한다. 체포구속영장을 발부한 법관은 관여하지 못한다.

나. 적법절차 원리 : 청문을 통한 공정한 결정

근대 자유민주주의의 특징 중 하나는 한 나라의 법체계가 억압적인 법체계(repressive law)에서 자율적인 법체계(autonomous law)로 발전하는 것이다. 억압적인 법체계에서는 법이 피치자의 이해를 무시하는 관리본위의 통치수단으로 쓰인다. 그러나 자율적인 법체계에서는 법이 정치로부터 분리되는 엄격한 "법의 지배"를 특징으로 하며, 특히 법의 핵심을 절차에 두고 절차의 공정성을 강조한다. 영미법계에서는 일찍이 적법절차(due process of law)의 원리를 통하여 이러한 절차적 공정성을 법적으로 제도화하였다.

적법절차란 개인의 기본권을 보호하고 실현하기 위하여 오랫동안 영국의 법원에서 재판을 통하여 수립되어 온 사법적 절차에 관한 규칙이다. 이는 '자연적 정의'(natural justice)라고 한다. 자연적 정의는 다음의 두 가지 원칙을 담고 있다. 하나는 편견 배제원칙이고, 다른 하나는 공정성의 원칙이다.

편견 배제원칙이란 "누구든지 자기 자신이 관련된 사건에 재판관이 될 수 없다."라는 것으로 공평무사한 재판관의 구성에 관한 요구이다. 편견배제의 원칙은 사건의 당사자는 물론이고 당사자 또는 증인과 개인적 친분관계나 재정적 이해관계에 있을 때에 적용된다. 공무원이 어떤 정책을 결정하거나 집행할 경우 또는 재결을 할 경우에 편견을 가질 수 있는 이해관계인은 엄격히 배제되어야 한다. 자연적 정의의 두

번째 원칙인 공정성의 원칙은 당사자에게 청문의 기회를 부여하는 것이다. "쌍방 측으로부터 듣지 않으면 아니 된다." 또는 "누구든지 의견진술의 기회를 부여받지 아니하고는 비난받지 않는다."는 원칙은 공정한 판결의 기본전제가 된다.

미국 헌법하의 적법절차 원리도 영국에서 발전되어 온 자연적 정의의 정신을 기본으로 하고 있으나 그 적용대상이 신체의 자유에 대한 침해는 물론이고 그 밖의 자유권과 재산권의 침해 경우까지 확대 적용되고 있다. 자유권이나 재산권의 침해가 있게 되면 최소한의 절차적 보호 장치가 헌법상 보장된다. 구체적으로 어떤 장치가 보호되느냐 하는 것은 일반적으로 침해받은 개인이익의 중요성, 그러한 개인이익을 침해할 위험도, 보호절차의 재정·행정적 부담을 고려하여 신축적으로 운용되고 있다. 절차적 보호 장치가 오판의 위험성을 최소화하기 위한 것이므로 적어도 사전통지와 청문의 기회제공은 필수적 내용이다.

우리나라도 그 동안의 오랜 억압적인 법체계를 벗어나 자율적인 법체계로 변천되어야 하겠다. 헌법에서는 신체의 자유를 규정한 제12조에 적법절차개념을 도입하고 있다.[20] 행정영역에서는 행정절차법이 제정, 실시되고 있다. 공무원은 절차적 정의의 중요성을 인식하고 적법절차 원리를 직무수행의 지침으로 삼아야 한다. 특히 한국행정의 경우 기정사실화(fait accompli)하는 관례, 업적과 능률위주의 서두르는 행정풍토, 오랜 지배·복종관계의 수직적 관민관계 등을 고려하면 공무원들의 적법절차 준수는 시급한 과제이다.

5) 표현의 자유: 다양성과 이견(異見)의 존중

사람들은 다양한 방법으로 자기 자신의 이상, 양심, 지식, 경험 등을 표현하면서 산다. 표현의 수단이 대화·연설·토론 같은 구두의 형식인

---

20) 헌법 제12조 "모든 국민은 신체의 자유를 가진다. 누구든지 법률에 의하지 아니하고 체포·구속·압수·수색 또는 심문을 받지 아니하며, 법률과 적법한 절차에 의하지 아니하고는 처벌·보안처분 또는 강제노역을 받지 아니한다."

경우 언론의 자유라 하고, 서책·간행물·서화와 같은 문서에 의한 표현인 경우 출판의 자유라 한다. 사람들은 또한 자기표현을 위하여 단체를 구성하거나 집회를 통하여 행동하기도 한다. 이를 집회·결사의 자유라 한다. 이러한 표현의 자유는 자유민주주의의 기본원리가 된다. 우리나라 「헌법」도 제21조 제2항에서 모든 국민에게 언론 출판의 자유와 집회·결사의 자유를 보장하고 있다.

표현의 자유의 중요성에 관하여 에머슨(Emerson)은 다음과 같이 네 가지로 요약하고 있다. 첫째, 표현의 자유는 개인의 자기완성을 위한 필수적 수단이다. 누구든지 자기 잠재력을 발전시킴에 있어 자기 자신의 믿음과 의견을 확인할 수 있어야 하며, 정신적 탐구를 거쳐야 한다. 둘째, 표현의 자유는 진리발견의 필수적 과정이다. 인간은 누구나 감정과 편견을 갖고 있으며 정보의 부족으로 판단에 실수가 있기 마련이다. 따라서 의사결정 시 가능한 한 많은 이견들을 대안으로 고려하며, 특히 반대의견을 통하여 자기생각이나 판단을 테스트하는 것이 중요하다.

셋째, 표현의 자유는 사회구성원간의 공개적인 토론을 통하여 정책수립에 참여의 기회를 제공한다. 이는 민주사회의 기초가 된다. 마지막으로, 표현의 자유는 사회의 안정과 변혁을 조화시키는 역할을 한다. 표현의 자유가 탄압될 경우 새로운 아이디어를 통한 변혁을 막음으로써 사회의 불안이 누적되고 언젠가는 폭발하는 위험이 있다. 표현의 자유는 이러한 위험을 미리 예방하는 역할을 한다.[21] 이러한 네 가지 근거는 행정학에서 최근 중요시되고 있는 생산적 갈등이론과 맥을 같이하고 있다. 새로운 대안 제시, 참여의식 제고 등의 갈등의 순기능은 바로 상술한 이견 존중의 논리적 근거이기도 하다.

이와 같은 중요성 때문에 표현의 자유에 관한 제한은 엄격히 제한되는 바, 표현의 자유제한에 관한 다음 몇 가지 중요 법 이론을 알 필요가 있다. 우선, 표현의 자유를 제한할 경우에는 다른 경제적 기본권을

21) T. Emerson, *Toward a General Theory of the First Amendment*. New York: Random House, 1966, pp. 3-15.

제한할 때보다 더 엄격한 기준을 따라야 한다. 다시 말하면 어떠한 표현행위를 제한할 때는 제한을 하여야 하는 중요한 국가적 이익이 있음을 정부 측에서 증빙하여야 하며, 다른 덜 제한적인 대안이나 수단이 없어야 한다.

둘째, 불법적인 주장이나 선동을 할 경우에도 명백하고 현존하는 위험원칙이 적용된다. 명백하고 현존하는 위험(a clear and present danger) 원칙이란 표현행위와 발생하는 공공이익에 대한 위협 내지 해악 사이에 긴밀한 인과관계가 있고 해악의 발생이 시간적으로 근접하여 목전에 급박했을 경우에만 관련 표현행위를 제한할 수 있다는 주장이다.[22) 미국연방대법원의 '명백하고 현존하는 위험' 원리는 1951년의 데니스(Dennis)사건에서 위험경향의 원칙으로 바뀌었다. '명백하고 현존하는 위험' 원리는 정부를 폭력으로 전복하려는 경우처럼 해악이 중대한 것이면, 위험이 절박한 것이 아니더라도 언론을 억제할 수 있다는 방향으로 수정되고 말았다.

셋째, 표현의 자유를 제한하는 법령의 규정이 무엇을 뜻하는지 애매모호하거나 너무 추상적이고 광범위한 뜻을 갖고 있는 경우에는 그러한[23) 규정은 명확성이 없어 무효가 된다(vagueness and overbreadth doctrine). 표현의 자유를 제한하는 법령의 언어는 한정적 의미로 명확하여야 한다. 왜냐하면 애매모호한 또는 너무 광범위한 의미를 갖는 규정은 표현의 자유를 사전에 억제하는 결과를 가져오기 때문이다. 최근에는 사이버공간에서의 표현의 자유에 대한 제한 문제로, 불법정보와 청소년 유해 정보의 규제, 스팸메일의 규제 등이 있다.[24)

그밖에도 표현의 자유 특히 출판의 경우에는 사전검열이 금지된다. 음란한 표현, 명예훼손 등 표현의 자유로 보호받지 못하는 영역의 경우에는 사전검열이 인정되나 이 경우에도 이의신청 등 절차적 보호 장치가 마련되어야 한다. 음란한 표현의 판단 기준에 관하여 헌법재판소는

22) Schenck, v. United States, 249 U.S. 47. 1919.
23) Dennis v. United States, 341 U.S. 494.
24) 권영성, 전게서, pp. 519-530 참고.

'음란'이란 인간의 존엄 내지 인간성을 왜곡하는 노골적이고 적나라한 성적인 표현으로서 오로지 성적 흥미에만 호소할 뿐 전체적으로 보아 하등의 문학적, 예술적, 과학적 또는 정치적 가치를 지니지 않은 것으로서, 사회의 건전한 성도덕을 크게 해칠 뿐만 아니라 사상의 경쟁메커니즘에 의해서도 그 해악이 해소되기 어려워 언론·출판의 자유에 의한 보장을 받지 못한다."라고 판시하고 있다.[25]

미국의 경우 양차 세계대전과 월남 전쟁 중에 확립된 많은 진보적 판결을 계기로 헌법상의 표현의 자유가 실질적 의미를 갖게 되었다. 우리나라도 남북분단으로 인한 전쟁위협이 표현의 자유를 제한하는 핑계가 되어선 안 되고, 오히려 그럴수록 이견의 중요성을 깨달아야 한다. 일사불란한 질서만 강조할 것이 아니고, 명백하고 현존하는 위험이 없는 한 다소의 소란행위는 무시해 버리는 용기도 필요하다.

이견을 존중하는 훈련은 학교생활에서부터 실습시켜야 한다. 이견의 존중은 시민의 다양성 존중이기도 하다. 백범 김구가 꿈꾼 다음의 "자유의 나라"도 바로 이러한 이견의 허용을 강조한 것이다.

> "산에 한 가지 나무만 나지 아니하고 들에 한 가지 꽃만 피지 아니한다. 여러 가지 나무가 어우러져 위대한 산림의 아름다움을 이루고 백가지 꽃이 섞여 피어서 봄들의 풍성한 경치를 이루는 것이다."[26]

25) 헌재 1998.4.30. 95헌가16.
26) 김구, 전게서, p. 10.

토론주제

1. 정치, 경제, 문화사회, 국제영역에서 한국헌법이 추구하는 기본 원리는 무엇이며, 어떻게 제도화 내지 구현되고 있는가?

2. 기본권 제한의 원리인 과잉금지 원칙은 무엇인가?, 이들 원리가 적용된 구체적인 판례를 들 수 있는가?
3. 인간은 정말 평등한가? 법 앞에 평등이란 무슨 뜻인가? 합리적 차별인지 아니면 자의적 차별인지를 어떻게 구분 판단할 수 있는가? 구체적인 예를 들어 설명할 수 있는가?

4. 우대조치란 무엇이며 어떤 예가 있는가? 우대조치는 역차별을 가져올 수 있는바 어떻게 하여야 이러한 역차별 문제를 극복할 수 있는가?

5. 신체의 자유를 보장하기위한 실체적, 절차적 보장방안에는 어떤 것이 있으며, 현실 생활에서 구체적으로 무엇이 문제가 되는가?

6. 적법절차 원리란 무엇인가? 적법절차 원리가 궁극적으로 추구하는 것은 무엇인가? 적법절차 원리가 어떻게 구체적으로 적용되고 있는가?

7. 표현의 자유는 왜 중요한가? 표현의 자유를 제한할 경우 적용되는 법 원리에는 어떤 것이 있는가?

제 10 장

통치구조의 원리와 내용

본장에서는 통치구조의 원리, 특히 권력분립주의를 언급하고 정부의 대표적인 형태인 대통령제와 내각책임제를 살펴본다. 그리고 구체적으로 입법부, 대통령과 행정부, 사법부와 헌법재판소의 조직 및 운영, 그리고 주요 권한을 분석한다.

1. 통치구조의 원리

1) 통치구조의 기본이념: 민주적 정당성의 확보

자유민주주의 통치구조의 기본이념은 국민의 기본권의 실현과 국가권력의 구성과 행사에 있어서 민주적 정당성의 확보 및 그 권력행사에 대한 통제라고 할 수 있다. 이는 국가권력이 국민의 기본권을 실현하기 위한 수단임을 전제로 하는 것으로 모든 국가권력은 민주적 정당성(즉, 국민적 합의)에 의하여 성립되어야 하고 그 행사방법과 과정 역시 일정한 절차적 정당성을 확보해야 함을 의미한다.

민주적 정당성을 확보하는 방법에는 일반적으로 선거나 투표를 통하여 주권자인 국민의 직접적인 의사에 따라 대표를 선출하거나 국가의사를 결정하는 방법과 국민에 의하여 직접 선출된 대표(대의기관)가 다른 국가가관을 구성하는 경우와 같이 간접적으로 확보하는 경우가 있다.

2) 통치구조의 원리

오늘날의 자유민주주의 통치구조는 전제군주와의 오랜 항쟁의 결과 획득한 입헌주의 원리에 근거하는 바 그 구체적 조직 원리는 기본권 존중주의, 국민주권주의와 대의제 원리,[1] 법치주의, 책임정치, 그리고 권력분립주의이다. 이 중 권력분립주의에 관하여 살펴본다.

가. 권력분립주의(Separation of Power)의 의의

권력분립은 국민의 자유와 권리를 보장하기 위하여, 국가의 통치기능을 기능면에서 입법권, 집행권, 사법권으로 분리하고, 각각의 국가작용을 각각 독립된 국가기관인 입법부, 집행부, 사법부에 배분함으로써, 이들 기관 상호간의 견제와 균형을 통하여 어떤 기관도 국가권력을 독점할 수 없게끔 하는 제도이다.

권력분립주의는 권력을 행사하는 인간에 대한 불신과 회의에서 기초한 것으로 주로 의회에 입법과 재정에 관한 권한을 부여함으로써 전제군주의 권한을 일정부분에서 제한하기 위한 수단으로서 출발하였다. 국민주권이 확립된 이후에도 개인의 자유와 권리를 확보하는 자유민주주

1) 대의제는 주권자인 국민이 국가의사나 국가정책을 직접 결정하지 않고 대표자를 선출하여 이들로 하여금 국민을 대신하여 국가의사나 국가정책을 결정하게 하는 조직 원리이다. 대의제를 구현하기 위해서는 대의기관의 민주적 구성과 활동을 위한 선거제도, 이성적 토론과 다수결제도가 정비되어 있어야 하며, 대의기관의 통제를 위한 장치로서 권력분립, 책임정치, 여론형성의 자유, 헌법재판 등이 실현될 필요가 있다. 현행헌법에서는 대의제를 원칙으로 하되(헌법 제40조, 제41조, 제66조 제4항, 제67조), 헌법 개정과 중요정책에 대한 국민표결제(헌법 제130조 제2항, 제72조), 지방자치차원에서의 국민소환제(지방자치법 제13조의 2)와 같은 직접 민주주의적 요소를 부분적으로 채택하고 있다.

의적 조직 원리로 더욱 발전하게 되었다.

몽테스키외에 의하여 완성된 고전적 권력분립주의는 시민 혁명기를 거치면서 각국으로 전파되어 근대 헌법의 필수적인 개념요소로 자리잡았다. 그러나 이러한 고전적 권력분립론은 정당정치의 발전과 이에 따른 입법부와 행정부의 통합현상, 국가비상사태와 경제위기 극복·사회국가이념의 실현 등을 이유로 한 집행부의 우위경향, 또는 행정입법의 증대로 인한 행정국가화 현상으로 위기에 처해 있다.

나. 한국헌법과 권력분립주의

현행 한국헌법 역시 권력분립제를 채택하고 있으나, 집행부의 권한이 상대적으로 비대한 형태를 띠고 있다. 권력의 수평적 분할로서, 먼저 입법권은 국회에(헌법 제40조), 행정권은 대통령을 수반으로 하는 정부에(제66조 제4항), 사법권은 법관으로 구성된 법원에(제101조 제1항) 부여하고 있다. 그리고 권력의 수직적 분할에는, 중앙과 지방정부의 권한 배분, 기관내부의 권한배분, 권력담당자의 임기제 등이 있다.

입법권이라 함은 국가기관이 일반적(불특정 다수인)·추상적(불특정의 경우)인 성문법규를 정립하는 작용을 말한다. 헌법상 국회에 부여된 입법권의 구체적인 내용으로는 헌법개정발의·의결, 법률안의결, 조약체결·비준, 국회의 규칙제정 등을 들 수 있다. 행정권이란 성질설에 따르면 법아래서 법의 규제를 받으며 현실적으로 국가목적 또는 공익을 실현하기 위하여 하는 능동적이고 적극적인 형성적 국가작용이다. 사법권이란 성질설에 따르면 구체적 법적 분쟁이 발생한 경우 당사자로부터 쟁송의 제기를 기다려 독립적 지위를 가진 기관이 제3자적 입자에서 무엇이 법인가를 판단하고 선언하는 작용으로 민사재판권, 형사재판권, 행정재판권이 그 내용이다.

다. 권력상호간의 견제 장치

권력분립원리는 국가기관간의 상호 견제를 통한 권력의 균형을 추구한다. 국회와 행정부의 관계에서 국회는 국무총리와 국무의원의 국회출석 답변 요구권/해임건의권, 정부예산심의, 정부재정행위의결권, 국무총리 감사원장 임명동의권, 국회의장의 법률안 공포권, 고위공무원 탄핵소추권, 국정감사 조사권, 계엄해제 요구권, 일반사면 동의권을 통하여 행정부를 견제한다. 반면에 행정부가 국회에 대하여 갖는 견제수단에는 임시국회소집 요구권, 법률안 제출 공포권, 예산안의 편성 제출권, 국회에서 의견 표시권, 행정입법권, 헌법 개정의 국민투표, 긴급재정경제처분권, 법률안 거부권, 중요정책의 국민투표회부권이 있다.

국회는 사법부와의 관계에서 법원의 설치 조직에 관한 법률, 대법원장과 대법관의 국회동의, 법원의 예산심의권 국정감사 조사권, 탄핵소추로 사법부를 견제한다. 반면 사법부 내지 헌법재판소는 위헌법률심사제청권 내지 위헌법률심사권을 통하여 국회의 입법권을 견제한다. 행정부와 사법부의 관계에서 사법부는 명령규칙처분의 위헌위법심사권을 통하여 행정부를 견제하며, 행정부는 사면 감형 복권을 통하여 사법부를 견제한다.

2. 통치의 형태: 정부의 형태

통치의 형태는 권력분립의 원리가 어떻게 적용되고 있는가, 즉, 입법부와 행정부의 관계에 따라 대통령제와 내각책임제로 크게 분류된다.

대통령제의 본질적 요소 내지 기본적 특징은 엄격한 3권 분립이며 대통령이 독립하여 행정권을 행사하는 정부형태로 독립성 원리에 기초한다. 대통령이 국가원수이자 수반으로 행정부의 일원적 구조를 특징으로 하며 입법권과 집행권이 상호 독립하여 견제한다. 미국이 대표적인 고전적 대통령제 국가이며, 5불 원칙 즉, 의원의 장관 겸직, 의회의 불신임권, 국회해산권, 내각의 법률안제출권, 국회출석발언권이 없다.

의원 내각제의 본질적 요소 내지 기본적인 특징은 행정부가 의회에서 선출되고 의회에 책임을 지는 내각중심의 정부형태로 집행부와 입법부의 권력융화라는 의존성 원리에 기초한다. 행정부가 상징적 원수와 내각이라는 이원적 구조이며, 의회에 대한 정부의 책임(불신임)과 정부의 의회해산권이 특징이다. 영국이 진정한 의원 내각제 국가이며, 5가 원칙 즉, 겸직허용, 불신임권, 의회해산권, 법률안 제출권, 국회출석발언권이 있다.

대통령제와 의원내각제의 장·단점을 비교하면 다음 표와 같다.

〈표 1〉 대통령제와 내각책임제

	대 통 령 제	의 원 내 각 제
장점	• 행정부 안정 • 정책의 계속성, 신속성 • 의회의 졸속 입법억제(비토권)	• 연대책임으로 책임정치 • 다수결원리 구현 • 독재정치 억제 • 대립 시 조정용이
단점	• 독재우려 • 의회와 정부의 충돌, 조정의 어려움	• 의회 다수당의 횡포 • 의회의 정쟁 • 빈번한 내각 불신임시 정국불안

제3유형의 정부형태로 이원집행부제가 있다. 이원정부제는 집행부가 대통령(직선으로 선출되며 외교 국방권과 긴급권을 가짐)과 내각(원내 다수당수가 총리가 되며 법률집행권과 일반행정권을 가짐)으로 실질적 권한을 나누며, 대통령은 수상 임명권과 의회해산권을 가지나, 의회는 수상 불신임권, 대통령 불신임권이 없다. 프랑스5공화국이 이원집행부제이었고, 다원적 정치세력간의 권력배분시 유용하다.

한국정부의 형태는 1948년 제헌 헌법은 변형된 대통령제(의원내각제 요소 가미), 1960년 헌법은 고전적 의원 내각제이었다. 1962년 헌법은 변형된 대통령제(부통령 없이 국무총리제, 정부 법률안 제출권), 1972년 헌법은 영도적 대통령제(통일주체국민회의에서 6년 임기 대통령선출), 1980년 헌법은 신 대통령제(선거인단에 의한 7년의 대통령 간선)이었다. 1987년에 개정된 현행 헌법은 변형된 대통령제(5년 단임의 대통령직선, 내각제요소 가미)이다.

3. 입법부

1) 의회주의의 기본원리와 헌법상의 지위

의회는 국민의 다양한 의사와 이해관계를 통합 · 조정하며, 집행부의 활동을 감시 · 통제 · 비판하는 정치적 기능을 한다. 의회주의는 국민대표의 원리에 기초하며 공개와 이성적 토론, 다수결의 원리, 정권교체의 원리를 기본원리로 한다. 국회의 헌법상 지위는 국민 대표기관, 입법기관, 국정통제기관으로서의 지위를 가진다.

2) 국회의 구성과 운영

현행 헌법상의 국회의 구성은 단원제로 국회의원의 정수는 법률로 정하되 200인 이상으로 하도록 되었다. 현행제도는 국회의원 지역구 243명과 비례대표 56명으로 구성되어 있다. 국회의원의 선거권자는 선거일 현재 만19세 이상으로 공직선거법 제18조에 규정된 결격사유가 없는 자이며, 국회의원 피선거권 만 25세 이상이다. 국회 내부는 의장과 부의장, 위원회(상임위원회, 특별위원회, 전원위원회, 인사청문특별위원회)로 구성된다.

국회는 정기회와 임시회로 운영되며, 정기회기는 100일, 임시회의 회기는 30일을 초과할 수 없다. 국회의 의사절차에 관한 원칙으로 의사공개의 원칙, 회기계속(會期繼續)의 원칙, 일사부재의(一事不再議)의 원칙(부결된 의안은 동일회기중 다시 발의 심의하지 못함)이 있다.

국회 의결은 정족수를 충족하여야 한다. 정족수에는 의사정족수와 의

결정족수, 일반정족수와 특별정족수가 있다. 일반정족수는 재적의원 과반수 출석과 출석의원 과반수의 찬성 가부동수인 때에는 부결된 것으로 본다. 특별정족수는 다음과 같다.

· 법률안의 재결정: 재적의원 과반수의 출석과 출석의원 2/3 이상
· 헌법개정안의 의결, 의원의 제명 및 자격심사, 대통령에 대한 탄핵소추 의결: 재적의원 2/3 이상의 찬성
· 계엄의 해제요구, 헌법개정안의 발의, 대통령 이외의 자에 대한 탄핵소추의결, 국회의장의 선출: 재적의원 과반수의 찬성
· 국무총리 등에 대한 해임건의안 발의, 대통령 이외의 자에 대한 탄핵소추발의: 재적 의원 1/3 이상의 찬성으로 발의, 재적의원 과반수 이상의 찬성

3) 국회의 권한

국회의 권한에는 입법, 재정, 헌법기관 구성, 국정통제, 자율권으로 분류된다. 국회의 입법에 관한 권한에는 헌법 개정에 관한 권한, 법률 제정에 관한 권한, 조약의 체결, 비준에 대한 동의권, 국회규칙 제정에 관한 권한이 있다.

국회의 재정에 관한 권한에는 예산심의·확정권, 결산심사권, 그 밖의 정부재정행위에 대한 권한이 있다. 그 밖의 정부재정행위에는 긴급재정 경제 처분·명령에 대한 승인권, 예비비 지출에 대한 승인권, 기채 동의권, 예산 외에 국가의 부담이 될 계약결정에 대한 동의권, 재정적 부담을 지우는 조약의 체결, 비준에 대한 동의권, 세입세출예산외의 기금에 대한 국회통제가 있다. 헌법기관 구성에 관한 권한에는 대통령 선거권(최고득표자가 2인 이상시), 헌법기관 선출권(헌재 재판관 9인중 3인, 중앙 선거 관리위 9인 중 3인), 헌법기관구성에 대한 동의권(국무총리, 대법원장과 대법관, 헌재소장, 감사원장)이 있다.

국정통제에 관한 권한에는 탄핵소추 대상자(헌법 제65조 1)에 대한

탄핵소추권과 국정감사, 조사권이 있다. 탄핵소추 사유는 직무집행에서 헌법이나 법률의 위배이다.[2] 국회는 국정을 감사하거나 특정한 국정사안에 대하여 조사할 수 있으며, 이에 필요한 서류의 제출 또는 증인의 출석과 증언이나 의견의 진술을 요구할 수 있다(헌법 제61조 1). 국정감사·조사 대상기관과 사안의 범위가 쟁점이 되고 있다. 그 밖에도 긴급명령과 긴급 재정 경제처분·명령에 대한 승인권, 계엄해제 요구권 등이 있다. 국회의 자율권에는 집회 등에 관한 자율권, 내부조직(위원회 구성 등)에 관한 자율권, 국회규칙의 자율적 제정권, 의사에 관한 자율권, 질서유지(내부 경찰권)에 관한 자율권이 있다.

4) 국회의원의 헌법상 지위, 권한과 의무

가. 국회의원의 헌법상 지위와 신분

국회의원의 헌법상 지위는 국회의 구성원으로서의 지위, 국민의 대표자로서의 지위, 정당의 대표자로서의 지위가 있다. 국민대표자의 지위와 정당원의 지위의 관계에서 갈등이 생길 경우 국가이익우선의 의무(헌법 제46조 2)를 고려하여야 하며, 자유투표제가 요구된다. 국회의원의 자격은 임기 개시로 시작되며, 겸직이 제한된다(국회법 제29조). 국회의원은 4년의 임기만료, 당선무효, 백만원 이상의 유죄확정, 피선거권 상실, 사직, 제명, 전국구의원의 당적변경, 위헌정당의 해산으로 소멸된다.

나. 국회의원의 특권

국회의원은 면책특권과 불체포특권을 가진다. 면책특권은 국회의원은 국회에서 직무상 행한 발언과 표결에 관하여 국회외에서 책임을 지지 아니하는 것이다(헌법 제45조). 불체포특권은 국회의원은 현행범인 경

2) 선거에서의 중립의무 위반, 재신임 국민투표 제안행위, 정국의 혼란과 경제파탄의 이유로 노무현 대통령에 대한 탄핵소추 의결이 있었다.

우를 제외하고는 회기 중 국회의 동의 없이 체포 또는 구금되지 않는 것을 말한다. 국회의원이 회기 전에 체포 또는 구금된 때에는 현행범인이 아닌 한 국회의 요구가 있으면 회기 중 석방된다(헌법 제44조).

다. 국회의원의 권한과 의무

국회의원은 국회의 운영과 활동에 관한 권한으로 국회소집요구권(재적 1/4), 의안발언권, 질문권과 질의권, 토론권, 표결권을 가진다. 그 밖에 수당과 여비를 받을 권리와 국유교통수단의 무료이용권이 있다. 국회의원은 법적 의무로 국가이익우선의 의무(헌법 제46조 2), 청렴의 의무, 이권불개입의 의무(헌법 제46조 1,3), 겸직금지의 의무(헌법 제43조)가 있다.

4. 행정부

1) 대통령의 헌법상 지위

대통령의 헌법상 지위는 정부형태에 따라 다르다. 현행 헌법상 대통령은 국가원수로서의 지위와 행정부 수반으로서의 지위를 갖는다. 대통령의 국가 원수로서의 지위는 "대통령은 국가의 원수이며 외국에 대하여 국가를 대표한다."는 헌법 제66조 ①항에 근거한다. 대내적으로 국민을 대표한다는 규정은 없으나, 국민이 직접선출하고 집행부의 수반이므로 국회와 더불어 국민대표기관이라 할 수 있다. 국가원수로서의 지위는 대내외적인 국가 대표권, 국가와 헌법의 수호권, 국정의 통합·조정권, 헌법기관 구성권을 내용으로 한다.

행정부 수반으로서의 지위는 "행정권은 대통령을 수반으로 하는 정부에 속한다."는 헌법 제66조 ④항에 근거한다. 이러한 지위에서 대통령은 집행에 관한 실질적인 최고지휘권과 최종결정권을 가지며, 국무회의의 의장이 된다. 대통령은 또한 집행부의 조직권자로 국무총리 임명, 국무위원 임명, 헌법과 법률이 정한 고급 공무원을 임명한다.

2) 대통령의 선거와 신분상의 지위

대통령은 국민의 직접선거에 의하여 선임되며 임기는 5년으로 단임제이다. 대통령 선거는 임기만료일 70일-40일 전에 실시된다. 대통령은 내란, 외환비리를 범한 경우를 제외하고, 재직중 형사상의 소추를 받지 아니한다. 그러나 헌법과 법률에 위배된 행위를 하면 탄핵소추의 대상이 된다.

대통령이 궐위되거나 사고로 인하여 직무를 수행할 수 없을 때에는 국무총리가 그 권한을 대행한다. 궐위(闕位)란 사망, 탄핵결정으로 파면, 판결로 자격 상실, 사임 등으로 자리가 비워있는 경우이다. 궐위시에는 60일내 후임자를 선출하여야 한다(헌법 제68조 2항). 사고란 탄핵소추의결로 탄핵결정까지 권한 행사가 정지된 경우와 신병, 장기여행 등으로 직무수행할 수 없는 경우이다. 궐위나 사고를 확인하고 선언할 국가기관이 법으로 규정되어 있지 않다.

3) 대통령의 권한

대통령의 권한은 실질적 성질에 따라 비상적 권한, 행정부·입법부·사법부에 관한 권한, 타 헌법기관 구성권(대법원, 헌법재판소, 중앙선거관리위, 감사원)으로 분류된다.

가. 대통령의 비상적 권한

대통령의 비상적 권한에는 긴급재정·경제처분권, 긴급명령권, 계엄권이 있다. 긴급재정·경제처분권은 실질적으로 내우·외환·천재·지변 또는 중대한 재정·경제상의 위기가 발생하고, 국회의 동의 의결절차로 목적을 달성할 수 없는 긴급한 조치가 필요하다고 판단되며, 국회 집회를 기다릴 여유가 없어야 한다. 절차적으로는 국무회의의 심의를 거치고 지체 없이 국회에 보고 승인을 얻어야 한다. 이러한 요건을 충족하면 최소한 필요한 재정경제상의 처분을 하거나 법률의 효력을 갖는 명령을 발할 수 있다. 긴급재정명령이 발해지면 지체 없이 국회에 보고하고 승인을 얻어야 한다.

긴급명령권은 실질적으로 국가가 안위에 관계되는 중대한 교전상태에 있어서, 국가를 보위하기 위하여 긴급한 조치가 필요하다고 판단되고, 국회의 집회가 불가능하여야 한다(헌법 제76조 2). 절차적으로 국무회의 심의를 거치고 국회에 지체 없이 보고하여 승인을 얻어야 한다. 긴급명령은 법률의 효력을 갖는 명령이므로 국회에 통고하여 승인을 얻어야 한다.

계엄권은 실질적으로 전시・사변 또는 이에 준하는 국가비상사태에 있어서, 군사상의 필요가 있거나 공공의 안녕질서를 유지할 필요가 있어야 한다(헌법 제77조 1). 국회의 집회여부는 관계없다. 형식적으로는 국무회의의 심의를 거쳐야 하며, 지체 없이 국회에 통고하여야 한다. 경비계엄이 선포되면 계엄사령관은 계엄지역내의 군사에 관한 행정사무와 사법사무를 관장한다. 비상계엄이 선포되면 법률이 정하는 바에 의하여 영장제도, 언론출판집회결사의 자유, 정부나 법원의 권한에 관하여 특별한 조치를 할 수 있다(헌법 제77조 3항).

나. 행정부・입법부・사법부에 관한 권한,

행정부에 관한 권한은 "행정권은 대통령을 수반으로 하는 정부에 속한다."는 헌법 제66조 ④항에 근거한다. 구체적인 내용에는 법률집행권(위임명령, 집행명령), 국가대표 및 외교에 관한 권한, 정부구성 공무원 임명권, 국군통수권(국군의 최고 지휘자로 조직편성에 관한 권한인 군정권과 작전지휘에 관한 군령권을 가짐), 재정권(예산안 편성, 추경예산, 계속비, 예비비), 영전수여권이 있다.

국회에 관한 권한은 임시회 소집 요구, 국회 출석발언권, 헌법개정안 제안권, 법률안 제출권, 법률안 거부권, 법률안 공포권, 행정입법에 관한 권한이 있다. 사법부에 대한 권한으로는 위헌정당 해산 제소권, 사면·감형·복권, 대법원장과 대법관 임명권, 법원의 예산·심의권이 있다.

다. 대통령 권한 행사의 절차

대통령의 권한 행사는 문서로 하여야 하며, 국무총리, 관계국무위원의 부서가 있어야 한다. 국무회의 심의사항(헌법 제89조)은 심의를 받아야 한다.

4) 행정부

행정부의 최고심의기관은 국무회의이다. 국무회의는 헌법상의 필수기관이며, 행정부의 중요정책에 대하여 심의하는 최고심의기관이다. 국무회의는 대통령, 국무총리, 15인 이상 30인 이하의 국무의원으로 구성한다. 국무총리는 국회의 동의를 얻어 대통령이 임명하며, 국무위원 임면제청권과 대통령권한대행권 등을 갖는다.

대통령의 행정에 관한 권한을 집행하는 기관이 행정각부이다. 행정각부의 장은 국무위원이어야 한다. 행정각부의 조직과 직무범위는 정부조직법에서 정하고 있으며, 행정각부의 장은 소관사무에 대하여 법률이나 대통령령의 위임 또는 직원으로 부령을 발할 수 있다(헌법 제95조).

5. 사법부

1) 사법부의 중요성과 법원의 헌법상의 지위

사법부는 민주주의 인권보장의 최후보루라 할 수 있다. 이러한 사법권은 법관으로 구성된 법원에 속한다(헌법 제101조). 이를 법원사법의 원칙이라 하며 민, 형사재판, 헌법재판, 행정재판을 법원이 담당한다. 예외적으로 헌법재판 중 위헌법률심사, 탄핵심판, 정당해산심판, 권한쟁의, 헌법소원, 국회의원징계, 자격심사, 행정심판이 있다. 법원의 헌법상의 지위는 기본적으로 사법기관으로서의 지위지만, 그밖에도 중립적 권력으로서의 지위, 기본권 보장기관으로서의 지위, 헌법 수호기관, 국가최고기관의 지위를 갖고 있다.

2) 법원의 조직 구성과 운영

법원은 최고법원인 대법원과 각급법원으로 구성된다(헌법 제101조 2). 대법원은 대법원장과 대법관 13인으로 구성된다. 대법원장은 국회의 동의를 얻어 대통령이 임명한다. 40세 이상으로 15년 이상의 법관경력이 있어야 하며, 6년 임기의 단임제이고, 정년은 70세이다. 대법관은 대법원장의 제청으로 국회의 동의를 얻어 대통령이 임명한다. 40세 이상으로 법관경력이 15년 이상이어야 하며, 임기는 6년이고 연임이 가능하다. 각급법원은 고등법원(민사부, 형사부, 특별부), 지방법원(본원/지원, 소년부지원, 시군 법원), 가정법원(본원/지원), 행정법원, 특허법원, 군사법원이 있다.

3) 법원의 재판 절차와 운영

재판의 심리와 판결은 공개하여야 한다(헌법 제109조). 공익목적이나 소송당사자의 이익을 위하여 법원의 결정으로 비공개할 수 있으나 판결은 반드시 공개하여야 한다. 재판은 공정하고 신중하여야 하므로 원칙적으로 지방부 합의부 → 고등법원 → 대법원이라는 3심제를 하고 있다. 소액사건의 경우 단독판사 → 지방법원합의부(항소심)→대법원도 가능하다. 2심제도로 일부 선거소송(기초자치단체장, 지방의회)은 고등법원 → 대법원이며, 특허소송은 특허법원 → 대법원이다. 단심제로 광역 자치단체장, 국회의원선거, 대통령선거는 대법원이, 비상계엄시 일정 범죄는 군사법원이, 지방자치단체 장과 지방의회의 기관소송은 대법원 담당한다.

4) 사법권의 독립

가. 법원의 독립

공정한 재판을 위하여 필수적으로 요청되는 것이 사법권의 독립이다. 법원의 자율적 운영을 위한 법원의 독립과 재판의 독립을 위한 법관의 독립으로 나누어 볼 수 있다. 법원은 그 조직과 운영에 있어서 의회와 행정부로부터 독립해야 한다. 사법권은 법원에 속한다는 헌법 규정(제101조 1항), 국회의 규칙 제정권(헌법 제108조), 법원의 조직(헌법 제102조 3항)과 법관의 자격(헌법 제101조 3항)은 법률로 정하도록 한 규정이 이에 해당한다.

나. 법관의 독립

법관은 헌법과 법률에 의하여 그 양심(법해석상 객관적 양심)에 따라 독립하여 심판한다(헌법 제103조). 이를 재판상의 독립(직무상, 물적, 실질적 독립)이라 하며 사법권의 독립에서 가장 중요한 부분이다. 이러한 법관의 재판상 독립을 보장하기 위한 전제로 법관의 신분상 독립(인적 독립)이 요구된다. 법관인사의 독립과 법관 자격의 법정주의, 그리고 법관의 신분보장을 내용으로 한다. 대법원장과 대법관이 아닌 법관은 대법관회의를 거쳐 대법관이 임명한다(헌법 제104조 3항). 일반 법관의 임기는 10년이지만 법률이 정하는 바에 따라 연임할 수 있다(헌법 제105조). 법관은 탄핵 또는 금고 이상의 형의 선고에 의하지 아니하고는 파면되지 아니하며, 징계처분에 의하지 아니하고는 정직, 감봉, 기타 불리한 처분을 받지 아니한다(헌법 제106조 1).

5) 법원의 권한

법원의 기본적인 권한은 법적 쟁송에 관한 재판권으로 민사, 형사, 행정, 선거쟁송에 관한 재판권한을 갖는다. 법원은 그 밖에도 명령규칙 심사권과 위헌법률심판제청권, 그리고 대법원의 규칙제정권과 법정질서 유지권(법정경찰권)이 있다.

명령규칙 심사권이란 재판의 대상이 되고 있는 구체적 사건에 적용할 명령이나 규칙의 효력이 위헌, 위법인가를 심사하여, 무효로 판단시 적용을 거부하는 것을 말한다. 구체적 사건과 관련되어 재판의 전제가 되는 경우(구체적 규범통제)에만 적용된다. 명령규칙 심사권은 최종적으로 대법관 3인으로 구성되는 합의부에서 행하나, 위헌이나 위법을 인정할 경우에는 대법관 전원의 2/3 이상이 출석하고 출석 법관의 과반수의 찬성이 있어야 한다. 위헌 또는 위법한 명령 규칙은 당해 사건에 적용함을 거부한다. 법원의 임무는 구체적 사건의 심판이지, 명령규칙의 자체심사가 아니므로 일반적 효력 부인이 아니다.

위헌 법률심판 제청권은 법률의 위헌 여부가 재판의 전제가 된 경우(구체적 규범통제), 법원은 직권으로 또는 당사자의 신청에 따른 법원의 결정으로 헌법재판소에 위헌법률심판을 제청하는 것이다. 위헌법률심판을 제청하면 위헌여부의 결정이 나올 때까지 재판은 정지된다. 위헌결정이 되면 당해 법률을 적용하지 아니한다.

6. 헌법재판소

1) 헌법재판의 개념과 헌법재판소의 지위

헌법재판이란 헌법규범의 내용에 다툼이 생긴 경우에 유권 해석하여 헌법 질서는 유지하는 작용으로 협의로는 위헌법률 심판을 말하고 광의로는 위헌법률 심판, 탄핵심판, 권한쟁의, 헌법소원, 위헌정당해산, 선거 소송을 포함한다. 헌법재판의 역할에 대하여 사법자제론과 사법적극설이 대립된다.

헌법재판소의 헌법상 지위는 헌법재판기관, 헌법수호기관, 기본권 보장기관, 공권력의 통제와 감시기관, 국가의 최고기관이라 할 수 있다. 국가의 최고기관 이란 통치권의 일부를 권력분립에 의하여 분할·행사하는 최고기관중의 하나라는 의미이다. 헌법재판소와 대법원의 관계가 쟁점이 되기도 한다. 사법권을 행사하는 수평적 관계이나, 대법원은 일반사건재판을 헌법재판소는 위헌법률심판 등을 맡아 영역이 구분된다고 할 수 있다.[3)]

2) 헌법재판소의 조직과 심판절차

헌법재판소는 9인의 재판관으로 구성된다. 국회에서 선출한 3인, 대법원장이 지명한 3인, 대통령이 지명한 3인을 대통령이 임명한다. 임기는 6년으로 연임이 가능하고, 정년은 65세(소장은 70세)이다. 탄핵이나

3) 대법원과 헌법재판소는 위헌법률심판의 제청에서 유기적 관계에 있으며, 조직·인사·예산 등에서 상호 독립되어 있다. 위헌결정은 대법원도 기속하며, 당사자의 위헌심판 청구를 법원이 기각한 경우 헌법재판소에 소원이 가능하다는 점에서, 반면에 대법원도 헌법재판소의 규칙을 심사할 수 있다는 점에서 상호 견제적이라 할 수 있다.

금고이상의 형의 선고에 의하지 아니하고는 파면되지 않는다(헌법 제112조 ③). 정당에 가입하거나 정치에 관여하지 못한다(헌법 제112조 2항). 재판소 소장은 국회의 동의를 얻어 헌법재판관 중에서 대통령이 임명한다.

심판은 전원재판부에서 하며 7인 이상의 출석으로 심리하고 출석 재판관의 과반수로 결정한다. 법률의 위헌 결정, 탄핵 결정, 정당해산 결정은 6인 이상의 찬성을 요한다. 결정 형식은 각하(却下, 청구가 부적법), 기각(棄却, 적법하지만 이유 없음), 인용(認容, 이유 있음)이다.

3) 헌법재판소의 권한

가. 위헌법률 심판권

가) 위헌법률 심판권의 의의

위헌법률 심판은 법률이 헌법에 위반하는가 여부를 판단하는 것으로 개인의 권리를 보장하고 헌법질서를 유지하여 실질적 법치주의를 구현하는 중요장치이다. 위헌법률심판의 실질적 요건은 재판의 전제가 되어야 하고(헌법 제107조 1), 형식적 요건은 법원의 제청이 있어야 하며(헌법 제11조 1) 서면으로 한다. 하급법원의 경우는 대법원을 경유하여야 하며 법원직권으로 또는 당사자 신청으로 법원이 제청여부를 결정한다. 위헌법률심판을 제청하면 당해사건은 헌재 결정시까지 중지된다.

나) 위헌법률심판의 결정 형식 및 효력

위헌 결정에는 6인 이상의 찬성을 요한다(헌법 제113조 1). 법률의 일부무효를 선언할 수 있다. 입법부의 입법권을 존중하고 법적 안전성을 위한 변형결정도 한다. 실질적 위헌이나 일정기간 동안 효력을 인정하는 헌법불합치 결정, 위헌요소의 법령의미를 헌법에 맞도록 한정적으로 해석하는 한정합헌결정, "…로 해석하는 한 헌법에 위반된다."는 한정위헌결정이 그러하다.

위헌 결정은 각급법원, 모든 국가기관과 지방자치단체를 기속한다. 구체적 규범 통제는 당해사건 적용이 배제되는 개별적 효력의 부인이어야 하는데, 헌법재판소법은 위헌법률 또는 위헌조항은 "효력이 상실된다."고 하여 일반적 효력까지 부인하고 있다(동법 제47조 2항).

나. 탄핵심판권

탄핵제도는 일반사법절차로 소추나 징계가 곤란한 고위직 공무원을 징계하기 위한 제도이다. 국회는 대통령, 국무총리, 국무위원, 장관, 헌법재판소 재판관, 사법부 법관, 중앙선거위 위원, 감사원장, 감사위원, 기타법률이 정하는 공무원(검찰총장, 검사, 처장, 정부위원, 참모총장, 외교관)이 직무집행에서 헌법이나 법률을 위배한 경우 탄핵을 소추할 수 있다. 탄핵이 의결되면 당사자는 탄핵심판까지 권한행사가 정지된다.

헌법재판소는 6인 이상의 찬성으로 탄핵을 결정한다. 탄핵결정의 효과는 공직으로부터의 파면에 그친다. 그렇다고 민사나 형사 책임이 면제되는 것은 아니다.

다. 정당해산 심판권

정부는 정당의 목적이나 행동이 민주적 기본질서에 위배될 때 국무회의 심의를 거쳐 헌법재판소에 해산을 제소할 수 있다. 정당해산 결정에는 6명 이상의 찬성을 요하며, 정당의 특권을 상실하며 대체정당을 창설하지 못한다.

라. 권한 쟁의 심판권

권한쟁의심판은 국가기관 상호간, 국가와 지방자치단체간, 지방자치단체 상호간에 권한 존부 범위에 관하여 분쟁이 발생하여 당사자의 심판청구가 있을 때 헌법재판소가 권한의 존부, 범위, 침해 시 취소 또는 무효 확인을 심판하는 것이다. 7인의 참석과 참석자의 과반수로 결정한다.

마. 헌법소원심판권

가) 개념 및 종류

헌법에 위반되는 공권력의 행사/불행사로 헌법상의 기본권을 직접 그리고 현실적으로 침해 당한 자가 당해 공권력의 위헌여부를 심사 청구하여 기본권을 구제받는 제도이다. 권리구제형 헌법소원과 위헌심사형 헌법소원(위헌소원)이 있다. 위헌소원은 위헌법률심판의 제청을 신청하였으나 법원이 기각한 경우 당사자가 한 헌법소원이다.

나) 청구요건

실질적 요건으로 공권력의 행사 또는 불행사가 있고, 헌법상의 자신의 기본권이 직접적, 현실적으로 침해당했고, 다른 법률의 구제장치가 있는 경우 그 절차를 모두 마친 후(보충성의 원리)이어야 하며, 권리보호의 필요성이 있어야 한다(권리 보호의 이익).

절차적 요건으로 청구형식이 서면이어야 하며, 청구 이유 등 일정사항을 기재하여야 하며, 변호사(대리인)를 선임하고, 일정 청구기간 내(기본권 침해 사유 발생을 안 날부터 60일/사유 발생일로부터 180일)에 행사하여야 한다.

다) 헌법 소원의 심판 및 효과

지정재판부(3인)는 사전심사를 하여 전원일치로 각하결정을 할 수 있다. 전원재판부로 회부된 헌법소원은 6인 이상의 찬성이 있어야 인용된다(헌법 제113조 1항).

토론주제

1. 권력분립주의가 한국 헌법에서는 어떻게 구현되고 있으며 어떤 문제가 있는가?

2. 대통령제와 내각책임제의 장·단점은 무엇이며 한국의 정부 형태는 어떻게 변화해 왔는가? 그 변화의 배경은 무엇이었는가? 정부 형태에 관한 최근 개헌논의의 요점은 무엇이며 타당한 주장인가?

3. 입법부의 주요 권한에는 어떤 것이 있는가? 입법부가 행정의 전문화 때문에 사실상 입법권을 행정부에 빼앗기고 통과나 시켜주고 있다는 비판에 동의하는가? 동의한다면 어떤 대책이 필요한가?

4. 한국의 경우 다른 분야에 비하여 상대적으로 정치, 특히 입법부의 발전이 가장 안 되고 있다는 주장에 동의하는가? 동의한다면 그 원인은 무엇인가? 어떤 변화가 있어야 할까?

5. 대통령의 주요 권한에는 무엇이 있는가? 대통령이 임명하는 공직의 수는 몇 개나 되는가? 정부의 1년 예산은 얼마나 되는가? 예산 배정에 있어 행정부의 역할은 어느 정도인가?

6. 사법권 독립의 요체는 무엇인가? 한국의 경우 사법권의 독립 내지 사법부의 역할에 대한 평가는 어떠한가? 사법권 독립을 침해하는 주된 요소에는 어떤 것이 있는가? 최근의 사법개혁 내용에는 어떤 것이 있는가?

7. 사회에 큰 파장을 미친 헌법재판소의 위헌법률판결에는 어떤 것이 있는가?

제 11 장

행정법의 원리와 주요 내용

본장에서는 행정법의 기본원리 내지 일반원칙을 언급하고, 행정법의 주요내용인 행정조직법, 행정작용법, 그리고 행정 구제법의 핵심내용을 다룬다.

1. 행정법의 개념과 원리

1) 행정법의 개념과 특징

행정법이란 행정의 조직·작용 및 그 구제에 관한 국내공법이다. 행정법은 행정주체(국가 또는 공공단체)의 조직·권한에 대하여 규율하며, 기관상호간의 법률관계는 물론 행정주체와 행정객체인 개인관계에서 생기는 법률관계를 규율한다.

행정법은 성문법의 형태를 띠고 있으나 형식적인 단일 법전이 존재하지 않으며, 그 규정형식도 매우 다양하다는 특징이 있다. 행정법의 규정형식에는 각종 법률과 그것에 근거한 위임명령, 집행명령, 조례, 규칙, 고시, 공고 등이 있다. 또한 행정법은 행정주체인 국가 또는 공공단체가 우월한 지위에서 다수의 국민을 상대로 공익 우선의 견지에서 개개인의 의사여하를 불문하고 획일·강행적으로 규율되는 특성이 있다.[1)]

2) 행정법의 기본원리

행정법은 헌법의 집행법 또는 '구체화된 헌법'이라 할 수 있다. 헌법의 기본원리에 비추어 행정이 준수하여야 할 기본적인 법 원리는 다음과 같다.

가. 민주주의의 원리

헌법상 기본원리로서 민주주의란 국민에 의한 자기지배 내지 대표에 의한 지배의 정당화(민주적 정당성)로 국가권력의 행사에 모든 국민의 자유롭고 평등한 참여를 의미한다고 할 수 있다. 헌법 제1조의 국민주권주의를 핵심내용으로 하며, 이러한 민주주의 원리를 구현하기 위한 행정상 제도 내지 수단에는 공복(公僕)으로서의 공무원 제도, 지방 자치 제도, 국민의 행정참여(행정절차법), 행정의 공개와 투명화(공공기관의 정보공개에 관한 법률) 등이 있다.

나. 법치국가의 원리

헌법상 법치국가의 원리란 정당한 법에 의한 통치를 의미하는 바, 여기서 법은 형식(절차)적 합법성과 실질(내용)적 정당성을 동시에 확보하고 있어야 한다. 법치국가의 원리가 행정상 구현되기 위해서는 행정이 헌법과 법률에 의하여 행해지며(행정의 법률적합성 원리), 행정구제의 제도가 정비되어야 한다.

행정의 법률적합성 원리는 법률의 법규창조력, 법률우위의 원칙, 법률유보의 원칙을 내용으로 한다. 법률의 법규 창조력이란 국민의 권리

1) 김남진, 『행정법 1』, 서울 : 법문사, 2002, pp. 24-30.

의무관계에 구속력을 가지는 법규범을 창조하는 것은 의회의 전속권이라는 '국회입법의 원칙'을 말한다. 의회가 제정한 법률만이 법규로서의 구속력을 갖으며, 행정부는 법률의 구체적 수권이 있는 경우에만 법규명령을 제정할 수 있다. 법률우위의 원칙이란 헌법과 국회에서 제정한 법률이 행정 및 행정에 관한 그 밖의 규율인 명령 등에 우선한다는 것이다. 즉, 행정은 헌법과 법률에 위반하여서는 안 된다는 의미이다. 법률유보의 원칙은 행정이 법률에 근거하여, 또는 법률의 수권에 의하여야 행해져야 함을 의미한다.[2)]

법률우위의 원칙은 모든 행정영역에 적용되지만, 법률유보의 원칙이 적용되는 범위에 관하여서는 학설이 나뉘어져 있다.[3)] 국민의 자유와 권리에 대한 침해의 경우에 한정하여 법률의 수권을 필요로 한다는 침해유보설이 가장 전통적인 입장이다.

법치국가원리는 행정이 법에 의하여 행해질 것을 요구하지만, 한편으로 행정이 법에 위반하여 국민에게 불이익을 준 경우에는 권리구제의 수단이 마련될 것을 요구하고 있다. 행정구제 제도에는 행정상의 손해전보제도(손해보상, 손실보상)와 행정쟁송제도(행정심판, 행정소송)가 있다. 행정에 있어서 법치행정이 강조되지만, 현실적으로 행정의 창의성이나 능률성 등의 요구로 행정 명령과 재량권을 인정하여 법에 의한 엄격한 기속을 완화하는 경향이 있다.

다. 기타: 사회국가의 원리와 문화국가의 원리

사회국가의 원리는 국민의 기본적 생활수요를 충족시키고 건강하고

2) 상게서, pp. 34-37.

3) 행정의 모든 영역에서 법률유보의 원칙이 적용된다는 전부유보설, 침해행정 이외의 수익행정까지를 포함하는 사회급부행정유보설, 국가구성원에게 기본적이고 중요한 사항으로 특히 기본권실현과 관련된 영역은 입법자 스스로 그 본질적 사항을 결정하여야 한다는 본질사항유보설, 권력적 행정작용에는 법률의 근거가 필요하다는 권력행정유보설, 침해행정 이외의 영역에서 법률유보가 필수적인 것은 아니며 특별권력관계 내 구성원의 권리와 자유를 제한한 경우엔 법률의 근거를 요한다는 신침해유보설 등이 주장되고 있다. 그러나 실정법규정을 중시하여, 개개 기본권의 성질과 행정의 구체적 사정에 비추어 개별적 · 구체적으로 검토되어야 한다. 김남진, 상게서, pp. 37-40.

문화적인 생활을 영위할 수 있도록 하는 등 기본권의 실질적 보장을 내용으로 하고 있다. 사회국가원리를 구현하기위한 행정법 관련 개별 법률에 사회보장기본법, 국민기초생활보장법, 국토이용관리법, 개발이익 환수에 관한 법률 등이 있다.

문화국가란 국가로부터 문화 활동의 자유가 보장되고, 문화에 대한 국가의 보호 · 지원 · 조정 등이 이루어지는 국가를 의미한다. 문화국가원리의 구현을 위한 행정법 관련의 개별 법률에 문화예술진흥법, 문화재보호법, 교육기본법, 평생교육법, 과학기술진흥법 등을 들 수 있다.

3) 행정법의 일반원칙

행정법의 여러 분야에 적용되는 법원칙으로 과잉금지의 원칙, 신뢰보호의 원칙 등이 있다.[4)]

가. 과잉금지의 원칙

과잉금지의 원칙이란 행정주체가 구체적인 행정목적을 실현함에 있어서 그 목적 실현과 수단 사이에 합리적인 비례관계가 유지되어야 한다는 것이다. 과잉금지 원칙은 원래 경찰법영역에서 활용되었으나, 오늘날에는 행정의 모든 영역에서 통용되고 있다.

과잉금지의 원칙은 적합성의 원칙, 필요성의 원칙, 상당(相當)성의 원칙을 내용으로 한다. 적합성의 원칙이란 행정조치가 목적 달성에 적합하여야 한다는 것이며, 필요성의 원칙은 여러 수단이 있는 경우에 가장 적은 부담을 주는 수단을 택하여야 한다는 최소침해의 원칙이다. 상당성 원칙은 어떤 행정조치에 따른 이익(공익)이 그로 인한 개인의 불이익보다 큰 경우에 이루어져야 한다는 것으로 협의의 비례원칙이라 한다.

4) 상게서, pp. 44-55.

나. 신뢰보호의 원칙

신리보호의 원칙이란 개인이 행정기관의 어떤 선행행위(행정처분, 확언, 행정계획, 행정지도 등)의 정당성과 존속성을 신뢰한 경우 그 신뢰가 보호할 가치가 있는 한 그 신뢰를 보호해 주어야 한다는 것이다. 행정절차법에서 "행정청은 법령 등의 해석 또는 행정청의 관행이 일반적으로 국민에게 받아들여진 때에는 공익 또는 제3자의 정당한 이익을 현저히 해할 우려가 있는 경우를 제외하고는 새로운 해석 또는 관행에 의하여 소급하여 불리하게 처리하여서는 아니 된다."(동법 제4조 2항)고 규정하여 행정상의 신뢰보호의 원칙을 실정법에 반영하고 있다.

다. 기타의 행정법 원리

그 밖에도 평등의 원칙과 부당결부 금지의 원칙이 있다. 평등의 원칙은 헌법차원의 원칙으로 행정작용을 함에 있어서 합리적 사유가 없는 한 국민을 공평하게 처우하여야 한다는 헌법차원의 원칙이다.

행정권한의 부당결부금지의 원칙이란 행정기관이 행정을 할 경우 실체적인 관련이 없는 반대급부와 결부시켜서는 안 된다는 것이다. 건축법상의 의무를 강제하기 위하여 수도나 전기의 공급을 중단하는 것이 허용될 수 있는가의 논의가 그러한 예이다.

2. 행정조직법

1) 행정조직의 특성과 기본원리

행정조직은 국회나 사법부와 달리 계층성을 형성하여 행정의 통일성과 구성원간의 협동과 조정을 특징으로 한다. 행정조직은 신속한 사무처리와 책임을 명확히 하기 위하여 한사람의 장이 권한을 가지는 독임

형이 일반적이다. 행정기능의 확대는 행정조직에 있어서 전문성을 요구하고 있다. 이러한 특성에 비추어 한국 행정조직의 기본원리는 행정조직의 민주화, 법정성, 능률성, 분권성, 전문성이라 할 수 있다. 행정조직의 법정성이란 행정각부의 설치·조직과 직무범위는 법률로 정하도록 한 것이다(헌법 제96조).[5]

2) 행정기관의 종류와 행정청 상호간의 관계

행정의 주체는 국가 또는 지방자치단체이다. 국가 또는 지방자치단체는 일정한 권한을 가진 행정기관을 통하여 활동하게 되나 그 효과는 궁극적으로 국가 또는 지방자치단체에 귀속하게 된다. 행정기관은 행정관청 내지 행정청(행정기관, 또는 행정기관의 장), 보조기관((차관, 국장, 과장 등), 자문기관(각종위원회), 의결기관(징계위원회, 경찰위원회), 집행기관(경찰공무원이나 세무공무원 등)으로 분류된다. 대표적인 행정기관은 행정청인 바, 국가를 위하여 의사를 결정하고 그것을 외부에 표시할 수 있는 권한을 행사할 수 있는 기관을 말한다.

상·하(上下) 행정청간의 관계에서 자기권한의 일부를 위임하여 그의 이름과 책임하에 처리하게 하는 경우를 권한의 위임이라 한다. 상급행정청은 하급행정청의 권한 행사에 대하여 다양한 감독수단을 통하여 행정의 적법성 내지 타당성을 보장한다. 감독수단에는 감시권, 인가권(승인, 동의), 훈령(訓令)권, 취소·정치권, 주관쟁의조정권이 있다.

대등한 행정청간의 관계에서는 그 권한을 상호존중하고 협조하여야 하며, 행정청간의 협의, 사무위탁, 행정응원(행정상의 공조)이 있다.

---

5) 상게서, pp. 5-9.

3) 중앙행정조직 및 지방행정조직

중앙행정조직은 아래 표에서 볼 수 있듯이 대통령을 정점으로 행정각부로 피라미드를 형성하고 있다. 대통령, 국무총리, 국무회의에 관하여서는 헌법에서 언급되었으므로 이곳에서는 생략한다. 행정각부의 설치조직과 직무범위는 법률로 정하도록 되어 있는데(헌법 제96조), 그 기본법이 정부조직법이다. 정부조직법에 따르면 재정경제부 등 18개 부서를 설치하고 있다.

지방행정을 관장하는 (관치)보통지방행정기관은 따로 두지 아니하며, 시도와 시군 및 자치구에서 시행하는 국가사무는 지방자치단체의 장인 시장, 도지사와 시장군수 자치구 구청장에게 위임하여 행한다(지방자치법 제93조). 그러나 특정한 중앙행정기관의 소관업무만을 관장하는 특별지방행정기관(세무서, 경찰서, 우체국, 역)은 전국에 산재하고 있다.

〈표 1〉 중앙행정조직

대 통 령
비서실
경호실
감사원
국가정보원
중앙인사위원회
국가청렴위원회
국민고충처리위원회
국가안전보장회의
민주평화통일자문회의
국민경제자문회의
국가과학기술자문회의
중소기업특별위원회
노사정위원회
정책기획위원회
사람입국 · 일자리위원회
동북아시대위원회
정부혁신 · 지방분권위원회
국가균형발전위원회
저출산고령사회위원회
지속가능발전위원회
빈부격차 · 차별시정위원회
교육혁신위원회
국무총리
국무조정실
국무총리비서실
기획예산처
법제처
국정홍보처
국가보훈처
공정거래위원회
금융감독위원회
비상기획위원회
청소년위원회
재정경제부
교육인적자원부
과학기술부
통일부
외교통상부
법무부
국방부
행정자치부
문화관광부
농림부
산업자원부
정보통신부
보건복지부
환경부
노동부
여성가족부
건설교통부
해양수산부
국세청
관세청
조달청
통계청
기상청
검찰청
병무청
방위사업청
경찰청
소방방재청
문화재청
농촌진흥청
산림청
중소기업청
특허청
식품의약품안정청
행정중심복합도시건설청
해양경찰청

4) 지방자치단체

가. 지방자치의 기능, 법적 근거 및 종류

민주주의는 국민주권을 핵심내용으로 하는 바, 국민이 주권을 행사하는 대표적인 방법이 지방자치이다. 지방자치는 하위단위에서 쉽게 정치경험을 할 수 있는 제도이고 그러한 경험이 정치적 능력을 키우는 수단이 되므로 지방자치를 민주주의의 풀뿌리라고 한다. 이러한 중요한 기능 때문에 헌법에서는 "지방자치단체는 주민의 복리에 관한 사무를 처리하고 재산을 관리하며, 법령의 범위 안에서 자치에 관한 규정을 제정할 수 있다"(헌법 제117조 1항)고 하여 지방자치를 보장하고 있다.

지방자치단체의 종류는 법률로 정하도록 되어 있다(헌법 제117조 2항). 지방자치법에 따르면 광역지방자치단체로 특별시, 광역시, 도가 있으며, 기초자치단체로 시, 군, 구가 있다(지방자치법 제2조 1항).

나. 지방자치단체의 사무 및 권한

지방자치단체는 그 관할구역의 자치사무와 법령에 의하여 지방자치단체에 속하는 사무를 처리한다(지방자치법 제9조). 이러한 사무의 구체적 예시로 지방자치단체의 구역·조직 및 행정관리에 관한 사무, 주민의 복지증진에 관한 사무, 농림·상공업 등 산업진흥에 관한 사무, 지역개발 및 주민의 생활환경시설 설치·관리에 관한 사무, 교육·체육·문화·예술의 진흥에 관한 사무, 지역민방위 및 소방에 관한 사무를 들고 있다(지방자치법 제9조).

관할구역의 자치사무를 '자치사무', 또는 '고유사무'라 하고, 법령에 의하여 지방자치단체에 속하는 사무를 단체위임 사무라고 한다. 지방자치단체는 단체위임사무를 자기책임하에 처리하고 관련 조례도 제정할 수 있어 자치사무와 구별할 실익이 별로 없다. 법령에 근거하여 지방자치단체의 '집행기관'에 위임된 사무를 기관위임사무라 한다. 지방자치단체의 장에게 위임된 국가기관위임사무를 처리하는 기관은 일단 국가기관이 되며, 위임자와 수임자는 상급행정기관과 하급행정기관의 관계를 형성함이 보통이다.[6)]

지방자치단체는 자치사무에 관한 한 개별적 법률의 수권 없이도 법령의 범위안에서 자주적으로 규율할 수 있다. 실정법에 구체화된 주요 권한에 자치입법권(조례 및 규칙제정권), 자주조직권, 자주인사권, 자주경영 및 관리권, 자주재정권이 있다.

다. 지방자치단체의 기관

지방자치단체는 기관을 통하여 활동을 하게 되는 바, 대표적인 기관은 지방의회와 집행기관인 지방자치단체의 장이다. 그리고 교육과 과학 및 체육을 관장하는 기관은 별도로 설치되었다. 지방의회는 주민의 대표기관으로 반드시 설치하여야 한다(헌법 제118조 1항). 지방자치단체의 장에 특별시장, 광역시장, 도지사, 시장, 군수, 구청장이 있으며(지방자치법 제85조), 국가사무를 위임받아 처리하는 한도에서 국가기관으로서의 지위도 아울러 가진다.

지방자치단체의 교육, 과학 및 체육에 관한 사무는 별도의 기관을 두어 운영하는 바, 지방교육자치에 관한 법률에서 구체적인 내용을 규정하고 있다. 교육 및 학예에 관한 중요사항을 심의 의결하는 기관으로 교육위원회를 설치 운영하였으나, 2010년부터는 지방의회의 상임위원회에 통합운영하고 있다. 이러한 통합운영도 2014년까지만 하므로 앞으로 어떤 형태로 교육자치를 할 것인지 관심사가 되고 있다. 교육·학예에 관한 사무의 집행기관으로 시·도 교육감이 있다. 교육감은 주민이 직접 선출하며, 4년의 임기로 1차에 한하여 중임할 수 있다. 교육감은 교육과 학예에 관한 상당한 권한을 갖고 있으며 법령과 조례의 범위 안에서 그 권한에 속하는 사무에 대하여 교육규칙을 제정할 수 있다.

---

6) 상게서, pp. 97-99.

3. 공무원법

1) 공무원의 개념과 종류

공무원이란 직접 또는 간접적으로 국민에 의하여 선출되거나 임용권자에 의하여 임용되어 국가 또는 공공단체와 공법상의 근무관계를 맺고 공적 업무를 담당하는 자를 의미한다. 공무원에는 국가공무원법에 따라 국가에 의하여 임용되어 국가기관에 근무하는 국가공무원과 지방공무원법에 따라 지방자치단체에 의하여 임용되어 근무하는 지방공무원이 있다. 그리고 공무원은 실적과 자격에 의하여 임용되고 그 신분이 보장되며 평생토록 공무원으로 근무할 것이 예정되어 있는 공무원인 경력직공무원과 경력직 이외의 공무원인 특수경력직공무원으로 구분될 수 있다. 경력직공무원에는 일반직 · 특정직 · 기능직이 있으며, 특수경력직 공무원에는 정무직 · 별정직 · 계약직 · 고용직이 있다.

2) 직업공무원제도

헌법 제7조 제2항에서는 "공무원의 신분과 정치적 중립성은 법률이 정하는 바에 의하여 보장된다."라고 규정하여 직업공무원제도의 보장하고 있다. 직업공무원제도는 신분이 보장되고 정치적 중립성을 갖는 직업공무원으로 하여금 일관성 있는 공무수행을 유지하게 함으로써 안정적이고 능률적인 정책집행을 보장하려는 공직제도이다. 직업공무원제도를 통하여 행정에 대한 정치의 개입을 방지함으로써 행정의 전문성과 민주성을 제고하고, 정권의 변동에도 불구하고 정책의 계속성과 안정성을 유지하며, 엽관제로 인한 부패 등을 예방하고자 하는 것이다. 이에 따라 공무원은 그 신분이 보장되며, 정권교체에 영향을 받지 아니할 뿐만 아니라 정당한 이유 없이 해임당하지 않는다.

3) 공무원의 권리와 의무

공무원의 권리에는 신분상의 권리로 신분보장(신분보유권과 직위유지권), 직무수행권, 직명사용권과 제복착용권, 행정쟁송권이 있으며, 재산상의 권리로서 보수청구권, 연금청구권, 실비변상수령권이 있다.

국가공무원법에서 규정하고 있는 공무원의 의무인 법령준수의 의무, 복종의 의무, 비밀엄수의 의무를 살펴본다.[7] 이밖에도 국가공무원법이 규정하고 있는 의무에는 성실의 의무, 직무전념의 의무, 청렴의 의무, 친절·공정의 의무, 품위유지의 의무, 정치운동 및 집단행동의 금지 의무가 있다.

공무원은 법령을 준수하여야 한다(동법 제56조 전단). 법치국가에서 행정은 법령에 근거하여 집행되어야 하므로 공무원이 법령을 준수하여야 함은 당연한 의무이다. 법관이나 헌법재판소 재판관이 아닌 일반 공무원은 어떤 법령이 상위법에 저촉된다고 생각되는 경우에는 그에 대한 의견을 상관에게 제시하는 등 필요조치를 취할 수 있으나 독자적인 판단으로 그 적용을 배제할 수는 없다.

공무원은 직무를 수행함에 있어 소속 상관의 직무상의 명령에 복종해야 한다(동법 제57조). 계층제의 행정조직에서 효율적인 업무수행을 위하여 소속 상관의 유효한 직무상 명령에 복종해야 함은 당연한 의무이다. 그러나 상관의 직무명령에 대한 복종의무는 절대적인 것이 아니고 일정한 한계가 있다. 우선 명령을 받은 공무원은 명령의 내용이 상관의 권한에 속하는가, 자기의 권한에 속하는가, 또한 법정(法定)의 형식과 절차를 취하고 있는가를 심사할 수 있다. 이러한 요건을 갖추지 못한 직무명령은 무효이므로 복종할 의무가 없다.

---

7) 표시열, 전게서, pp. 265-269.

그리고 명령의 내용이 헌법 및 상위법령에 위반되는가의 여부도 일단 심사하여 단순히 법령해석상의 차이가 있다든지 또는 직무명령의 내용이 부당(不當)에 그치는 경우에는 복종해야 하지만, 자연법이나 헌법 또는 상위법령에 중대하고 명백한 위반을 한 경우에는 그 자체가 무효이며 구속력이 없기 때문에 복종할 의무가 없다. 만약에 이에 복종하면 그 결과에 대하여 본인 스스로 책임을 면할 수 없다. 상관의 불법적 명령에 대한 부하의 복종의무에 관한 대법원의 대표적 판례는 박종철 고문사건이다.[8)]

공무원은 재직 중은 물론 퇴직 후에도 직무상 지득(知得)한 비밀을 엄수하여야 한다(동법 제60조). '직무상 지득한 비밀'이란 자신이 처리하는 직무에 관한 비밀만이 아니라 직무와 관련하여 알게 된 모든 비밀을 포함한다. 무엇이 비밀에 속하는가 하는 문제가 핵심인데 일반적으로 대통령령인 보안업무규정의 비밀구분기준에 따라 관할 행정기관이 비밀문서로 분류해 놓은 사항이 일단 이에 해당된다. 비밀엄수의 의무는 민주주의 초석을 이루는 정치·행정의 공개주의, 국민의 알 권리와 상충되므로 많은 문제점을 안고 있다. 특히 한국의 경우 관료적 비밀유지의 일반적 성행 이외에도 공무원들의 관존민비의 오랜 악습, 안보강조의 위기의식 등의 이유로 행정의 비밀주의가 지나치게 만성화되어 '대외비'의 남용현상이 매우 심각하다. 따라서 보안업무규정에 근거한 관계기관의 '비밀'지정은 '국가안보'의 개념을 엄격히 해석하여 매우 제한적으로 인정해야 하며 그 궁극적인 판단은 재판을 통하여 법관이 객관적으로 결정하여야 한다.

---

8) 설령 대공수사단 직원은 상관의 명령에 절대 복종하여야 한다는 것이 불문율로 되어 있다 할지라도 국민의 기본권인 신체의 자유를 침해하는 고문행위 등이 금지되어 있는 우리의 국법질서에 비추어 볼 때 그와 같은 불문율이 있다는 것만으로는 고문치사와 같이 중대하고도 명백한 위법명령에 따른 행위가 정당한 행위에 해당하거나 강요된 행위로서 적법행위에 대한 기대가능성이 없는 경우에 해당하게 되는 것이라고는 볼 수 없다. 명백한 위법 내지 불법한 명령인 때에는 이는 벌써 직무상의 지시명령이라 할 수 없으므로 이에 따라야 할 의무는 없다. 대판 1988.2.23. 87도2358.

비밀엄수의 의무와 관련하여 호루라기 부는 사람(whistle blowers)의 문제가 있다. 조직 내에서 비밀로 되어 있는 위법행위나 공익에 반하는 공무원의 비리를 시민 또는 시민의 대표인 국회의원에게 폭로하는 것은 공무원의 정당한 윤리적 의무이다. 그러나 한편으로 조직운영 측면에서 보면 폭로자의 보호는 부하들의 불복종을 촉진하게 되어 상관에 대한 충성심을 약하게 하므로 문제점도 있다. 부정부패가 만연되어 있는 우리나라의 경우 내부 고발자가 보호되어 내부고발을 유도하여야 할 것이다.

4. 행정작용법

행정작용은 행정기관이 수행하는 행정활동 내지 행정의 행위형식이라 할 수 있다. 행정직용의 세 가지 기본적인 형태는 명령(행정입법), 행정행위, 행정강제라고 할 수 있다. 이들 내용을 간략히 살펴본다.[9]

1) 행정입법

가. 행정입법의 필요성과 종류

행정입법은 행정권이 일반적이고 추상적인 규율을 제정하는 작용 내지 그 명령이다. 일반적이란 불특정다수인에게 적용되는 것이고, 추상적이란 불특정 경우에 적용된다는 의미이다. 입법권은 국회에 속하나, 행정기능의 확대 내지 전문화로 행정입법이 불가피해졌다. 행정입법에는 법규성을 가지느냐 여부에 따라 법규명령과 행정규칙으로 나누어진다.

9) 김남진, 전게서, pp. 139-483.

나. 법규명령

법규명령이란 행정기관이 법령에 근거하여 정립한 일반적·추상적 규율 중에서 법규의 성질을 가지는 것을 말한다. 법규란 행정주체 내부에서만이 아니라 일반국민과의 관계에서 직접구속력을 가지며,[10] 재판규범이 되는 규율을 의미한다. 따라서 법규명령의 제정에는 법령상의 근거가 필요하다. 법규명령에는 수권의 범위 내지 효력을 기준으로 법률과 대등한 효력을 갖는 긴급·재정경제명령과 긴급명령이 있으며, 법률종속명령으로 위임명령과 집행명령이 있다. 법규명령에는 권한의 소재 내지 법형식을 기준으로 대통령령, 총리령·부령(시행규칙), 중앙선거관리위원회규칙, 감사원규칙이 있다.

법규명령의 제정범위와 관련하여 위임명령은 상위법령으로부터 구체적으로 범위를 정하여 위임받은 사항에 대해서만 정할 수 있다. 입법권자는 포괄적인 위임을 할 수 없으며, 국회전속사항을 위임할 수 없다.

다. 행정규칙

행정규칙은 행정기관이 법률의 수권 없이 그의 권한 내에서 하급행정기관에 대하여 발하는 일반 추상적인 규율이다. 행정기관의 일반추상적인 규율이라는 점에서 법규명령과 같으나, 법령의 수권 없이 발할 수 있으며 원칙적으로 행정조직 내부 또는 특별신분관계 내부에서만 구속력을 가지는 점에서 법규명령과 다르다.

행정규칙에는 내용을 기준으로 조직규칙, 근무규칙, 영조물 규칙이 있다. 행정규칙에는 형식을 기준으로 훈령과 예규가 있다. 훈령(訓令)은 상급기관이 하급기관에 대하여 장기간에 걸쳐 그 권한의 행사를 지휘 감독하기 위하여 발하는 명령이고, 예규(例規)는 반복적인 행정사무의 기준을 제시하는 명령이다.

---

10) 법규명령(대통령령, 부령) 중에는 '직제'처럼 직접 대외적 구속력을 가지지 않는 것도 현실적으로 존재한다. 김남진, 상게서, p. 146.

2) 행정행위

가. 행정행위(행정처분)의 특성

행정행위란 좁은 의미에서 행정청의 구체적인 사실에 대한 법집행행위이다. 행정행위는 법적합성, 공정성(公定成), 실효성, 확정성(불가쟁력과 불가변력), 쟁송절차의 특수성이라는 특징이 있다. 행정행위는 법에 근거하고 법에 적합하여야 하며, 당연 무효인 경우를 제외하고는 권한 있는 기관에 의하여 취소될 때까지는 적법한 것으로 추정된다. 행정행위는 행정적 의무를 이행하지 않는 경우 강제로 이행시킬 수단을 갖고 있으며, 쟁송기간이 지난 경우엔 더 이상 다툴 수 없는 불가쟁력과 처분청도 임의로 취소 변경할 수 없는 불가변력을 가진다. 또한 권리구제에 있어서도 행정심판과 손실보상제도 등의 특수성을 갖고 있다.

나. 행정행위의 종류

행정행위는 법률행위적 행정행위와 준법률행위적 행정행위로 나누어진다. 법률행위적 행정행위는 의사표시를 구성요소로 하고 그 내용에 따라 법적 효과 발생하는 행정행위이다. 여기에는 명령적 행정행위와 형성적 행정행위가 있는 바, 전자에는 하명, 허가, 면제가 있으며 후자에는 특허, 인가, 공법상 대리 등이 있다. 준법률적 행정행위는 의사표시 이외에 인식, 관념 등 정신작용 등을 표시요소로 하고 일정한 정신작용의 표현에 법적 효과 발생하는 행정행위이다. 여기에는 확인, 공증, 통지, 수리가 있다.

행정행위는 기속(羈束)행위와 재량(裁量)행위로 구분하기도 한다. 기속행위는 법이 정한 일정한 요건이 충족되었을 때에 일정한 행위를 하거나 해서는 안 되는 경우의 행정행위이다. 재량행위란 어떤 행위를 할 수도 안할 수도 있거나(결정재량), 다수의 행위 중 어느 것을 해도 괜찮은 경우(선택재량)의 행정행위이다. 종전에는 재량행위에 대하여서는 행정소송을 각하하였으나 최근에는 재량행위도 재량의 한계를 유월 또는 남용하였는지를 심사하므로 기속행위와 재량행위를 구별할 필요성이 적어졌고, 재량권의 한계 내지 통제 방안이 중요시되고 있다. 행정행위는 수익적 행정행위, 부담적 행정행위로 분류할 수도 있다. 이러한 분류는 취소 및 철회권의 행사와 관련되어 구별의 실익이 있다.

다. 행정행위의 부관(附款)

행정행위의 부관이란 행정행위의 효과를 제한 또는 보충하기 위하여 행정기관이 행하는 주된 의사표시에 부가하는 종된 부대적 규율이다. 부관에는 조건, 기한, 부담, 철회권의 유보가 있다.

라. 행정행위의 성립 및 효력요건

행정행위가 성립되려면 정당한 권한을 가진 행정기관이 객관적으로 명확하고 적법타당한 내용을 정해진 절차에 따라 일정한 형식을 갖추어 행하여져야 한다. 상대방 있는 행정행위는 특별한 규정이 없는 한 외부에 표시되어 상대방이 알 수 있는 상태에 도달됨으로써 효력을 가진다.

마. 행정행위의 하자(瑕疵)와 무효 · 취소

행정행위가 위에서 언급한 성립 및 효력요건을 충족하지 못하면 위법한 또는 하자(흠)있는 행정행위가 된다. 흠 있는 행정행위는 무효 또는 취소할 수 있는 행위가 된다. 행정행위의 무효란 행정행위로서의 외형은 갖추고 있으나 행정행위로서의 효력이 전혀 없는 경우이고, 취소할 수 있는 행정행위란 흠이 있으나 권한 있는 행정기관이 취소함으로써 비로소 효력을 상실하게 되는 행정행위이다.

무효와 취소의 구별기준은 중대하고 명백한 흠을 무효원인으로 보고, 그에 이르지 않은 흠을 취소원인으로 보는 것이 일반적이다. 무효원인의 구체적 예시로 주체에 관한 흠으로 무권한의 행위나 적법하게 조직되지 않은 합의제 행정기관의 행위가 있으며, 절차에 관한 흠으로 상대방의 신청 또는 동의를 결한 행위나 필요한 공고나 통지를 하지 않은 행위가 있다. 형식에 관한 흠으로 이유제시를 결한 행위나 서명날인을 결한 행위가 있고, 내용에 관한 흠으로 내용이 실현불능인 행위나 공서양속에 반하는 행위가 있다.

행정행위의 성립당시에는 하자가 있었으나 흠의 원인을 사후에 추완(追完) 또는 보완한 경우에 성립당시의 흠에도 불구하고 효력을 유지시키는 것을 흠의 치유(治癒)라 한다.

3) 행정강제와 행정벌

행정의 실효성 확보수단으로 행정강제와 행정벌이 있다.

가. 행정강제

행정강제란 행정목적을 실현하기 위하여 사람의 신체 또는 재산에 실력을 가하여 행정상 필요한 상태를 실현하는 행정권의 사실상의 작용이다. 행정상의 강제집행과 행정상의 즉시강제가 있다. 행정상 강제집행의 일반적인 수단에는 대집행(代執行)과 강제징수가 있다.

대집행은 공무원이 또는 제3자로 하여금 의무자가 이행하지 않은 작위의무를 대신 실현하고 그 비용을 사후에 징수하는 것이다. 대집행은 계고, 대집행영장에 의한 통지, 실행, 비용징수의 절차로 시행된다. 행정상 강제징수는 금전급부의무를 이행하지 않은 경우에 의무자의 재산에 실력을 가하여 의무의 이행이 있었던 것과 같은 상태를 실현하는 것이다. 국세징수법에 따르면 국세의 강제징수는 독촉과 체납처분(재산의 압류-매각-청산)으로 이루어진다.

행정상 즉시강제는 목전의 급박한 위험 또는 장애를 제거하기 위하여 사인의 신체 또는 재산에 실력을 가하여 행정상 필요한 상태를 실현하는 행정작용이다. 경찰관직무집행법상의 흉기의 조사, 범죄의 예방과 제지, 위험방지를 위한 가택출입 등이 있으며, 전염병예방법상의 강제격리, 식품위생법사의 물건의 폐기 내지 영업소의 폐쇄 등이 있다.

나. 행정벌

행정벌이란 행정법상의 의무위반에 대하여 제재로서 벌을 과하는 것이다. 죄형법정주의가 행정벌에도 적용된다. 행정벌에는 행정형벌(行政刑罰)과 행정질서벌이 있다. 행정형벌은 형법에 정해진 사형, 징역, 금고, 자격정지, 벌금, 과료 및 몰수를 과하는 것이다. 행정질서벌은 과태료의 부과로 형법총칙이 적용되지 않는다.

다. 기타의 행정의 실효성 확보수단

행정의 실효성을 확보하는 새로운 수단으로 가산금부과와 같은 금전상의 제재, 의무 불이행자에 대하여 전기나 수도 등의 서비스 공급을 거부하는 공급거부, 의무 불이행자의 성명이나 위반사실을 일반인에게 공개하는 명단의 공개, 국외여행의 금지, 취업의 제한, 세무조사 등이 있다.

5. 행정구제법

행정법은 행정의 조직 · 작용 및 그 구제에 관한 국내공법이다. 행정의 작용과정에서 개인의 권리가 침해당한 경우엔 그 구제 제도가 마련되어야 한다. 행정구제제도인 행정상 손해전보와 행정쟁송제도를 살펴본다.

1) 행정상 손해전보(塡補)

행정작용으로 타인이 손해를 입은 경우에 그 것을 전보해 주는 제도에는 위법한 행정작용인 경우엔 '손해배상', 적법한 행정작용인 경우엔

'손실보상'이 있다.

가. 행정상의 손해배상(국가배상)

행정상의 손해배상에 관한 근거규정은 "공무원의 직무상 불법행위로 손해를 받은 국민은 법률이 정하는 바에 의하여 국가 또는 공공단체에 정당한 배상을 청구할 수 있다. 이 경우 공무원 자신의 책임은 면제되지 아니한다."고 규정한 헌법 제29조이다. 이에 근거한 일반법이 국가배상법이다. 행정상의 손해배상은 공무원의 직무상 불법행위로 인한 손해배상(국가배상법 제2조)과 영조물의 설치 · 관리상 하자로 인한 손해배상(국가배상법 제5조)이 있다.

가) 공무원의 직무상 불법행위로 인한 손해배상

공무원의 직무상 불법행위로 인한 손해배상의 요건에 대하여 국가배상법 제2조는 "국가 또는 지방자치단체는 공무원이 그 직무를 집행함에 당하여 고의 또는 과실로 법령에 위반하여 타인에게 손해를 가하거나, 자동차손해배상보장법의 규정에 의하여 책임이 있는 때에는 그 손해를 배상하여야 한다."고 규정하고 있다. 직무의 범위에 관하여 공권력작용은 물론 관리작용도 포함된다는 것이 다수설이다. '직무행위를 집행함에 당하여'란 객관적으로 직무의 범위에 속한다고 판단되는 행위 및 직무와 밀접히 관련된 행위를 말한다.

공무원의 위법한 직무행위로 인한 손해배상의 책임자는 원칙적으로 국가 또는 지방자치단체이다. 공무원에게 고의 또는 중대한 과실이 있는 때에는 국가 또는 지방자치단체는 그 공무원에게 구상할 수 있다(국가배상법 제2조 2항). 국가 또는 지방자치단체의 배상책임의 성질에 관하여 대위(代位)책임설, 자기책임설, 절충설이 있다.[11]

11) 대위책임설은 공무원의 불법행위로 인한 배상책임은 원칙적으로 공무원의 책임인데 국가나 지방자치단체가 공무원을 대신하여 배상책임을 지는 것으로 민법 제756조의 사용자 책임과 성질이 다르다고 한다. 자기책임설은 국가 등이 그의 기관인 공무원의 행위라는 형식을 통하여 직접자기의 책임으로 부담하는 것이라고 한다. 절충설은 공무원의 고의나 중과실 경우는 대위책임이고, 경과실의 경우는 자기책임이라고 한다. 김남진, 전계서, pp. 520-521.

나) 영조물의 설치 · 관리상의 하자로 인한 손해배상

영조물의 설치 · 관리상의 하자로 인한 손해배상의 요건에 관하여 국가배상법 제5조는 "도로 · 하천 기타 공공의 영조물의 설차 또는 관리에 하자가 있기 때문에 타인에게 손해를 발생하게 하였을 때에는 국가 또는 지방자치단체는 그 손해를 배상하여야 한다."고 규정하고 있다. '설치 · 관리상의 하자'란 영조물이 통상적으로 갖추어야 할 안전성을 결여한 경우이다.

설치관리상의 하자와 손해 발생 사이에 상당한 인과관계가 있어야 한다. 불가항력에 의한 손해발생의 경우에는 상당인과관계가 인정되지 않아 면책된다.

나. 행정상 손실보상(공용침해)

행정상 손실보상이란 적법한 공권력 행사에 의해 가해진 재산상의 특별한 희생에 대하여 사유재산권의 보장과 공평부담의 견지에서 이루어지는 조절적인 재산상의 전보를 의미한다. 손실보상의 근거는 "공공필요에 의한 재산권의 수용 · 사용 또는 제한 및 그에 대한 보상은 법률로 하되, 정당한 보상을 지급하여야 한다."고 규정한 헌법 제23조 3항이다. 손실보상의 대표적인 근거법률은 토지수용법이다.

손실보상의 요건은 공공의 필요에 의한 적법한 재산권에 대한 공권적 침해이며, 그러한 침해로 인한 특별한 희생의 발생이다. '특별한 희생'이란 '사회적 제약을 넘어서는 손실'이라고 할 수 있다. 그 구체적인 기준에 관하여 형식적 기준설과 실질적 기준설이 있다.[12]

재산권의 침해에 대하여 어느 정도로 손실을 보상할 것인가에 관하여 완전보상설과 상당보상설이 대립되고 있다. 완전보상설은 피침해재산이 가지는 완전한 가치를 보상하여야 한다는 것이고, 상당보상설은

12) 형식적 기준설은 재산권에 대한 침해가 특정인 또는 특정집단에게 가해져 일반인에게 예상되지 않는 희생을 과해진 경우를 특별한 희생이라고 한다. 실질적 가치설에는 보호가치설, 수인한도성설, 중대성설 등이 있다. 김남진, 전게서, pp. 551-552.

재산권의 사회적 구속성에 비추어 적정한 보상이면 된다는 입장이다. 헌법에서는 '정당한 보상'을 하도록(제23조 3항) 규정하고 있는 바, 원칙적으로 완전보상이지만 경우에 따라서는 완전보상을 하회할 수 있는 것으로 해석되어야 할 것이다. 보상기준의 책정에 있어서 개발이익환수에관한법률에서 개발이익을 배제시키고 있다.

2) 행정쟁송

행정쟁송이란 행정상의 법률관계에 관하여 분쟁이 있는 경우, 이해관계인이 쟁송을 제기하여 일정한 판단기관이 이를 심판하는 절차를 의미한다. 광의의 행정쟁송은 행정기관이 심리·재결하는 행정심판과 법원에 의하여 심리·판결되는 행정소송을 포괄하는 개념이나, 협의의 행정쟁송은 행정심판만을 의미한다. 행정쟁송은 위법·부당한 행정작용으로부터 국민의 권리·이익을 구제하고 행정작용의 적법성과 타당성을 확보하는 기능을 가진다.

가. 행정심판

행정심판이란 행정조직 내부에서 법률관계 분쟁을 처리하는 제도이다. 실질적 의미의 행정심판은 행정기관이 재결청이 되는 행정쟁송절차로 행정심판, 이의신청,[13] 재결신청, 심사청구 등의 이름으로 불리우고 있다. 형식적 의미의 행정심판은 행정심판법의 적용을 받는 행정심판만을 의미한다. 행정심판은 법원에 의한 사법적 판단수단인 행정소송보다 간편하고 신속한 처리가 가능하며, 행정기관의 자기반성을 통한 분쟁해결을 도모할 수 있다는 장점이 있다.

행정심판의 대상은 행정청의 처분 또는 부작위이다(행정심판법 제3조). 행정청의 위법 또는 부당한 처분 그 밖에 공권력의 행사·불행사

13) 이의신청은 토지수용법 등 개별법에서 규정하고 있는 일정한 처분에 한하여 인정되며, 처분청 자신에 대하여 재심사를 구하는 행정쟁송이다. 김남진, 전게서, p. 588.

등으로 국민의 권리 또는 이익의 침해를 구제하는 것이 행정심판의 목적이다(동법 제1조). 행정심판의 종류에는 취소심판, 무효등확인심판, 의무이행심판(부작위위법확인소송)이 있다.

행정심판을 수리하여 재결할 권한을 가진 행정청을 재결청이라 한다. 재결청은 원칙적으로 처분청의 직근상급행정기관이나, 예외적으로 처분청(국무총리, 행정각부장관, 대통령직속기관의 장), 소속감독행정기관(서울특별시장, 광역시장, 도지사, 교육감) 및 제3기관(소청심사위원회, 국세심판소)이 되기도 한다. 행정심판은 각 재결청에 소속되어 있는 (일반)행정심판위원회에서 심리·의결한다. 재결청은 재결시 행정심판위원회의 결정에 기속된다(행정심판법 제31조 2항). 국무총리 또는 중앙행정기관의 장이 재결청이 되는 심판청구사건을 심리 의결하기 위하여 국무총리행정심판위원회를 둔다. 행정심판청구는 원칙적으로 처분이 있음을 안 날로부터 90일 이내, 처분이 있는 날로부터 180일 이내에 제기하여야 한다.

나. 행정소송

행정소송이란 법원이 행정사건에 대하여 정식의 소송절차에 따라 행하는 재판이다. 행정소송은 위법한 행정작용으로 인한 개인의 권리 침해를 구제하는 것을 주된 목적으로 한다. 행정소송은 행정기관에 대한 통제 기능도 하여 행정의 적법성을 보장하는 기능도 한다. 종전에는 행정소송 제1심 관할법원이 고등법원이었으나, 1994년에 개정되어 1998년부터 시행되고 있는 현행 행정소송법에서는 행정소송의 제1심법원을 지방법원급의 행정법원으로 하고 있다. 서울지역에 행정법원을 설치하고 그 밖의 지역에서는 행정법원의 권한에 속하는 사건을 지방법원합의부에서 관할하도록 하고 있다.

행정소송은 사법작용이므로 구체적인 법률상의 분쟁이 있어야 하는 등 사법본질상의 한계가 있다. 또한 재량행위가 재량의 한계를 넘지 않고 부당에 그치는 경우나 고도의 정치성을 띤 통치행위의 경우에는 권력분립상의 한계로 사법심사에서 배제된다.

행정소송의 종류에는 항고(抗告)소송과 당사자소송이 있다. 항고소송은 행정청의 위법한 처분이나 재결 또는 부작위로 인하여 권익을 침해당한 자가 그 위법을 다투기 위하여 제기하는 소송을 말한다(행정소송법 제3조 1호). 항고소송에는 취소소송, 무효등확인소송, 부작위위법확인소송이 있다.

당사자소송은 행정청의 처분 등을 원인으로 하는 법률관계에 관한 소송 및 그 밖에 공법상의 법률관계에 관한 소송으로서 그 법률관계의 한쪽 당사자를 피고로 하는 소송을 말한다(행정소송법 제3조 2호). 항고소송은 공권력 행사인 작위 또는 부작위를 대상으로 하지만, 당사자소송은 공법상 법률관계를 대상으로 한다. 공법상의 채권관계나 봉급, 재해보상금 등의 금전급부청구소송, 공무원 신분확인 소송 등이 구체적인 당사자 소송의 예이다.

토론주제

1. 행정법의 개념과 기본원리는 헌법과 어떤 관계가 있는가?

2. 행정부 조직은 입법부나 사법부에 비하여 어떤 특성을 가지는가? 지방자치단체는 중앙정부와의 관계에서 어떤 관계에 있으며 무엇이 쟁점인가?

3. 공무원의 법적 의무에는 어떤 것이 있으며, 자주 발생하는 위반사례에는 어떤 것이 있는가?

4. 행정 입법은 왜 증가하는 추세인가? 어떻게 이 문제를 해결하여야 하는가?

5. 공무원 재량권의 한계는 무엇이며 재량권에 대한 통제 방안에는 어떤 것이 있는가?

6. 행정의 실효성 확보를 위하여 최근에 많이 활용되고 있은 수단에는 무엇이 있으며 어떤 문제점이 있는가?

7. 행정상의 손실보상과 손해배상의 요건은 무엇이며 구체적인 사례에는 어떤 것이 있는가?

8. 행정심판의 문제점은 무엇이며 구체적인 사례에는 어떤 것이 있는가?

제 12 장

형법과 형사소송

본장에서는 형법의 개념과 형법의 근본원리를 언급하고, 범죄론에서 범죄의 3대 구성요소인 구성요건해당성, 위법성, 책임성을 다룬다. 그리고 형벌론에서 형벌의 종류를 소개한다. 형법의 각론인 개별적인 범죄를 간략히 언급하고, 형사소송법사의 소송 절차 등을 다룬다. 청소년 범죄와 일상생활에서 자주 접하는 경범죄와 교통사고 관련 범죄도 언급한다.

1. 형법 서론

1) 형법의 개념 및 기능

형법이란 어떠한 행위가 범죄가 되고 이에 대한 법적 효과로서 어떠한 형사제재(형벌 또는 보안처분)를 과할 것인가를 규정하는 법규범의 총체이다. 실질적 의미의 형법은 법규의 내용을 위반하는 경우 위반자의 법익을 박탈하거나 제한하는 국가의 제재가 가해지는 일체의 법을 의미한다. 여기에는 형법, 국가보안법, 군형법, 폭력행위 등 처벌에 관한 법률, 특정범죄가중처벌법, 철도법, 관세법, 외환관리법, 경범죄처벌법 등이 있다. 형식적 의미의 형법은 "형법"이라는 이름으로 제정된 형법전을 가리킨다.

형법은 범죄로부터 법익을 보호함으로써 사회통제기능을 담당하는 바, 구체적으로는 다음과 같은 기능을 한다. 첫째, 국가형벌권의 한계를 명확히 하여 자의적인 형벌로부터 개인의 자유와 권리를 보장하는 인권 보장적 기능을 한다. 둘째, 사람의 생명 · 신체 · 재산 등 일정 법익을 보호하는 기능을 한다. 셋째, 국가나 사회의 질서를 침해하는 범죄를 제제함으로 사회질서를 유지하는 기능을 한다. 넷째, 침해적 행위로부터 사회를 방어하는 범죄 예방의 기능을 한다.

2) 죄형법정주의

죄형법정주의는 형법의 근간이 되는 원리이다. 죄형법정주의는 "법률 없으면 범죄 없고 형벌 없다"라는 법언으로 표현되듯이, 무엇이 범죄가 되고 그 범죄에 대해서 어떠한 형벌을 부과할 것인가를 미리 성문의 법률로 규정해 놓아야 한다는 자유주의적 법치국가 형법의 대원칙이다. 형법에서는 "범죄의 성립과 처벌은 행위시의 법률에 의한다."고 규정하고 있다(형법 제1조). 죄형법정주의의 구체적인 내용으로는 관습형법금지, 소급효금지, 유추해석금지, 절대적 부정기형 금지, 명확성의 원칙이 있다. 해당법규가 시행된 이후의 행위에 대해서만 적용된다는 소급효 금지원칙은 피고인에게 유리한 경우에는 작용되지 아니한다.

2. 범죄론

범죄란 실질적 의미에서 법질서에 비추어 보아 형벌을 과할 필요가 있는 행위로서 사회적 유해성 내지 법익과 사회공동질서를 침해하는 반사회적 행위라고 할 수 있다. 범죄의 본질이 무엇인가에 관하여 개관설과 주관설이 나누어진다. 객관주의는 범죄의 외부적 사실인 행위와 결과에 중점을 두고, 주관주의는 범죄의 주관적 측면, 즉 행위자의 반사회적 성격과 범죄적 위험성에 중점을 두고 범죄를 평가하며, 형법의 종류와 경중도 이에 부합시켜야 한다는 입장이다.[1)]

범죄란 형식적 의미에서는 형벌법규에 의하여 형벌이 과해지는 행위, 즉 구성요건에 해당하고, 위법하고, 책임 있는 행위를 말한다. 구성요건해당성, 위법성, 책임성을 범죄구성의 3요소라 한다.

1) 구성요건해당성(構成要件該當性)

구성요건이라 함은 형벌을 과하는 근거가 되는 행위의 유형을 추상적으로 기술한 것, 즉 범죄를 규정한 해당 법조문이다. 예를 들어, '사람을 살해한 자'(형법 제250조), '사람의 신체를 상해한 자'(형법 제257조) 등의 규정을 들 수 있다. 구성요건해당성이란 어떤 행위가 범죄 구성요건의 정형적인 요건에 일치하는가를 평가하는 논리과정으로 동적 개념이다.

1) 이재철, 『형법강의』, 서울 : 고담사, 2006, p. 57.

2) 위법성(違法性)

위법성은 구성요건에 해당하는 행위가 법질서 전체의 관점에 비추어 허용되지 않는 경우 인정된다. 대개 구성요건에 해당하는 행위는 위법성이 있는 경우가 일반적이므로, 위법성론에서는 행위가 구성요건에 해당하지만 위법성이 없다고 할 만한 사유(위법성조각사유)가 있는지를 소극적으로 논한다.[2)]

어떤 행위가 구성요건에 해당하지만 위법성이 없는 경우 즉, 위법성조각사유에는 정당방위, 긴급피난, 자구행위, 피해자의 승낙, 정당행위가 있다. 정당방위는 자기 또는 타인의 법익에 대한 현재의 위법·부당한 침해를 방위하기 위한 행위로서 상당한 이유가 있을 때를 말한다(형법 제21조).[3)] 긴급피난은 자기 또는 타인의 법익에 대한 현재의 위난을 피하기 위한 상당한 이유 있는 행위를 의미한다(형법 제22조). 자구행위란 법률의 절차에 의하여 권리(청구권)를 보전하기 곤란한 경우, 그 권리의 실행불능이나 실행의 곤란을 피하기 위한 실력행위로서 상당성이 있는 경우이다(형법 제23조). 자구행위는 물건의 탈환을 위한 폭행행위나 채무자의 체포행위 등에서 발생한다. 피해자의 승낙은 법익의 주체가 타인에 대하여 자신의 법익에 대한 침해를 허용하는 경우를 말한다(형법 제24조). 정당행위란 법령에 의한 행위, 업무로 인한 행위, 기타 사회상규에 위배되지 않는 행위이다(형법 제20조).[4)] 이들 위법성조각사유에 해

---

2) 위법성은 추상적인 가치판단인데, 불법은 위법하게 평가된 행위 그 자체를 말하는 실체개념이다. 위법성은 법질서에 반하면 위법하다고 평가되므로 위법행위 상호간에 양과 질의 차이가 없다. 불법은 개개의 구체적 행위마다 양과 질에서 차이가 있다. 이재철, 상게서, pp. 141-142.

3) 싸움과 같은 일련의 상호투쟁 중에 이루어진 구타행위는 상대방의 폭력행위를 유발한 것이므로 정당방위가 성립하지 않는다(대판 1996.9.6. 95도2945). 그러나 싸움을 하는 자 중 한사람이 격투에서 예상할 수 있는 정도를 초과하여 살인의 흉기를 사용하여온 경우 이를 '부당한 침해'라고 아니할 수 없으므로 정당방위를 허용하여야 한다(대판 1999.5.7. 68도370).

4) 박종철 고문사건에서 법원은 가혹한 행위 내지 고문이라는 중대하고도 명백한 위법명령에 따르는 것은 정당업무로 볼 수 없다고 판시한 바 있다(대판

당하는 행위는 구성요건에 해당하여도 처벌되지 아니한다.

3) 책임성(責任性)

책임이란 구성요건에 해당하는 위법한 행위를 한 자에 대한 비난가능성을 의미하는 바, 어떤 행위가 구성요건에 해당하고 위법하더라도 그 행위자를 비난할 수 없는 사유가 있는 경우 범죄가 성립하지 아니한다. 책임능력이란 법규범에 따라 행위할 수 있는 능력 즉, 위법행위에 대한 비난을 부담할 수 있는 능력을 의미한다. 형법은 14세 미만의 형사미성년자(형법 제9조)와 심신상실자는 벌하지 아니하며, 심신미약자와 농아자는 그 형을 감경하도록 규정하고 있다(형법 제10조).

책임의 형식은 고의 또는 과실로 표현된다. 고의 또는 과실 때문에 어떤 행위를 비난할 수 있는 것이다. 고의는 죄의 성립요소인 사실의 인식을 의미하며, 과실은 부주의로 자신의 행위가 구성요건에 해당함을 인식하지 못한 경우를 말한다. 고의와 과실의 경계 부분에 미필적 고의와 인식 있는 과실이 있다. 구성요건적 행위를 인식하였고 그 결과까지 인용(또는 감수)하였을 경우 미필적 고의가 인정되며, 결과는 인용(또는 감수)하지 않았을 경우 인식 있는 과실이 인정된다. 예를 들어, 옥상 아래로 돌을 던졌는데 사람이 맞아 죽었을 경우, "누가 맞아 죽어도 할 수 없다"고 생각했으면 살인죄의 (미필적) 고의범이 되며, "맞지는 않을 것이다"라고 생각했으면 살인죄의 인식 있는 과실범 즉, 과실치사죄가 된다.

형법에서는 원칙적으로 고의범만을 처벌하고 중요한 법익에 대해서만 과실범을 예외적으로 처벌한다. 정상의 주의를 태만함으로 인하여 죄의 성립요소인 사실을 인식하지 못한 행위는 법률에 특별한 규정이 있는 경우에 한하여 처벌한다(형법 제14조). 자기의 행위가 법령에 의

1988.2.23. 87도2358). 그러나 교장이 훈계목적으로 학생의 빰을 몇 차례 때린 정도는 사회상규를 벗어나지 않은 정당행위로서 처벌의 대상이 되지 아니한다(대판 1976.4.27. 75도115).

하여 죄가 되지 아니하는 것으로 오인한 행위는 그 오인에 정당한 이유가 있는 때에 한하여 벌하지 아니한다(형법 제6조).

행위시의 구체적 사정으로 보아 범죄행위를 하지 않고 적법행위를 할 것이 기대되지 않을 경우 행위자를 비난할 수 없고 책임성을 조각한다. 저항할 수 없는 폭력이나 자기 또는 친족의 생명, 신체에 대한 위해를 방어할 방법이 없는 협박에 의하여 강요된 행위는 벌하지 아니한다(형법 제12조).

3. 형벌론

1) 형벌의 의의와 종류

형벌이란 범죄행위에 대한 법률상의 효과로서 국가가 그 형벌권에 근거하여 행위자에게 과하는 법익의 박탈을 의미한다. 형벌은 범죄자에 대한 제재이다. 형벌을 정당화하는 근거는 범행에 대한 응보적 제재와 범죄의 예방이라 할 수 있다.

형벌에는 범죄자의 생명을 박탈하는 생명형으로서 사형이 있다. 생명형인 사형과 관련하여 그 폐지논쟁이 전개되고 있다. 먼저 사형폐지론의 논거를 살펴보면, 사형은 인도적·종교적 견지에서 허용될 수 없으며, 생명권을 근본적으로 부정하는 것으로 헌법위반이며, 형벌의 본질은 교화인데 사형은 이를 포기하는 것이며, 범죄예방효과가 없으며, 오판의 가능성이 있다는 점이 제시된다. 이에 대하여 사형존치론의 논거는 사형은 범죄억지력이 대단히 높으며, 형벌의 본질이 응보에 있음을 완전히 말살할 수 없는 이상 살인·강도·강간 등 흉악범의 생명박탈은 사회적 정의이며, 국민의 법 감정에 부합한다는 점이 제시된다. 사형은 형벌의 한 종류로 헌법질서에 반하지 아니한다는 것이 판례의 입

장이다.[5)]

신체적 자유를 박탈하는 자유형으로서의 형벌에는 징역, 금고, 구류가 있다. 징역은 강제노역(정역)을 부과한다는 점에서 금고와 차이가 있다. 구류는 1일 이상 30일 미만의 단기형이라는 점에서 징역·금고와 구분된다. 징역과 금고는 무기와 유기가 있으며, 유기는 1월 이상 15년 이하로 되어 있다.

범죄인으로부터 일정한 재산의 박탈을 내용으로 하는 재산형 형벌에는 벌금, 과료, 몰수가 있다. 벌금은 5만원 이상이고, 과료는 2천원 이상 5만원 미만에 해당하는 형이다. 벌금이나 과료를 납입하지 않은 경우엔 노역장에 유치할 수 있다. 몰수는 범죄행위에 제공한 물건 또는 범죄의 결과로 얻은 물건은 환수하는 형으로서 징역 등 다른 형벌에 병과하는 재산형이다. 몰수는 법관의 재량에 의한 임의적 처분이나, 뇌물죄에서의 뇌물, 아편 등에 관한 죄에서 일정물건, 배임수재로 취득한 물건은 필요적 몰수이다.

명예형에는 자격정지와 자격상실이 있다. 사형이나 무기징역 또는 무기금고형을 받은 경우 공무원이 되는 자격, 공법상의 선거권과 피선거권, 등의 자격이 상실된다(형법 제43조). 유기징역이나 금고의 판결을 받은 자는 그 형의 집행이 종료되거나 면제될 때까지 위의 자격이 정지된다.

2) 형의 양정

법관이 범죄자에게 형벌의 종류와 양을 선고하는 것을 형의 양정이라 한다. 구체적인 사안에서 형벌을 부과할 경우 다음과 같은 양정과정을 거치게 된다. 먼저 개개의 구성요건 즉, 형법 각칙규정에서 정한 법정형이 있다. 여기에 법률상 또는 재판상 가중·경감한 형이 처단형이다. 처단형의 범위 내에서 구체적인 사건의 당해 피고인에게 책임성을

5) 헌재 1996.11.28. 95헌바1.

바탕으로 실제 선고하는 형이 선고형이다.

형의 가중은 법률상 가중만 인정된다. 모든 범죄에서 누범은 형이 가중된다. 형의 감경은 법률상 인정되는 경우(심신미약자 등), 자수와 자복,[6] 재판상의 감경(작량감경)이 있다. 양형에서 기준은 책임과 예방이다. 일정한 책임범위 내에서 예방을 고려하여야 한다. 양형시 범인의 연령·성행·지능과 환경, 피해지와의 관계, 범행의 동기·수단과 결과, 범행후의 정황을 참작하여야 한다(형법 제51조).

3) 선고유예 · 집행유예 · 가석방

범죄가 성립되어 구체적인 형벌에 처해져야 하는 경우에도 그 집행이 전부 또는 일부 유예되거나 효력을 상실하는 경우가 있다. 이른바 단기자유형의 폐해를 방지하기 위한 것인데, 먼저 선고유예의 경우 1년 이하의 징역 등의 경우 선고유예하고 2년 지나면 면소의 효력이 인정된다. 집행유예의 경우 3년 이하의 징역 또는 금고 경우 1년 이상 5년 이하의 유예기간을 두고 기간이 경유하면 유죄판결이 무효가 되어 효력을 상실한다. 선고유예나 집행유예는 장래에 재범을 범하지 않을 것으로 인정되는 경우에 이루어진다.

한편, 가석방은 유기형의 3분의 1, 무기형의 10년이 경과 후 개전의 정이 현저할 때 행정관청의 처분으로 석방토록 하는 제도인데, 수형자의 조속한 교화와 사회복귀를 촉진하기 위한 것이다(형법 제72조).

4) 형의 시효와 소멸

이미 확정된 형벌의 집행권을 소멸시키는 제도에 '형의 시효'가 있다. 예컨대 사형은 30년, 무기징역은 20년처럼 일정기간을 그 집행을 하지

6) 자복은 피해자의 명시한 의사에 반하여 처벌할 수 없는 범죄, 즉 반의사불벌죄에서 범죄를 고백하는 것이다(형법 제52조).

않으면 시효가 완성된다(형법 제78조). 미확정의 형벌권인 공소권을 소멸시키는 공소시효와 다르다. 확정된 형의 집행권을 소멸시키는 것을 형의 소멸이라 한다. 형의 집행의 완료, 가석방기간의 경과, 형의 시효완성 형집행의 면제로 소멸된다.

5) 보안처분

보안처분은 형벌로는 행위자의 사회복귀와 범죄예방이 불가능하거나 행위자의 특수한 위험성으로 인하여 형벌의 목적을 달성할 수 없는 경우 형벌을 대체하거나 보완하기 위한 예방적 성질의 목적적 조치이다. 형벌이 책임을 전제한 것이나 보안처분은 행위자의 사회적 위험성을 전제로 한다는 점에서, 형벌은 행위자의 사회윤리적 비난을 표현하는 과거를 대상으로 하는 제재이나 보안처분은 장래에 대한 순수한 예방적 관점에서 과해진다는 양자의 차이가 있다. 보안처분의 종류에는 소년법사의 보호처분, 치료감호법사의 치료감호와 보호관찰이 있다.

4. 개별적 범죄의 종류와 내용

범죄의 종류는 크게 개인적 법익에 대한 죄, 사회적 법익에 대한 죄, 국가적 법익에 관한 죄로 분류된다.

1) 개인적 법익에 대한 죄

가. 생명과 신체에 대한 죄

생명 · 신체에 대한 죄에는 살인죄, 상해죄, 폭행죄, 과실치사상죄, 낙태죄, 유기와 학대의 죄가 있다(제250조-275조). 살인죄는 사람을 고의로 살해한 범죄이다. 이와 관련된 범죄에 존속살해죄, 영아살해죄, 촉탁승낙살인죄, 자살교사방조죄, 위계 등에 의한 촉탁살인죄가 있다(제250조-253조).

상해죄(제257조)의 '상해'와 폭행죄(제260조)의 '폭행'의 구분은 생리적 기능장애를 상해로, 외부적 완전성 침해를 폭행으로 본다. 폭행은 신체에 대한 직접적인 유형력의 행사인데 신체에 공간적으로 접근하여 고성으로 폭언이나 욕설을 하거나 동시에 손발이나 물건을 휘두르거나 던지는 행위도 폭행에 포함될 수 있다.[7] 과실로 신체에 상해를 입힌 경우엔 과실치상죄, 사망에 이르게 한 경우엔 과실치사죄가 된다(제266조-268조).

낙태를 한사람은 자기낙태죄가 되며, 촉탁 또는 승낙을 받아 낙태한 의사 등은 업무상 동의낙태죄로 처벌을 받는다(제269조-270조). 노유, 질병 기타 사정으로 인하여 부조를 요하는 자를 보호할 법률상 또는 계약상 의무 있는 자가 유기한 때 유기죄가 성립한다(제271조). 이와 관련된 범죄에 존속유기죄, 영아유기죄, 아동혹사죄가 있다(제271조-제275조).

나. 개인의 자유와 안전에 관한 죄

자유와 안전에 관한 죄에는 체포·감금죄, 협박죄, 약취·유인죄, 강요의 죄, 강간과 추행의 죄가 있다. 불법적으로 사람을 체포 감금한 경우 체포감금죄가 성립하며, 해악을 고하여 의사결정의 자유를 침해한 경우 협박죄가 된다(제283조-285조). 미성년자를 약취 또는 유인한자를 처벌하는 것이 약취·유인의 죄이다. 약취란 폭행이나 협박으로, 유인이란 기만 또는 유혹의 수단으로 타인을 자기 또는 제3자의 물리적 지배 밑으로 옮기는 것이다. 강요의 죄는 폭행 또는 협박으로 사람의 권리행사를 방해하거나 의무 없는 일을 하게 하는 자를 처벌하는 죄이다

7) 그러나 전화로 욕설한 사건이나(대판 2003.1.10. 2000도5716), 단순히 방문을 발로 몇 번 찼다고 신체에 대한 유형력의 행사로 볼 수 없다고 하였다(대판 1984.2.14. 83도3186). 이재철, 전게서, p. 448.

(제324조). 체포나 감금 또는 약취유인 된 자를 인질로 삼아 강요하는 것도 인질강요죄로 처벌을 받는다(제324조).

폭행 또는 협박으로 부녀를 강간한 자(제297조)와 폭행 또는 협박으로 사람에 대하여 추행을 한 자(제298조)는 강간죄와 강제 추행죄로 처벌 받는다.8) 강간과 추행에 관련된 범죄에는 강간등상해치상죄, 강간등살인치사죄, 미성년자등에 대한 간음죄, 무상위력 등에 의한 간음죄, 혼인빙자 등에 의한 간음죄 미성년자에 대한 간음, 추행죄가 있다(제301조-305조).

다. 명예와 신용에 관한 죄

명예·신용에 관한 죄로서 명예훼손죄와 모욕죄, 신용훼손죄와 업무방해죄가 있다. 명예훼손죄는 공연(公然)히 사실 또는 허위의 사실을 적시하여 사람의 명예를 훼손한 자를 처벌하는 것이다(제307조). 그러나, 진실한 사실로서 오로지 공공의 이익에 관한 때에는 위법성이 조각되어 처벌하지 아니한다(제310조). 관련 범죄로 사자의 명예훼손죄, 출판물 등에 의한 명예훼손죄가 있다. 모욕죄는 공연히 사람을 모독한 자를 처벌하는 것인데, 모욕이란 구체적인 사실의 적시 없이 경멸의 의사표시나 가치판단을 하는 것이다.9)

신용훼손죄는 허위의 사실을 유포하거나 기타 위계로써 사람의 신용을 훼손한 자를 처벌하는 것이며(제313조), 업무방해죄는 허위의 사실을 유포하거나 위계 또는 위력으로써 사람의 업무를 방해한 자를 처벌하는 것이다(제314조). 관련 범죄에 컴퓨터업무방해죄, 경매입찰방해죄

8) 강간이란 폭행 또는 협박으로 저항하기가 불가능하거나 현저히 곤란한 상태에 있는 부녀를 간음하는 것이다. 추행이란 성욕의 흥분, 자극 또는 만족을 목적으로 하는 행위로 건전한 상식 있는 일반인의 성적 수치, 혐오의 감정을 느끼게 하는 일체의 행위이다. 춤을 추면서 유방을 만진 행위가 피해자의 의사에 반하여 이루어졌다면 추행에 해당한다는 판결이 있다(대판 1994.8.23. 94도630). 이재철, 전게서, p. 501, p. 506.

9) '이 개 같은 잡년아'라는 발언은 피해자의 사회적 평가를 저하시킬만한 구체적인 사실이라기보다는 경멸적인 감정표현을 과장되게 강조한 욕설에 지나지 않아 모욕죄에는 해당하나 명예훼손죄에는 해당한다고 보기 어렵다고 한 판례가 있다(대판 1985.10.22. 85도1629). 이재철, 전게서, p. 524.

가 있다(제314조-315조).

라. 사생활의 평온에 관한 죄

사생활의 평온에 관한 죄로서 비밀침해죄, 주거침입죄가 있다. 비밀침해죄는 봉함 기타 비밀장치한 사람의 편지·문서 또는 도화를 개봉한 자, 봉함 기타 비밀장치한 사람의 편지·문서·도화 또는 전자기록 등 특수매체기록을 기술적 수단을 이용하여 그 내용을 알아낸 자를 처벌하는 것이다(제316조). 그리고 의사, 한의사, 치과의사, 약제사, 약종상, 조산사, 변호사, 변리사, 공인회계사, 공증인, 대서업자나 그 직무상 보조자 또는 차등의 직에 있던 자가 그 업무처리 중 지득한 타인의 비밀을 누설한 때에는 업무상비밀 누설죄가 되어 처벌된다. 종교의 직에 있는 자 또는 있던 자가 그 직무상 지득한 사람의 비밀을 누설한 때에도 같다(제317조).

주거침입죄는 사람의 주거, 관리하는 건조물, 선박이나 항공기 또는 점유하는 방실에 침입한 자, 그리고 퇴거요구를 받고 응하지 아니한 자를 처벌하는 것이다(제319조).

마. 재산에 관한 죄

재산에 관한 죄에는 절도죄, 강도죄, 사기죄, 공갈죄, 횡령죄, 배임죄, 장물죄, 손괴죄, 권리행사방해죄가 있다. 절도죄는 타인의 재물을 절취한 경우 성립한다(제329조). 야간에 사람의 주거, 간수하는 저택, 건조물이나 선박 또는 점유하는 방실에 침입하여 타인의 재물을 절취하면 야간주거침입절도죄가 된다(제330조). 야간에 문호 또는 장벽 기타 건조물의 일부를 손괴하고 침입하거나, 흉기를 휴대하거나 2인 이상이 합동하여 타인의 재물을 절취하면 특수절도가 된다. 권리자의 동의 없이 타인의 자동차, 선박, 항공기 또는 원동기장치자전차를 일시 사용하면 자동차등 불법사용죄가 된다(제331조).

강도죄는 폭행 또는 협박으로 타인의 재물을 강취하거나 기타 재산상의 이익을 취득하거나 제삼자로 하여금 이를 취득하게 한 자를 처벌하는 것이다(제333조). 관련 범죄에 특수강도죄, 준강도죄, 인질강도죄, 강도상해, 치상죄, 강도살인·치사죄, 강도강간죄, 해상강조죄가 있다(제334조-340조).

사람을 기망하여 재물의 교부를 받거나 재산상의 이익을 취득한 자, 또는 같은 방법으로 제삼자로 하여금 재물의 교부를 받게 하거나 재산상의 이익을 취득하게 한 경우 사기죄가 된다(제347조). 기망행위란 재산상의 거래관계에서 지켜야 할 신의칙에 반하여 착오에 빠뜨리는 적극적 및 소극적 행위이다.[10] 관련 범죄에는 컴퓨터등 사용사기죄, 편의시설 부정이용죄, 부당이득죄가[11] 있다(제347조의 2-349조).

공갈죄는 사람을 공갈하여 재물의 교부를 받거나 재산상의 이익을 취득한 자, 또는 같은 방법으로 제삼자로 하여금 재물의 교부를 받게 하거나 재산상의 이익을 취득하게 한 자를 처벌하는 것이다(제350조). 공갈(恐喝)이란 위법이득의 의사로 타인에게 폭행 또는 협박을 하여 외포심을 일으키는 행위이다.[12]

타인의 재물을 보관하는 자가 그 재물을 횡령하거나 그 반환을 거부한 때에는 횡령죄가 되고, 타인의 사무를 처리하는 자가 그 임무에 위배하는 행위로써 재산상의 이익을 취득하거나 제3자로 하여금 이를 취득하게 하여 본인에게 손해를 가한 때에는 배임죄가 성립한다(제355조). 관련 범죄로 업무상의 횡령죄, 점유이탈물횡령죄, 업무상의 배임죄, 배임수재죄, 배임증재죄가[13] 있다(제356조-357조).

장물죄(贓物罪)는 장물을 취득, 양도, 운반 또는 보관하거나 이를 알선한자를 처벌하는 것이다(제362조). 장물이란 절도·사기·공갈 등의

10) 이재철, 전게서, p. 594.
11) 부당이득죄는 사람의 궁박한 상태를 이용하여 현저하게 부당한 이득을 얻은 경우에 적용된다(제349조).
12) 이재철, 전게서, p. 619.
13) 타인의 사무를 처리하는 자가 그 임무에 관하여 부정한 청탁을 받고 재물 또는 재산상의 이득을 취한 것이 배임수재죄이고, 그 재물 또는 이익을 공여한 것이 배임증재죄이다(제357조).

재물죄에 의하여 영득한 재물을 말한다. 손괴의 죄는 타인의 재물, 문서 또는 전자기록 등 특수매체기록을 손괴 또는 은닉 기타 방법으로 그 효용을 해한 자를 처벌하는 것이다. 공익에 공하는 건조물을 파괴하면 공익건조물파괴죄가 성립한다(제367조). 타인의 점유 또는 권리의 목적이 된 자기의 물건 또는 전자기록등 특수매체기록을 취거, 은익 또는 손괴하여 타인의 권리행사를 방해하면 권리행사방해죄가 된다(제323조).

2) 사회적 법익에 대한 죄

사회적 법익에 대한 죄에는 먼저 공공의 안전과 평온에 관한 죄로서 공안을 해하는 죄[14](제114조-117조), 폭발물에 관한 죄(제119조-121조), 방화·실화죄(제164조-175조), 일수(溢水)·수리방해죄(제177조-184조), 그리고 교통방해의 죄(제185조-189조)가 있다.

그리고 공공의 신용에 관한 죄로서 통화위조·변조죄(제207조-211조), 유가증권위조·변조죄 제214조-217조), 문서위조·변조죄(제225조-236조), 인장 등 위조·변조죄(제238-239조)가 있다. 공중의 보건에 관한 죄에는 음용수에 관한 죄로 음용수의 사용방해죄, 음용수 유해물 혼입죄, 음용수 혼독 치사상죄 등(제192조-195조)이 있으며, 아편에 관한 죄로 아편 등의 제조·수입·판매죄, 아편 흡식·흡식장소 제공죄, 아편 등의 소지죄 등이 있다(제198조-205조).

사회도덕에 관한 죄로서 성풍속에 관한 죄로 간통죄, 음행매개죄, 음화반포·제조 등 죄, 공연음란죄가 있다(제241조-245조), 도박과 복표에 관한 죄로 도박죄, 복표의 발매·중개·취득죄(제246조-248조)가 있

14) 공안을 해하는 대표적인 범죄는 범죄단체의 조직죄인 바, 이는 범죄를 목적으로 하는 단체를 조직하거나 이에 가입한 자를(제114조), 소요죄는 다중이 집합하여 폭행, 협박 또는 손괴의 행위를 한 자를 처벌하는 것이다.(제 115조). 관련되는 범죄에 다중불해산죄, 전시공수계약불이행죄가 있다(제116조-117조).

다. 신앙에 관한 죄에 장례식 · 제사 · 예배 등 방해죄, 사체 등 오욕죄, 분묘의 발굴죄 등이 있다(제158조-163조).

3) 국가적 법익에 대한 죄

국가적 법익에 대한 죄는 국가의 존립과 권위에 관한 죄와 국가의 기능에 관해 분류할 수 있다.

가. 국가의 존립과 권위에 관한 죄

국가의 존립과 권위에 관한 죄에는 내란죄, 외환죄, 국기 등 모독죄, 국교에 관한 죄가 있다. 내란의 죄는 국토를 참절하거나 국헌을 문란할 목적으로 폭동한 자를 처벌하는 것이다. 국헌을 문란할 목적이라 함은 헌법 또는 법률에 정한 절차에 의하지 아니하고 헌법 또는 법률의 기능을 소멸시키거나, 헌법에 의하여 설치된 국가기관을 강압에 의하여 전복 또는 그 권능행사를 불가능하게 하는 것이다(형법 제87조-91조).

외환의 죄란 국가의 대외적 지위를 침해하는 죄로 외환유치죄, 여적(與敵)죄, 시설제공이적제, 시설파괴이적죄, 간첩죄 등이 있다(제92조-104조). 국기에 관한 죄란 대한민국을 모욕할 목적으로 국기 또는 국장을 손상, 제거 또는 오욕한 자를 처벌하는 것이다. 5년 이하의 징역이나 금고, 10년 이하의 자격정지 또는 700만원 이하의 벌금에 처한다(제105조-106조).

국교에 관한 죄는 대한민국에 체재하는 외국의 원수와 외교사절에 대하여 폭행 또는 협박을 가한 자를 처벌하는 것이다(제107조-108조). 외국의 국기와 국장의 모독, 외국에 대한 사전(私戰) 외교사의 기말누설도 처벌된다(제107조-113조).

나. 국가의 기능에 관한 죄

국가의 기능에 관한 죄에는 공무원의 직무상 범죄로 직무유기죄, 직권남용죄, 뇌물죄, 공무방해죄, 도주와 범인은닉죄, 위증과 증거인멸죄, 무고죄가 있다. 공무원의 직무유기죄는 공무원이 정당한 이유 없이 그 직무수행을 거부하거나 그 직무를 유기한 때 처벌하는 범죄이다(제122조). 이와 관련되는 범죄에 피의사실공표죄, 공무상비밀누설죄가 있다(제126조-127조). 직권남용죄는 공무원이 직권을 남용하여 사람으로 하여금 의무 없는 일을 하게 하거나 사람의 권리행사를 방해한 자를 처벌하는 것이다(제123조). 관련된 범죄에 불법체포감금죄, 폭행죄, 가혹행위죄, 선거방해죄가 있다(제124조-128조).

수뢰죄란 공무원 또는 중재인이 그 직무에 관하여 뇌물을 수수, 요구 또는 약속한 자를 처벌하는 것이다(제129조). 관련 범죄에 사전 수뢰죄, 뇌물제공죄, 알선수리죄 등이 있다(제129조 2항-133조 2항). 뇌물을 수수, 요구 또는 약속을 한 때에는 5년 이하의 징역 또는 10년 이하의 자격정지에 처한다.

수뢰액이 200만원 이상인 때에는 특정범죄가중처벌등에관한법률에 의하여 가중처벌된다. 공무방해에 관한 죄는 직무를 수행하는 공무원에 대하여 폭행 또는 협박한 자를 처벌하는 것이다. 관련 범죄에 직무·사직강요죄, 위계에 의한 공무집행방해, 법정 또는 국회회의장모욕죄, 공무상비밀침해죄, 공용서류등의무효죄, 특수공무집행방해죄[15] 등이 있다(제136조-144조).

도주죄는 법률에 의하여 체포 또는 구금된 자가 도주한 때에는 성립한다(제145조). 범인은닉죄는 벌금 이상의 형에 해당하는 죄를 범한 자를 은닉 또는 도피하게 한 자를 처벌하는 범죄이다. 그러나 친족 또는 동거의 가족이 본인을 위하여 전항의 죄를 범한 때에는 처벌하지 아니한다(제151조). 위증죄는 법률에 의하여 선서한 증인이 허위의 진술을 한 때 처벌하는 것이며, 모해위증죄는 형사사건 또는 징계사건에 관하여 피고인, 피의자 또는 징계혐의자를 모해할 목적으로 허위의 진술을

15) 특수공무방해죄란 단체 또는 다중의 위력을 보이거나 위험한 물건을 휴대하여 공무방해죄 등을 범한 때에는 형의 2분의 1까지 가중하는 것을 말한다(형법 제144조).

한 자를 처벌하는 것이다(제152조). 관련된 죄로 허위의 감정·통역·번역죄, 단순 증거인멸죄, 증인 은익·도피죄가 있다(제154-155조). 무고죄란 타인으로 하여금 형사처분 또는 징계처분을 받게 할 목적으로 공무소 또는 공무원에 대하여 허위의 사실을 신고한 자를 처벌하는 것이다(제156조-157조).

5. 형사소송절차

1) 형사소송의 의의와 기본원칙

형사소송이란 국가의 형벌권 실현에 관한 절차 즉, 형법의 적용과 그 실현을 목적으로 하는 절차를 말한다. 형사소송을 규율하기 위한 개별법으로서 형사소송법이 있다. 형식적 의미의 형사소송법이란 개별법으로 제정된 형사소송법전을 의미한다. 그러나 형사소송법전 이외에 헌법, 소년법, 관세법, 검찰청법 등에서도 실질적으로 형사소송에 해당하는 내용들을 다루고 있다.

형사소송의 기본원칙은 공익의 유지와 개인의 인권보장의 조화·실현, 사건의 진상을 명백히 하여 형벌법규를 적정·신속히 적용·실현하고자 하는 것이다. 이를 위하여 국가소추주의, 당사자주의와 직권주의, 자유심증주의, 실체적 진실주의, 구두주의·공개주의 등이 채택되어 있다.

2) 형사소송의 당사자

형사소송의 당사자에는 검사와 피고인 및 피고인의 대리인인 변호인이 있다. 검사는 형사에 관한 공익의 대표자로서 범죄수사와 공소제기·유지 등을 담당한다. 피고인은 검사에 의하여 공소가 제기된 자를 말한다. 형사소송에서 피고인을 대리하는 자인 변호인은 피고인이 임의로 선임할 수 있으나, 경제적인 이유 등으로 변호인을 선임할 수 없는 경우 법원이 국선변호인을 선정하도록 규정하고 있다(형사소송법 제33조).[16]

법원은 피고인이 빈곤 그 밖의 사유로 변호인을 선임할 수 없는 경우에 피고인의 청구가 있는 때에는 변호인을 선정하여야 하며, 피고인의 연령·지능 및 교육 정도 등을 참작하여 권리보호를 위하여 필요하다고 인정하는 때에는 피고인의 명시적 의사에 반하지 아니하는 범위 안에서 변호인을 선정하여야 한다.

3) 수사(搜査)

수사라 함은 형사사건에 대하여 공소를 제기하고 유지·수행하기 위한 준비로서 범죄사실을 조사하고 범인 및 증거를 확보하는 수사기관의 활동을 말한다. 수사기관은 검사와 사법경찰관리이다. 사법경찰은 일반 형사사건을 취급하는 일반사법경찰관리와 철도공안, 산림, 소방, 해사 등 특별한 사항만 수사할 수 있는 특별사법경찰관리가 있다. 수사는 시작-진행-종료과정으로 이루어진다.

수사기관은 피해자의 고소나 제3자의 고발, 불심검문 등을 통하여 수사의 단서를 잡게 되면 수사를 시작하게 된다. 내사를 통하여 범죄의 성립에 대하여 어느 정도 확신을 하게 되면 입건하여 본격적인 수사를 시작한다. 고소는 서면이나 구두로 범인의 처벌을 원하는 의사표시이므로 그 범죄사실을 어느 정도 구체적으로 특정할 수 있어야 한다. 고소의 취소는 친고죄나 반의사불벌죄의 경우에는 수사단계에서는 불기소처분의 사유가 되고 재판 중에는 공소기각이 사유가 되나, 그 외의 다른 범죄에서는 고소취하가 별다른 의미가 없다.

고소기간에는 제한이 없으나 친고죄의 경우에는 범인을 안 날부터 6

16) 형사소송법 제33조 ①에서 규정하고 있는 국선변호인의 선임 경우는 제9장에서 언급되었음.

개월 내에 고소를 하여야 한다.[17]

수사기관은 피의자를 출석하도록 하여 진술을 들을 수 있는 바, 이를 피의자 신문이라 한다. 피의자의 진술을 기록하는 것을 조서(調書)라 한다. 형사상 불리한 진술은 거부할 수 있으며, 사법경찰관리는 진술한 내용이 법정에서 유죄의 증거로 사용된다는 점과 신문시부터 변호인을 참여시킬 수 있다는 것을 피의자에게 알려주어 한다. 수사기관은 참고인의 출석을 요구하여 진술을 들을 수 있다.

피의자는 수사기관의 출석요구에 응할 의무는 없으나, 정당한 이유 없이 출석하지 않거나 진술을 거부하면 영장을 발부받아 피의자를 체포, 구속할 수 있다. 중한 범죄사건에서 증거인멸의 염려가 있거나 도주가능성이 있는 경우에는 긴급체포할 수 있으며, 현행범과 준현행범도 영장 없이 체포할 수 있다. 피의자를 체포한 경우에는 48시간 내 법원에 구속영장을 청구하거나 석방하여야 한다. 체포나 구속을 할 경우에는 영장을 제시하여야 하며, 미란다 고지를 하여야 한다. 미란다 고지란 '묵비권을 행사할 수 있으며, 진술한 것이 불리한 증거로 사용될 수 있고, 변호사의 조력을 받을 수 있다'는 것을 알려주는 것이다. 체포구속의 경우에는 변호인 또는 피의자가 지정한 자에 그 사실을 통지해 주어야 한다. 피의자는 구속적부심사를 검사가 법원에 기소하기 전에 법원에 신청할 수 있다.

수사기관은 피의자를 심문하기도 하지만 사람의 신체나 물건, 인정한 장소에 대한 수색과 압수를 할 수 있고, 사체의 해부나 분묘의 발굴 같은 검증도 할 수 있다. 범죄의 혐의가 있어야 하며 영장의 발급이 요구된다. 사법경찰관은 모든 수사기록을 검사에 송치하여 수사를 종료한다.

검사는 송치 받은 사건이나 직접 수사한 사건에 대하여 법원이 유죄판결을 내릴 것이라고 판단되는 경우에 재판을 요청하는 공소를 제기

17) 강간죄, 강제추행죄, 모욕죄 등의 경우에는 고소를 하여야만 공소를 제기할 수 있는 범죄를 친고죄라 하고, 폭행죄, 명예훼손죄와 같이 고소권자의 의사에 반하여 처벌할 수 없는 범죄를 반의사불벌죄라 한다. 법무부, 한국인의 법과 생활, 2008, pp. 383-388.

한다. 수사결과 혐의가 없거나 충분한 증거를 확보하지 못한 경우에는 불기소처분을 한다. 수사결과 유죄판결의 가능성은 높지만 범인의 연령, 범행의 동기, 성행 등을 고려하여 기소유예를 할 수 있다.

불기소처분시 고소인 또는 고발인은 불기소처분통지 받고 30일내 고등검찰청에 항고하고, 항고기각 통지받고 30일내 검찰총장에 재항고할 수 있다. 형법상 직권남용죄, 불법체포감금죄, 폭행가혹행위죄, 공직선거법위반죄, 헌정질서 파괴 범죄에 관하여서는 고소인은 항고기각 결정을 통지 받고 10일 이내에 고등법원에 재정(裁定)신청을 할 수 있다.[18] 검찰의 항고나 재정신청에 대한 최종결정을 받은 고소인은 30일내 헌법재판소에 헌법소원을 청구할 수 있다. 구속 기소된 피고인은 10년 이상의 징역이나 금고에 하는 죄를 범하지 않은 경우 보석을 신청할 수 있다.

4) 형사재판

형사재판이 이루어지는 절차는 재판장의 진술거부권의 고지 - 인정신문(피고인의 성명과 연령 등) - 검사의 기소요지진술 - 피고인과 변호사의 모두진술 - 쟁점정리, 증거관계의 진술 - 증거조사 - 피고인 신문 - 검사의 의견진술 - 피고인과 변호인의 최후진술 - 판결선고 순서로 이루어진다. 판결은 실형선고, 집행유예, 선고유예, 무죄판결의 형태로 이루어진다. 재판결과에 수긍할 수 없을 때에는 항소와 상고를 할 수 있다. 지방법원 단독판사가 1심인 경우 항소심은 지방법원 합의부이며, 상고심은 대법원이다. 원판결의 증거가 위조나 허위임이 밝혀진 경우 또는, 유리한 새로운 증거가 발견된 한정된 경우에는 재판을 다시 청구하는 재심제도가 있다.

형법상 살인죄, 상해치사, 폭행치사, 강도살인치사, 특정범죄가중처벌등에관한법률상의 배임수재, 강간상해 등 제한된 중대사건의 경우에는

18) 상게서, pp. 385-391.

피고인이 공소장 부본을 송달받은 날로부터 7일 이내에 국민참여재판을 신청할 수 있다. 국민참여재판은 배심원후보예정자중에 사건에 따라 5-9명이 결정되며, 배심원은 공판절차가 완료된 후 유무죄를 만장일치로 평결한다. 만장일치가 안 되면 판사의 의견을 들은 후 다수결로 평결한다. 평결이 유죄인 경우는 판사와 양형에 관해서도 토의한다. 배심원의 평결은 재판부에 권고적 효력만 인정된다.[19)]

6. 청소년 범죄와 청소년 보호

사회의 급격한 변화로 청소년의 범죄가 급증하고 있다. 만 14세 미만은 형사상 처벌을 못하며(촉법소년), 범죄행위를 한 14세 이상 19세 미만의 소년은 범죄소년이라 하여 특별한 보호를 한다. 검사가 재범가능성이 낮고 선도보호의 필요성이 있는 경우, 선도조건부 기소유예처분을 할 수 있다. 또한 벌금이하의 형에 해당하거나 보호처분에 해당하는 경우에는 소년 법원에 송치한다. 소년법원은 사건을 조사·심리하여 보호자에게 감호위탁, 수강명령, 사회봉사명령, 보호관찰관의 보호관찰, 아동복지시설이나 소년보호시설에 감호위탁, 소년원에 송치할 수 있다.

한편, 청소년 보호법에서는 만 19세 미만(연 나이로 계산)의 청소년에게는 술·담배 청소년 유해약물의 판매를 금지하고, 청소년 유해업소(유흥주점, 단란주점)의 출입을 금지하며, 주류판매의 카페 등에 청소년 고용 등을 금지하고 있다. 특히 술을 마시거나 노래 춤 등으로 유흥을 돋우는 행위나 호객행위 또는 이성혼숙행위 등은 형사처벌하고, 청소년 대상 성범죄자는 신상을 공개한다.

19) 상게서, pp. 397-402.

7. 일상생활에서 자주 접하는 범죄

1) 경범죄

담배꽁초, 휴지 버리기, 여러 사람이 있는 곳에서 침을 뱉거나 대소변, 개 대소변 수거 않는 행위, 전화나 편지로 반복되는 괴롭힘, 금연지역내 흡연행위, 길을 막거나 시비하는 행위, 큰소리로 떠들거나 시끄럽게 하는 행위, 새치기, 광고문을 함부로 붙이는 행위, 암표매매, 알몸이나 속까지 보이는 옷을 입고 다니는 행위 등은 경범죄의 처벌 대상이 된다. 경범죄 위반시 경찰청장은 위반자에게 범칙금을 통고한다. 범칙금을 내지 않으면 경찰서장이 즉결심판에 회부하고 법원이 벌금, 구류, 과료에 처하게 된다. 즉결심판에 불복하면 정식재판을 청구할 수 있다.

경찰관은 거동이 수상하거나 주변사정으로 미루어 보아 범죄행위자로 의심되는 상당한 이유가 있는 경우 정지시켜 행선지나 성명 주소 연령 등을 물어볼 수 있는 바, 이를 불심검문이라 한다. 불심검문을 할 경우 경찰관은 자기 소속과 성명을 밝히는 증표를 제시하여야 한다. 불심검문은 동행 장소와 동행 이유를 말하고 임의동행을 요구할 수 있다, 임의 동행을 한 경우에 가족이나 친족에게 본인이 연락할 수 있는 기회를 주어야 하며, 경찰관서에 6시간을 초과하여 머무르게 할 수 없다. 임의 동행은 거부할 수 있다.

2) 교통사고 관련 범죄

교통사고가 발생한 경우 기본적인 대처요령은 자기 차의 최종정지위치를 표시하고 사진촬영을 하며, 손상부위와 도로흔적 등을 표시한다.

그리고 목격자의 인적사항을 기록해 놓는다.

교통사고 발생시 유의할 사항은 첫째로, 사상자를 구호하는 필요한 조치를 취해야 한다. 구조의무를 이행하지 아니하면(뺑소니사고), 인명피해시 특정범죄가중처벌등에관한 법률의 적용을 받아 보험이나 합의에 관계없이 형사처벌을 받는다. 뺑소니가 되지 않기 위해서는 사고시 즉시 정차 피해자의 상처를 확인하고, 면허증이나 명함을 교환하여 신분전화번호를 확인하고, 경찰서에 신고하고 보험회사에 연락한다. 피해자가 괜찮다고 한 경우에도 연락처와 신분을 확인할 필요가 있다.

둘째로 경찰관서에 신고한다. 자동차만 부서지고, 다른 사고위험이 없고, 교통소통에 장애가 없는 경우 신고의무는 면제된다. 보험회사에 연락하여 사후조치를 하게 한다. 교통사고시 피해자가 사망하면 합의에 관계없이 형사 입건되어 처벌된다. 10대 중요 위반(신호기위반, 중앙선 침범, 제한속도 20km 위반, 앞지르기, 철길건널목, 횡단보도, 무면허, 음주운전, 보도침범, 개문발차) 사고 시에도 형사처벌된다. 사망이나 10대 위반사건의 경우에도 소송 전에 당사자 간에 합의하면 피해자는 소송비용 없이 신속보상을 받고, 가해자는 형사사건에서 유리한 처분을 받을 수 있다. 문병과 사과로 유족의 감정을 부드럽게 하여 합의서를 작성할 필요가 있다. 부상이나 대물사고 경우에는 자동차종합보험에 가입되어 있거나 합의시 형사처벌은 면제되고 벌점과 범칙금이 부과된다.

음주운전을 할 경우엔 혈중알코올 농도가 0.05% 이상이면 형사입건된다. 그리고 혈중알코올 농도가 0.05~0.09%이면 운전면허 100일 정지, 0.10% 이상 운전면허취소 및 1년간 운전면허시험 응시자격이 제한된다. 음주 운전으로 사고까지 나면 가중처벌된다.[20)]

---

20) 상게서, pp. 414-424.

토론주제

1. 죄형법정주의의 내용과 그 파생원칙은 무엇인가?

2. 범죄 구성의 3대 요소를 사례를 들어 구체적으로 설명할 수 있는가?

3. 형벌의 종류에는 어떤 것이 있는가? 사형제의 폐지에 대한 찬반 논거는 무엇인가? 어떻게 양형을 합리적으로 조정할 수 있는가?

4. 형법 각론에서 규정하고 있는 개별 범죄의 종류는 몇 가지나 되는가? 구체적인 내용을 관련 판례를 통하여 이해하는가?

5. 형사소송 절차는 어떻게 진행되는가? 수사과정에서의 인권침해를 막기 위한 방법에는 무엇이 있는가? 청소년 범죄의 주된 원인은 무엇이며 어떻게 예방할 수 있는가? 일상생활에서 쉽게 행해지는 사소한 법위반 사례에는 어떤 것이 있으며 어떻게 준법정신을 생활화할 수 있는가?

제 13 장

세계화와 국제법

오늘날은 교통과 통신수단의 발전으로 세계화(globalization)의 물결이 밀려오고 있다. 본장에서는 세계화에 따른 국제법의 주요 주제를 살펴본다. 조약 중심으로 국제법의 법원, 국내법과의 관계, 국제법의 일반원칙을 살펴본다. 국제법의 주체인 국가와 지역공동체 및 국제기구를 다루고, 개인의 지위도 언급한다. 그리고 국제분쟁과 관련하여 평화적 해결방법과 무력충돌 문제를 다룬다. 국제경제 내지 국제거래 그리고 국제환경에 관련된 최근의 추세도 살펴본다.

1. 국제법의 의의, 법원, 일반원칙

1) 국제법의 의의와 특성

"사회 있는 곳에 법이 있다"는 법언처럼 국제사회에서도 국제법이 존재한다. 국제법은 원래 주권 국가 상호간의 관계를 규율하는 법이었다. 그러나 오늘날에는 국가뿐만 아니라 국제기구나 개인도 제한된 범위 내에서는 국제법의 주체가 되므로 국제법이란 국제법 주체간의 관

계를 규율하는 법질서라고 정의할 수 있다.[1]

국제법은 국내법에 비하여 중앙기관의 상대적 결여로 국가간의 협력을 통해서 효력을 갖게 되는 특성이 있다. 국제사법재판소의 재판관할권도 양당사자의 합의에 의해서만 갖게 되고, 유엔의 안전보장이사회의 제한된 강제집행권도 상임이사국의 거부권으로 저해되고 있다. 국제법은 국가의 시행규범에 의해서 구체화되어야 하므로 국가의 적극적인 협력이 필수적으로 요청된다.

오늘날 국제사회는 평화보장, 지역간의 균형, 환경의 국제적 보호, 개인에 대한 국제적 보호라는 도전을 받고 있다. 이러한 도전을 해결하기 위하여 국가간의 상호의존성은 더욱 높아지고 있으며, 국제기관을 통한 협력이 필요하다. 국제법 주체간의 협력과 타협을 의무화하는 국제관계의 규율이 국제법이 맡은 기능 내지 과제라 할 수 있다.[2]

2) 국제법의 법원

국제사법재판소(International Court of Justice) 규정에 따르면 국제법의 법원에는 국제조약, 국제관습법, 법의 일반원칙이 있다(동규정 제38조). 그 밖에도 형평, 국제기구의 결의, 국제재판소 및 국내 재판소의 사법판결 등이 국제법의 법원으로 다루어진다. 이곳에서는 조약과 국제관습법만 살펴본다.

가. 조약

조약, 국제협약, 국제협정으로 불리우는 조약은 둘 이상의 국제법 주체간의 합의로 국제법의 가장 중요한 법원이 된다. 조약은 문서에 의한 합의이며, 국제법에 의하여 규율되는 합의이다. 체결의 주체는 주로 국가간이지만 국제기구와 국가간 또는 국제기구간의 조약 체결도 가능하다. 조약을 규율하는 국제법에는 '조약법에 관한 비엔나 협약'이 있다.[3]

1) 나인균, 『국제법(제2판)』, 서울 : 법문사, 2008, p. 1.
2) 상게서, pp. 29-49.

양자 조약의 일반적인 절차는 조약 문안의 준비와 교섭-조약문안의 확정-조약의 서명-국회의 동의-비준서의 교환으로 이루어진다. 조약의 서명은 대통령에게 있으나 위임받은 정부대표가 보통 서명하며, 서명만으로 조약체결이 완료되는 경우도 있다. 우리나라 헌법에서 규정하고 있는 일정한 조약은 국회의 동의를 필요로 한다. 헌법 제60조 1항이 규정하고 있는 국회 동의를 요하는 조약은 "상호원조 또는 안전보장에 관한 조약, 중요한 국제조직에 관한 조약, 우호통상항해조약, 주권의 제약에 관한 조약, 강화조약, 국가나 국민에게 중대한 재정적 부담을 지우는 조약 또는 입법사항에 관한 조약"이다. 동의는 조약 서명후 비준전에 이루어진다. 서명 후에 비준서를 교환함으로써 조약의 효력이 발생한다. 최근에는 비준서를 교환하는 대신 양측이 발효에 필요한 국내절차를 완료하였음을 상호 통보하는 방법으로 해당 조약을 발효시킨다.[4]

나. 국제관습법

UN의 창설 이전에는 국제관습법이 국제법의 중요한 법원이었으나, 그 후 국제법 관계는 점차로 조약에 의해 규율되고 있어 국제관습법은 조약에 의하여 규율되지 않는 영역을 규율하는 것으로 그 기능이 축소되고 있다. 국제관습법은 국제관행이라는 객관적(실질적) 요소와 법적 확신이라는 주관적(심리적) 요소가 결합하여 성립한다. 실질적 요소인 국제관행이란 선례(precedent)라는 일정행위가 한결같이(uniformity), 반복 계속되어야(continuity) 한다. 심리적 요소인 법적 확신이란 국제법 주체가 선례를 반복하여야만 된다는 구속감에서 시행되어야 한다. 선례의 반복이 법적 의무에서 나온다는 것을 입증하기가 어려우므로 국제재판소는 국제관행이라는 실질적 요소가 확고히 성립하였으면 심

3) 조약의 명칭은 treaty, covenant, charter, agreement, protocol, exchange of notes, memorandum of understanding, agreed minutes 등 다양하게 사용되고 있다. 오윤경 외 20인, 『현대국제법』, 서울 : 박영사, 2001, pp. 3-7.

4) 상게서, pp. 11-13.

리적 요소도 있다고 추정하는 것이 보통이다. 영해 12해리, 경제수역 200해리 등은 관습법으로 확립되었다.[5)]

3) 국제법과 국내법의 관계

국제법과 국내법이 충돌하는 경우 어느 것이 우선하느냐의 문제는 오래 동안 다투어지고 있는 바, 일원론(국제법 우위론)과 이원론, 국내법 우위론으로 나누인다. 일원론은 국제법질서와 국내법 질서를 포괄적인 지배관계로 파악하고 국제법 규범이 국내법에 우선한다고 한다. 이원론은 국제법 질서와 국내법 질서는 법의 연원과 성격 등에서 서로 독립하여 존재하며 서로 우월 또는 종속 관계에 있지 않다고 한다. 국내법 우위론은 국제법은 구속력이 없으며 지침에 불과하다는 이유로 사실상 국제법을 부인하고 자국의 이익만을 주장한다.

오늘날에는 절충적 일원론은 국제법과 저촉되는 국내법은 국제법이 국내규정에 따라 수용되고 국제법과 저촉되는 국내법이 국내절차 규정에 따라 배제될 때까지 잠정적으로 유효하다고 한다. 한편 절충적 이원론도 국제법과 저촉되는 국내법은 국가가 국내적으로 국제법과 일치하는 법적 상태를 확립할 의무가 있기 때문에 잠정적으로만 효력이 있다고 한다. 양이론의 대립이 상대화되고 있다고 볼 수 있다.[6)] 한국 헌법에서는 "헌법에 의하여 체결·공포된 조약과 일반적으로 승인된 국제법규는 국내법과 같은 효력을 가진다."고 규정하고 있다(헌법 제6조 1항).

5) 유병화·박노형·박기갑, 『국제법1』, 서울 : 법문사, 2000, pp. 92-93.
6) 나인균, 전게서, pp. 159-160.

4) 국제법의 기본원칙

국제법의 기본원칙에는 국제공동체의 형성 초기부터 인정되어 온 주권평등의 원칙, 불간섭의 원칙, 신의 성실의 원칙이 있다. 주권평등의 원칙이란 국제관계에서 모든 국가는 법적으로 독립되어 있으며 평등함을 의미한다. 유엔헌장에 모든 회원국의 주권평등 원칙이 규정되어 있으며(제2조 1항), 우호관계선언에서 유엔회원국에 관계없이 모든 국가에 확대 적용하였다. 주권평등의 원칙에서 국가는 타국의 국내문제에 간섭하여서는 아니된다는 국내문제 불간섭의 원칙이 도출된다. 국내문제란 국내관할권으로 국제법의 규율로부터 자유로운 영역을 의미한다. 예컨대 정부형태, 이민정책, 국적 부여 등이다.

신의 성실의 원칙은 국가는 국제의무를 성실히 이행하여야 한다는 것으로 오래된 국제법의 원칙이다. 유엔헌장 제2조 2항, 우호관계선언 제7원칙에서 규정되고 있다. 신의성실의 원칙이 강조되는 것은 수평적 구조의 국제공동사회에서는 국제법규를 강제하기 위한 행정조직이 없으므로 국제의무의 이행이 일차적으로 개별국가의 호의에 의존되기 때문이다.

이 밖에도 1970년 10월 24일에 채택된 '유엔헌장에 따른 국가간의 우호관계 및 협력에 관한 협약'에서 규정하고 있는 원칙으로 무력 위협 또는 사용 금지의 원칙, 분쟁의 평화적 해결 원칙, 민족자결의 원칙, 국제협력의 원칙이 있다. 인권존중의 원칙도 당연한 국제법 원칙이라 할 수 있다. 이들 원칙은 상호 보충하고 지지되기도 하지만 인권존중원칙과 국내문제 불간섭원칙처럼 충돌하는 경우도 있다.[7)]

---

7) 이들 원칙에 관한 자세한 내용은 김대순, 『국제법론 제7판』, 서울 : 삼영사, 2002, pp. 192-218 참고.

2. 국제법의 주체: 국가

1) 국가의 승인과 정부의 승인

기존의 국가가 어느 통치단체의 국제법 주체성(법인격)을 인정하는 것이 국가승인이다. 몬테비데오 협정에 따르면 국가는 영속적인 주민, 일정한 영역, 정부, 다른 국가와 관계를 맺을 능력을 요건으로 한다. 국가의 승인은 승인받은 통치단체가 국제법적 의미의 국가이고 국제법 주체라는 다른 국가의 선언이다. 국가로 승인하지 않은 나라는 국가가 아니라는 이유로 국제회의에의 참여를 반대할 권리를 갖지만 승인한 나라는 그러한 권리를 상실한다.[8]

신정부의 승인은 통상 다음 세 가지 요건을 충족하여야 한다. 신정부가 영토에 대하여 사실상 지배하고 행정기구를 지배하는 경우, 신정부 권력에 대하여 현저한 저항이 더 이상 행해지지 않는 경우, 신정부가 상당부분의 주민에 의해 유지되는 경우이다. 미국의 경우는 신정부가 민주주의 형태로 통치되어야 승인한다는 원칙을 갖고 있지만, 신정부의 합법성에 관한 외국의 판단은 국내문제에 대한 간섭으로 반대하는 입장도 있다.[9]

2) 국가의 구성 요소(영토, 영해, 영공)

국가의 구성 요소에는 국민과 국가권력 이외에 일정한 영역이 있는 바, 영역은 영토, 영해, 영공으로 구성된다.

8) 나인균, 전게서, pp. 189-192.
9) 나인균, 전게서, pp. 197-198.

가. 영토

전통적인 영토(영역) 취득사유는 선점(先占), 강제적 병합, 할양, 취득시효가 있다. 선점은 무주지를 자기의 영토로 병합하려는 의사를 가지고 취득하는 것인 바, 통치권의 실효적 행사가 필요하다. 현재 북극과 남극의 선점논란이 있다.

강제적 병합은 타국의 영토(전체 또는 일부)를 해당국가의 의사에 반하여 강제적으로 취득하는 것이다. 유엔헌장 제2조 4항에 규정되었고 국제법의 일반원칙으로 인정된 '무력에 의한 위협과 무력행사 금지의 원칙'으로 무력사용에 의한 강제합병은 위법하다. 무력에 의한 영토변경은 대부분 국제법 위반으로 간주되고, 타국의 승인이 있어도 합법화 될 수 없다. 그러나 유엔도 무력에 의한 영토변경을 묵시적으로 승인하거나 경미한 항의만 한 경우도 있다. 그러한 예로 중국이 티베트를 중국에 편입한 것(1951년)을 들 수 있다.

할양은 국가가 조약, 매매, 증여 등의 형식으로 자국영토의 일부를 타국에 이전하는 것이다. 1867년에 러시아는 알래스카를 720만 달러를 받고 미국에 할애하였다. 취득시효에 의한 영토의 취득은 해당 영토에 관하여 실효적인 통치권을 일정기간(예컨대 50-60년) 계속하여, 이의가 제기됨이 없이 행사되어야 한다. 무력행사금지의 위반 경우에도 취득시효를 인정할 것인가의 문제가 있다.

국가 영토의 범위는 국경에 의하여 결정된다. 지리적 의미의 경계는 자연적 경계인 강과 산맥, 인공적 경계인 위도가 있다. 대다수의 국경은 조약에 의하여 획정된다. 조약으로 정해지지도 않고, 당사국에 의하여 구속력 있는 것으로 승인되지도 않은 경우에는 '다툼이 없는 점유상태' 즉 실효성의 원칙에 의하여 정해진다. 국가가 오랜 기간 동안 사실상의 이의제기 없는 통치권을 행사한 영토는 그에게 속한다.[10]

10) 나인균, 전게서, pp. 210-222.

나. 영해[11)]

영토는 비교적 국가간의 경계가 명확하나 영해와 영공의 경계에 관하여서는 국가간에 다툼이 많은 분야이다. 영해는 영토와 마찬가지로 특정국가의 영역을 구성하며, 주권이 배타적으로 적용된다. 영해의 폭은 1982년 유엔해양법협약 제3조에서 연안국의 영해기선에서 최대 12해리까지 영해를 설정할 수 있도록 하였다. 중첩되는 경계획정 중간선 원칙을 적용한다.

영해를 설정하여 군사안보와 경제적 이익을 추구하려는 요구는 바다에 대한 자유로운 이용을 주장하는 국제적 요구와 충동된다. 그 타협안으로 나온 것이 유엔해양법협약상의 '무해통항권'(right of innocent passage)의 보장이다(동협약 제18조-19조). 모든 국가의 선박은 부단하고(continuous) 신속하게 타국의 영해를 항해할 수 있으나 연안국의 평화와 안전보장을 해하여서는 아니된다. 우리나라의 영해 및 접속수역법에서도 무해통항의 원칙을 확인하고 있다. 유엔해양법협약에서 규정한 12가지 유해행위에 추가하여 잠수항해를 유해행위로 규정하고 있다. 군함이나 비상업용 정부선박이 우리 영해를 통항하고자 하는 경우에는 3일전에 선박명, 통항 목적, 항로, 일정 등을 사전에 통고하여야 한다.

유엔해양법협약은 자국의 영토 또는 영해 내에서의 관세, 재정, 보건위생법규의 위반을 예방하거나 처벌할 목적으로 최대 24해리까지를 접속수역(contiguous zone)으로 규정하고 있다(동협약 제33조). 유엔해양법협약은 배타적 경제수역(EEZ)을 200해리까지 인정하고 연안국의 권리와 의무를 규정하고 있다. 연안국은 자연자원의 탐사, 이용, 보존 및 관리를 위하여 주권적 권리를 행사할 수 있으며, 해류와 해풍을 이용한 에너지 생산과 같은 경제적 탐사와 이용 등에서도 주권적 권리를 행사할 수 있다(동협약 제56조). 연안국의 권리가 경제적 성격임을 알 수 있다. 우리나라는 일본, 중국과 배타적 경제수역의 경계획정을 교섭하

11) 오윤경 외 28인, 전게서, pp. 257-326.

고 있다.

영토의 자연적 연장으로 대륙변계(continental margin)의 바깥 끝을 대륙붕이라 하는 바, 대륙변계가 200해리에 미치지 아니하는 경우에는 배타적 경제수역이 200해리까지 인정되므로 별 의미가 없다. 대륙변계가 200해리를 넘는 경우에는 350해리까지, 또는 수심 2,500m 등심선으로부터 100해리까지만 대륙붕으로 인정된다(동협약 제76조 5항). 연안국의 관할권이 미치지 아니하는 공해(公海)에 대하여서는 '공해자유의 원칙'이 적용되어 항해의 자유가 보장된다. 그러나 공해에서도 해적행위 등은 금지되며, 어업활동도 생물자원의 보존관리를 위하여 제한되며, 핵무기실험도 금지된다.

유엔해양법협약은 해양 분쟁의 평화적 해결의무를 규정하고 있다. 당사자 상호의 합의로 조정위원회에 조정을 신청할 수도 있으며, 일정한 경우에는[12] 강제절차가 적용되는 경우도 있으며, 국제사법재판소와 국제해양재판소에서 관장한다.

다. 영공

항공기가 개발되면서 영토와 영해의 상부 공간에 대한 권리를 명백히 할 필요가 생기었다. 1944년 국제민간항공에 관한 시카고 협정에서는 모든 국가는 그 영역 상부공간에 대하여 완전하고 배타적인 권리를 가진다고 규정하고 있다(동협정 제1조). 영공은 영토와 영해 밖의 EEZ 등의 보충수역에는 미치지 아니하나, 일부 국가는 항공식별구역을 설정하고 이곳에 진입하는 항공기는 연안국의 비행통제센터에 보고할 것을 요구하고 있다. 영공의 상방한계에 관하여 대기권설, 실효적 지배설, 국가안전방위설 등의 학설이 있으며, 대체로 지구표면으로부터 고도 50마일에서 100마일 사이의 수치가 제시되고 있다.[13]

---

12) 예컨대, 연안국이 EEZ에서 권리나 의무를 위반하고 있다고 상대국이 주장하여 분쟁이 발생한 경우, 해양경계획정에 관한 분쟁으로 협약발효 후에 발생하고 합리적인 기간 내에 당사자의 교섭으로 해결되지 않을 경우 등이다. 그러나 해양경계획정 분쟁의 경우 도서영토에 대한 주권 등이 함께 검토되어야 할 분쟁은 조정절차 강제회부에서 제외된다.

조약에 의하여 전투기 등 외국의 국가항공기에 대해서도 자국의 영공을 개방할 수 있다. 1944년의 시카고민간항공협약은 민간항공기에 대한 영공개방의 다자간체제의 기초를 이루고 있다. 민간항공기가 조난으로 인하여 타국의 영공을 침해한 경우에는 긴급착륙권 내지 무해통과권을 포함한 원조 의무가 있다. 과실에 의한 영공침해의 경우에는 경고조치나 착륙명령에 따르지 않더라도 외교채널로 해결할 문제이지 무력을 하여서는 안될 것이다. 첩보수집 등 고의적인 영공침범의 경우에는 경고와 착륙 요구를 한 뒤 최종적으로 무력을 사용할 수 있다는 해석이 가능하나, 매우 예외적인 경우에 한정되어야 할 것이다. 군이나 경찰업무에 종사하는 국가항공기의 경우 특별협정 등의 방법으로 허가를 받지 아니하고는 타국의 상공을 비행하거나 그 영역에 착륙하여서는 아니 된다. 즉, 허가 없이 고의 또는 과실로 진입한 국가항공기에 국가면제 및 불가침성이 인정되지 아니한다.[14)]

1957년 Sputnik의 발사와 일부 국가의 우주진입으로 국가의 영토고권이 외기권(外氣卷)에는 미치지 않으며, 모든 국가는 외기권을 탐사하고 이용할 권리를 갖는다는 관습법규가 확립되었다. 유엔은 1967년에 우주의 법적 지위를 명백히 하기 위하여 우주조약을 체결한 바, '달과 기타 천체를 포함한 외기권을 탐사하고 이용하는 국가의 활동에 적용되는 제원칙에 과한 조약'이 그것이다.

달과 기타의 천체 그리고 우주공간으로 구성되는 외기권에는 국가영유의 대상이 아니지만, 모든 국가가 국제법에 따라 자유로이 탐색하고 이용할 수 있다. 다만 외기권의 탐색과 이용은 모든 국가의 이익을 위하여 행해져야 한다(우주조약 제1조). 외기권에는 모든 종류의 대량파괴 무기를 배치해서는 아니된다(우주조약 제4조). 외기권의 활동에 대해서는 비정부주체가 수행한 경우도 소속국가가 국제책임을 진다(우주조약 제6조). 인공위성과 관련된 중요 쟁점으로 위성직접TV방송, 지구

---

13) 김대순, 전게서, pp. 679-681.
14) 김대순, 전게서, pp. 679-691.

원격탐사, 지구정지궤도(적도 상공 약 3만6천km) 문제가 있다.[15)]

3) 국가관할권과 외교관의 면책특권

가. 국가 관할권

국가는 국제사회에서 주권(sovereignity)을 가지는 바, 이로부터 주권 독립의 원칙과 주권평등의 원칙, 국내문제 불간섭의 원칙이 국제법의 기본원칙으로 정립되었다. 국가 주권의 중심적 요소는 국가 관할권(state jurisdiction)이다. 국가 관할권이란 국가가 일정한 관계에 있는 사람, 물건, 사건 내지 행위에 대하여 법규범을 정립하고 집행·강제하는 국제법상의 권능이다. 국가 관할권은 입법관할권, 재판관할권, 집행관할권으로 구성된다.[16)]

국가 관할권의 주된 근거는 영토와 국적이다. 국가가 자국 영토 내에서 일어난 사안에 대해서는 행위자의 국적에 상관없이 관할권을 갖는다는 원리로 속지주의라 한다. 한편 행위의 장소에 관계없이 행위자의 국적을 중심으로 관할권을 행사하는 것을 속인주의라 한다. 대륙법계에서는 속지주의와 속인주의를 병용하고, 영미법계에서는 속지주의를 원칙으로 하되 속인주의를 보충적으로 적용하고 있다. 국가의 안전, 영토의 보전 및 독립을 해치거나 통화·여권위조 등 국가의 공적 신용을 해치는 행위에 대하여서는 행위의 장소, 행위자의 국적에 관계없이 관할권을 행사한다는 보호주의도 있다.

지구촌 시대로 변해가는 오늘날의 국제사회에서 국가 주권의 절대성은 퇴색해가고 있다. 국적 기업에 대한 규제, 인터넷 관할 등 많은 문제가 제기된다. 경제특별구역(제주도 국제자유지역화, 영종도국제자유도시 등)에서 어떤 법을 어느 정도 적용할 것인지도 소홀히 다루어지고 있다. 주한 미군의 주둔과 한미군사합동훈련에 대한 국가관할권 내

15) 김대순, 전게서, pp. 700-715.
16) 오윤경 외 28인, 전게서, pp. 29-34.

지 국가면제의 문제도 있다.[17)]

나. 외교특권 · 면제의 내용

외교사절에 대한 특권과 면제는 16세기 이후 관습법으로 발전하였으나 1961년 '외교관계에 관한 비엔나 협약'에 구체적으로 성문화되었다. 공관자체에 대한 특권과 면제의 주요 내용은 공관지역의 불가침(동협약 제22조), 과세 및 관세의 면제(제23조 및 제36조), 문서의 불가침(제24조), 통신의 자유(제27조) 등이다. 외교관에 대한 특권과 면제의 내용으로는 신체의 불가침(제29조), 외교관의 주거 및 재산 등에 대한 불가침(제30조), 재판관할권의 면제(제31조), 조세 및 관세의 면제(제34조 및 제36조) 등이다. 특권 및 인적 범위는 외교관과 외교관의 세대를 구성하는 가족 그리고 행정 · 기능 직원이다.

3. 국제법의 주체: 국제기구와 개인

1) 국제기구

일정한 공동목표를 달성하기 위하여 조약에 의하여 성립되는 국가간의 상설 결합체인 국제기구는 제2차 세계대전 이후 국제관계에서 중요한 역할을 하게 되었다. 국제기구가 국제법상의 주체로 국제법상 법인격을 가지게 되었는바, 국제법 위반에 의한 손해에 대한 소송제기 능력과 조약의 체결권, 국가관할권으로부터의 특권 및 면제를 향유한다. 대표적인 국제기구인 유엔과 유럽연합에 관하여 간략히 언급한다.

가. 유엔

1919년에 창설된 국제연맹의 실패에도 불구하고 국제사회를 참화에

17) 오윤경 외 28인, 전게서, pp. 46-49.

서 보호할 수 있는 집단적 안보체제를 구축할 필요성을 느끼고 2차 세계대전 후 연합국들은 1945년에 유엔을 창설하였다. 유엔의 목적은 유엔헌장 전문에 나타난 바와 같이 '전쟁의 불행에서 다음 세대를 구하기' 위한 국제평화의 유지 내지 회복이라 할 수 있다. 유엔 헌장은 이러한 목적을 달성하기 위하여 모든 회원국의 주권평등 원칙, 신의성실 의무, 분쟁의 평화로운 해결, 무력사용 금지의 원칙, 국내 문제의 불간섭 원칙을 선언하고 있다(유엔헌장 제2조).

유엔은 조약체결 등 국제법 주체로 인정되지만 회원국에 대하여 그들의 동의 없이 재판권을 행사할 수 없는 등 제한이 많다. 유엔의 법적 성격은 느슨한 국가간의 결합체라고 할 수 있다. 유엔 헌장 제7장에 따라 안전보장이사회가 일정한 요건 하에서 강제조치를 할 수 있으나 상임이사국의 거부권 행사로 저해될 수 있으므로 해당 규범도 불완전한 법으로 남아 있다.[18]

유엔의 주요기관으로 총회, 안전보장이사회, 경제사회이사회, 신탁통치이사회, 국제사법재판소, 사무국이 있다(헌장 제7조). 총회와 안전보장이사회에 대해서만 살펴본다. 총회는 회원국의 대표로 구성되며, 각 구성국은 최고 5인을 파견할 수 있으나 1개의 투표권만 행사할 수 있다. 총회는 매년 1회 이상 열리며, 통상적인 결정은 출석회원국의 과반수로 정하나, 중요문제에 대해서는 3분의 2 이상을 요구한다(헌장 제18조).

안전보장이사회는 5개의 상임이사국(중국, 프랑스, 러시아, 영국, 미국)과 10개의 비상임이사국으로 구성된다. 상임이사국은 항구적으로 지위를 누리며 거부권을 갖고 있어 주권평등의 원칙에 대한 예외적인 지위를 갖고 있다. 비상임이사국은 2년의 임기로 총회에서 선출된다. 안보리의 각 이사국은 1개의 투표권을 가진다(헌장 제27조 1항).

안보리의 결정은 5대 상임이사국을 포함하여 9개국 이사의 찬성을 요한다. 그러나 절차문제는 상임이사국의 동의와 관계없이 9개국 이상

18) 나인균, 전게서, pp. 333-337.

이면 된다. 또 어느 회원국이 안보리에서 다루는 분쟁의 당사자인 경우에는 안보리의 표결에 참여할 수 없다. 상임이사국의 기권은 거부권행사로 간주되지 않는다.

안보리의 권한은 헌장 제6장 분쟁의 평화적인 해결, 제7장 평화에 대한 위협, 등 헌장 여러 곳에 산재되어 있다. 안보리는 국제평화와 안전의 유지를 위하여 1차적인 책임을 진다(헌장 제24조 1). 안보리는 헌장 제6장의 범위 안에서 분쟁에 관하여 중재안을 제시할 수 있으며, 평화에 대한 위협 및 침략행위에 대해서는 제7장에 의하여 강제조치를 할 수 있다. 유엔 회원국은 안보리가 헌장에 일치하여 채택한 결정(decision)을 수락하고 이행할 의무가 있다(헌장 제25조).

나. 지역통합체: 유럽 연합

최초의 유럽공동체인 유럽석탄철강공동체(ECSC, 1951년, 파리에서 체결)는 1957년 로마에서 체결된 유럽경제공동체(EEC)와 유럽원자력공동체(EAEC)와 함께 3대 유럽공동체(European Communities)를 이룬다. 유럽공동체를 통하여 이루어진 경제적 정치적 통합노력이 마침내 1992년 마스트리히트에서 EU조약(TEU)을 통하여 유럽연합(Europe Union, EU)을 탄생시키었다.

유럽연합은 기존의 3개 공동체인 European Communities, 공동외교·안보정책(a Common Foreign and Security Policy), 그리고 사법· 내무분야에서의 협력(Cooperation in the Fields of Justice and Home Affairs)을 3대기둥으로 한다.[19)]

유럽연합에는 유럽위원회, 이사회(유럽이사회, 각료이사회), 유럽의회, 유럽재판소, 기타 기구가 있다. 유럽위원회는 유럽연합의 집행기관이다. 유럽연합의 가장 중요한 정치적 의사결정기관은 이사회이다. 각 회원국별로 1인의 대표 15인으로 구성된다. 정상들의 모임인 유럽이사회보다 실질적으로는 각료들의 모임인 각료이사회가 더 중요한 역할을

19) 김대순, 전게서, p. 985.

한다. 유럽의회는 법안 제안 과정에 참여하여 거부권을 행사하거나 정책집행을 감시하고 자문하는 일이다. 이사회가 갖고 있는 입법권을 유럽의회로 이전하여야 한다는 지적이 제기된다. 유럽재판소(ECJ)는 15명으로 구성된 사법기구로 유럽연합법을 해석 적용한다.

유럽연합법은 회원국간의 조약이 일차적 법원이 되는 바, 1957년에 체결된 로마조약으로 불리는 EC설립조약이다. 여기에 유럽연합의 근간이 되는 거의 모든 사항이 규정되어 있다. 제2차적 법원은 EC 설립조약 제189조에 의거한 규칙, 지침, 결정, 권고 및 의견이다.[20]

유럽연합은 독일을 포용하여 독일이 또 다시 세계대전 같은 참사를 일으키지 못하도록 하려는 정치적 고려로 출발하였으나, 경제부문이 더욱 진전되었다. 2002년부터 단일 통화만을 사용하는 국가가 늘고 있으며, 관세동맹으로 유럽 내에서는 관세의 부과 없이 상품을 자유로이 유통시킬 수 있게 되었다. 그 밖에도 임금노동자는 회원국 어디서나 자유롭게 취업할 수 있으며, 자유롭게 개업을 할 수 있게 되었다. 유럽연합은 담합의 금지와 시장지배적 지위의 남용을 제한하여 공정경쟁도 중요 정책으로 하고 있다.[21]

2) 국제법 주체로서의 개인과 인권

국제법에서 권리의 주체는 국가이었고, 개인은 국제법으로부터 어떤 권리도 갖지 못하였다. 그러나 제1차 대전 이후에는 개인도 제한된 범위내이지만 국제법의 보호를 받게 되었다. 즉 국제노동기구는 노동자단체와 사용자단체에게 ILO의 제협약 준수를 요구할 권리를 부여하였으며, 1966년의 국제인권 B규약은 개인에게 국가고발권을 부여하였다. 그러나 이러한 권리는 B규약선택의정서를 수락한 국가에 대해서만 발동이 가능한 제한이 있다. 대부분이 청원을 제기할 수 있을 뿐이지 국제

20) 오윤경 외 28인, 전게서, pp. 121-127.
21) 오윤경 외 28인, 전게서, pp. 134-145.

절차에 참여하거나 내려진 국제결정을 강제할 수 있는 권리가 없다.[22)]

법적 효력은 없었지만 1948년의 세계인권선언 이후 유엔은 인권보장을 위한 국제규범을 정립하는 노력으로 다음과 같은 6개 주요 인권협약을 채택하였다: 인종차별 철폐에 관한 협약(1965), 시민적 · 정치적 권리에 관한 국제협약(1966년. B규약), 경제적 사회적 문화적 권리에 관한 협약(1966년. A규약), 여성에 대한 모든 형태의 차별철폐에 관한 협약(1979년), 고문방지 협약(1984년), 아동권리에 관한 협약(1989년).[23)]

한국은 6개 협약에 모두 가입하였다. 인권협약이 국제인권 증진에 기여할 수 있었던 것은 협약이행에 관하여 정기적으로 보고서를 제출하고 협약산하위원회가 이에 대한 평가 및 권고를 하기 때문이다.

4. 국제 분쟁의 해결: 평화와 전쟁

1) 안보 딜레마

국제사회는 상위에 정부가 없다는 점에서 무정부상태라고 불린다. 토마스 홉스는 그런 무정부 상태를 자연상태라고 하였다. 홉스가 말하는 자연상태는 호의적이고 자비로운 것이 아니다. 질서를 강요할 수 있는 상부의 지배자가 없기 때문에 벌어지는 만인 대 만인에 대한 전쟁상태인 것이다. 어떤 국가는 다른 국가보다 상대적으로 무력이 강하기 때문에 전자가 힘에 의존할 가능성은 항상 존재한다. 무력의 행사가 불가능하지 않은 한 그 결과는 불신과 의심이다. 무정부 상태에서의 전쟁가능성은 평화시기에도 국가들이 무장을 하게 만든다. 만약 한 국가가 다른

22) 김대순, 전게서, pp. 187-190.

23) A규약에는 노동의 권리, 노동조합의 결성과 가입 및 파업의 권리, 사회보장을 받을 권리, 교육을 받을 권리 등이 보장되었고, B규약에는 생명권 보장과 사형제도의 금지, 고문 금지, 노예 및 강제노동의 금지, 신체의 자유와 안전에 관한 권리, 거주이전의 자유, 표현의 자유, 사생활의자유 등이 보장되어 있다.

국가로부터 피해를 입지 않도록 힘을 키운다면 다른 국가도 그것을 보고 그 국가로부터 피해를 받지 않기 위하여 힘을 키울 것이다. 이러한 안보 딜레마를 극복하기 위하여서는 협동이 필요한 데, 커뮤니케이션과 신뢰가 없는 상태에서는 협동이 불가능하다는 것을 수인(囚人)의 딜레마에서 찾아볼 수 있다.[24)]

2) 무력행사에 대한 국제법 체계

전쟁방지를 위한 핵심적 노력은 무력행사의 금지이다. 유엔헌장은 무력행사의 금지에 관한 가장 중요한 법원이다. 헌장 제2조 4항은 헌장에 의하여 명시적으로 인정한 경우를 제외하고는 개별국가에 의한 무력위협이나 '무력사용'(use of force)을 포괄적으로 금지하고 있다. 헌장 제51조에서는 '무력 공격'(armed attack)을 받은 경우에만 자위권(self defence) 행사로 무력사용을 인정한다. 무력공격이란 개념은 무력 사용의 개념보다 좁게 해석하여 '상당한 규모로 피침해국에 실질적인 효과를 가져오는' 경우에만 인정되어야 한다. 자위권은 무력공격에 비례하고, 그것에 대응하는데 필요한 조치들만 이루어져야 한다는 것이 국제관습법이다.

헌장 제39조는 안전보장이사회에 평화에 대한 위협, 평화의 파괴, 또는 침략행위의 존재를 결정하며, 또한 국제평화와 안전을 유지하거나 회복하기 위하여 권고나 강제조치를 취할 수 있는 권한을 부여하고 있다. 헌장 제39조에 의하여 안전보장이사회가 '평화의 파괴'가 존재한다고 결정한 것은 1950년의 한국전쟁과 1986년의 포크랜드 전쟁이다.[25)]

---

24) 양준희 옮김, 『국제분쟁의 이해: 이론과 역사』 (Joseph S. Nye, *Understanding International Conflicts: An Introduction to Theory and History*), 서울 : 한울아카데미. 2000, pp. 18-35.
25) 오윤경 외 28인, 전게서, pp. 543-545.

3) 분쟁의 평화적 해결과 유엔의 국제사법재판소

가. 분쟁의 평화적 해결 원칙

국가간의 평화보장은 집단적 안전보장체제를 통하여 무력행사의 금지에 기초를 두고 있다. 분쟁의 평화적 해결원칙에 의하여 무력행사의 금지가 실효성을 갖게 될 것이다. 국제 분쟁의 평화적 해결 원칙은 헌장 제2조 3항에 규정되어 있다.

나. 분쟁의 평화적 해결을 위한 수단

유엔 헌장 제33조 1항은 "그 계속이 국제평화와 안전의 유지를 위태롭게 할 우려가 있는 그 어떤 당사자도 먼저 교섭, 사실심사, 중개, 조정, 중재재판, 사법적 해결, 지역적 기구 또는 지역적 협정의 이용, 또는 기타 당사자들이 선택하는 평화적 수단에 의한 해결을 구하여야 한다."고 규정하고 있다. 분쟁의 평화적 해결을 위한 외교적 수단에는 교섭(negotiations), 주선(good offices)과 중개(居中調整, mediation), 사실심사(fact finding) 및 조정(調停, conciliation)이 있다.

교섭은 분쟁 당사자가 자신의 이해관계를 상대측에 명백히 하고 그의 입장을 파악하는 첫 번째 수단이다. 주선과 중개는 제3자의 노력이다. 중개는 적극적으로 제안을 하는 등 영향력을 행사한다. 사실심사는 제3자가 공정한 사실 확인에 의하여 분쟁해결을 촉진하는 것이다. 유엔 안보리는 심사위원회를 설치할 권리가 있으나 분쟁당사자가 이에 조력할 의무는 없다. 조정은 독립적인 위원회에서 사실을 확인하고 분쟁해결을 위한 제안을 마련하도록 하는 당사자의 합의이다. 이 제안은 당사자에게 구속력이 없다. 국제 중재재판(arbitration)은 재판소의 형태와 조직, 적용법률의 선택, 소송절차 등에 관하여 당사자가 중재의뢰합의(compromis)로 정하나, 최종적 중재판정은 당사자에게 구속력을 갖는다.[26)]

다. 국제사법재판소

국제사법재판소(ICJ)는 유엔헌장 제7조 1항에 근거한 유엔의 상설 주요기관이다. 국제사법재판소는 국제사법재판소의 규정에 의하여 그의 권한으로 되어 있는 분쟁사건에 대하여 결정한다. 재판부는 15명으로 구성되며, 최소한 9명의 재판관이 출석하면 결정능력이 있다.

국제사법재판소의 관할권은 첫째, 국가들이 계류 중인 분쟁에 대하여 재판소 관할을 특별히 합의하거나 의뢰하는 경우 성립한다. 둘째는 당사자 일방이 소송을 하고 타방이 묵시적으로 수락한 경우에 성립한다. 셋째는 양자조약이나 다자조약 체결시 국제사법재판소의 권한을 설정하는 분쟁해결조항을 두는 경우에 성립한다. 넷째는 국제재판소 규정 제36조 2항의 규정을[27] 분쟁당사국이 일치하여 선택하는 경우로 강제적 분쟁해결의 포괄적 수락시 성립한다.

재판소의 결정은 당사자 간에만 그리고 당해 특정사건에만 구속력을 가진다. 유엔회원국은 자국이 당사자인 사건에서 국제사법재판소의 결정에 따라야 한다. 재판에 따르지 않을 경우 상대방은 안전보장이사회에 호소할 수 있으며, 안보리는 필요하다고 생각되면 판결을 실행하기 위한 권고나 하여 권고를 하거나 취하여야 할 조치를 결정할 수 있다(헌장 제94조). 유엔 총회와 안보리는 어떤 법적 문제에 대해서도 국제사법재판소에 권고적 의견을 요청할 수 있다(헌장 제96조).

라. 유엔의 평화유지활동

집단안보체제가 제대로 작동하지 않은 상태에서 유엔의 국제평화유지를 위한 시도로 비교적 성공한 것이 유엔의 평화유지군(UN Peacekeeping Operation, PKO)이다. 평화유지 활동의 주요 기능은 휴전의 감시와 확인, 인도적 구호활동의 지원, 내전 종식을 위한 각 정파

26) 나인균, 전게서, pp. 617-628.

27) 국제사법재판소 규정 제36조 2항은 분쟁해결의 포괄적 수락으로 조약의 해석, 국제법상의 문제, 입증되면 국제법위반을 구성하게 될 사실의 존재, 국제법위반에 대하여 행해질 배상의 성질 또는 범위를 규정하고 있다.

의 무장해제, 지뢰제거 지원, 선거 실시와 감시 등이다. 유엔의 평화활동은 당사자의 동의가 있을 경우에 적용되며, 중립성을 유지하고 무력사용을 금하는 원칙이 있다. 한국도 1993년 유엔소말리아 활동단, 1994년 서부사하라선거 지원단, 1999년 동티모르 평화회복단에 참여하여 국위를 선양한 바 있다.

4) 전쟁, 군비축소, 국제형사재판소

가. 전쟁법

전쟁법 또는 무력충돌법은 조약을 통하여 발전되어 왔다. 1907년의 육전의 법규 및 관습에 관한 헤이그협약, 1949년의 제네바협약이 대표적인 조약이다. 전쟁법의 기본정신은 "어떤 무력충돌에 있어서도 교전자는 해적(害敵)행위의 선택에 있어서 무제한의 권리를 갖는 것은 아니다."라는 것이다. 전쟁수행을 위하여 필요한 행위는 무엇이든지 허용된다는 주장을 배척한 전쟁법의 기본정신은 적전투원의 대우, 민간인의 대우, 무기사용의 제한에 큰 영향을 미치었다.

항복으로 전투력을 상실한 전투원에 대한 공격은 금지된다. 군대병원이나 의료시설도 공격대상이 아니다. 방어되지 않은 민간인을 보유한 마을, 거주지, 건물은 어떤 수단에 의한 공격이나 포격이 금지된다. 상대방이 합법적인 공격대상이더라도 '불필요한 고통'을 주는 무기의 사용은 금지된다는 것은 국제관습법이다. 1972년의 생물무기금지조약, 1993년의 화학무기금지조약이 체결되었다. 신무기로 핵무기의 확산금지가 가장 중요한 쟁점으로 되고 있다.

1961년 유엔 총회에서 핵무기사용금지선언이 채택된 이후 핵 옹호론자들은 핵무기의 보유와 배치만으로도 전쟁의 심리적 억지력이 된다고 주장하였다. 그러나 핵무기 보유와 배치는 유엔헌장 제2조 4항에 위배되는 '무력의 위협'에 해당될 수 있으며, 보유국은 핵무기 사용도 불사할 것이므로 국제법규와 인도원칙에 반한다고 보아야 한다. 기존 핵보유국은 핵무기불확산조약과 유엔헌장상의 자위권을 이유로 합법성을 주장하지만 국제사법재판소도 결론을 못 내리고 있다.[28)]

나. 군비축소

유엔헌장은 안보리에 군비(軍備)축소를 위한 계획을 세울 책임을 부과하고 있으나 이루어진 것은 없다. 그러나 유엔총회는 군비 축소 및 군비규제에 관한 일반원칙들을 심의할 권한을 부여받고 많은 노력을 기울여 1961년에는 핵무기와 수소폭탄 사용금지에 관한 선언을 채택하였다. 군비축소는 핵무기제한조약과 미국과 소련간의 전략무기제한조약이 중심을 이룬다.

강대국들은 핵무기 폐기를 거부하면서 타국으로 확대되는 것을 억제하기 위하여 1968년에 핵무기불확산협약(NPT)을 체결한 바 있다. 동 협약은 핵무기 비보유국은 핵무기 또는 핵폭발장치를 제조하거나 획득하지 않을 것을 약속한 것이다. 비보유국들은 국제원자력기구와 안전조치협약을 체결할 것도 규정되어 있다. 한국은 1991년에 핵무기의 제조와 보유 등을 하지 않을 것을 선언하였으며, 1992년 남북고위급회담에서 남북은 한반도의 비핵화에 관한 공동성명을 채택한 바 있다. 미국과 소련은 전략무기제한회담(1972년, SALT)을 통하여 탄도탄요격미사일(ABM) 수를 줄여서 상호 핵억제력을 유지하자는 약속을 한 바 있다.

다. 국제형사재판소

국제공동체 전체에 대해 중요성을 갖는 중대한 범죄가 처벌을 면하여서는 아니된다는 취지로 1998년에 국제형사재판소(ICC) 로마규정이 채택되었다. 국제형사재판소는 국제사법재판소처럼 유엔에 부속된 기구가 아니고 그 자체로서 법인격을 향유한 독립된 상설기구이다. 국제형사재판소는 '중대한 범죄'를 관할권으로 하는 바, 민족적 또는 인종적 집단학살, 고문과 강간 등의 비인도적 만행, 계획적인 전쟁범죄 등이

28) 김대순, 전게서, pp. 925-940.

해당한다.29)

5. 국제 경제 및 국제 환경

국제경제 내지 통상영역은 국가간의 이해관계가 첨예하게 대립하는 분야로 국제법의 중요한 부분을 차지하고 있다. 세계무역기구(WTO), 경제협력개발기구(OECD), 국제금융체제, 국제환경 문제를 간략히 언급한다.

1) 세계무역기구(WTO)

세계무역기구는 '관세 및 무역에 관한 일반협정(GATT)'을 실질적으로 발전시킨 무역 자유화 체제이다. WTO의 핵심은 우루과이라운드 협정문집(558면 분량)에 수록된 회원 국가간의 합의이다. 우루과이라운드 협정문집은 최종의정서, 세계무역기구설립에 대한 마라케쉬협정, 각료결정 및 선언, 금융서비스 양허에 관한 양해라는 4개협정군으로 구성되었다. 이 중 핵심은 마라케쉬협정인 바, 상품과 서비스 및 지적재산권 분야의 실질적인 합의내용을 결집시킨 부분이다.

WTO의 근간을 이루는 법 원리에는 양허의 법리, 최혜국 대우, 상호주의, 수량제한의 원리가 있다. 양허의 원리는 협상라운드에서 이루어진 양허, 관세인하 등의 약속을 양허표(스케줄)에 기록하고 기속력 있는 의무로 확정되는 것이다. 최혜국 대우는 양허의 수혜대상이 모든 회원국에 확대되는 것이다. 상호주의는 각국의 양허는 다른 국가의 양허를 전제로 하는 것이다. 내국민 대우는 수입된 제품이 국내 세금 등의 조치로 국내 상품에 비해 차별받지 아니하는 것이다. 수량제한의 금지

29) 김대순, 전게서, pp. 948-956.

란 관세는 점차 줄여 나갈 것이지만 수량 제한은 원칙적으로 금지되는 것을 말한다.

1994년 WTO설립 부속서2로 채택된 '분쟁해결규칙 및 절차에 관한 양해'는 WTO 관련 각종 분쟁을 해결하기 위한 절차를 규정하고 있다. 분쟁은 모든 회원국이 참여하는 일반이사회 산하의 분쟁해결기구(DSB)에서 관장한다. 동 기구는 패널의 설치와 보고서, 결정 및 권고사항의 이행에 대한 감독 및 보복조치의 허가 등에 관한 권한을 갖는다.[30)]

2) 경제협력개발기구(OECD)

OECD는 1961년에 설립된 잘사는 선진국가간의 국제경제기구이다. 1996년에 한국도 가입하였다. OECD는 회원국 사이의 자본과 재화 및 용역의 흐름을 자유화하고 회원국들의 경제무역정책을 비교하여 필요한 경우 각국에 권고하여 지속적인 경제발전에 기여하려는 기구이다. OECD협약에 따르면 회원국에 구속력 있는 결정을 채택하고 권고를 행할 수 있도록 되어 있다(동협약 제5조, 제6조). OECD는 1994년에 '국제상거래에서의 뇌물방지에 관한 권고'를 채택하여 뇌물수뢰행위가 아닌 공여행위를 각국이 형사처벌하였다.[31)]

3) 국제금융체제

제2차 대전후 건전한 금융·통상을 확립하기 위하여 통화의 안전이 선결과제였다. 1944년 뉴햄프셔의 브레턴우즈에 44개국이 모여 브레턴우즈 협약을 체결한 바, 국제부흥개발은행(IBRD)과 국제통화기금(IMF)을 창설하였다. IMF의 목적은 국제통화협력을 통하여 국제무역을 확대하

30) 오윤경 외 28인, 전게서, pp. 360-367, 393.
31) 오윤경 외 28인, 전게서, p. 437.

는 것, 외환거래의 질서를 유지하고 경쟁적 평가절하를 피하는 것, 외환거래의 장애를 제거하는 것이었다. 브레턴우즈제도는 국제통상의 성장에 기여하였으나 1994년의 멕시코 금융위기와 1997년의 아시아 금융위기 이후 국제금융체제에 대한 개편논의가 활발하다.

단기자본의 급격한 이동에 대한 적절한 규제장치의 미비 등 국제금융체제 자체의 결함도 외환위기의 한 원인으로 작용했다는 지적이 제기되었다. G-7(미국, 영국, 일본, 프랑스, 독일, 이탈리아, 캐나다)회의, IMF회의, G-20(G-7 국가 이외에 신흥 시장국으로 한국, 중국, 인도 등이 참여)회의에서 논의되고 있는 주요 국제금융체제의 개편 주제는 금융정책 및 제도의 투명성 제고와 국제기준의 개발, 신흥시장국의 금융시스템 강화, 선진국의 건전성 규제강화(과다채무기관의 규제), 위기예방을 위한 민간부문의 참여확대, 환율제도의 개선, IMF와 IBRD의 기구개편, 대외채무관리 등이다.[32]

4) 국제환경법

1960년대 후반부터 발생하고 있는 산성비의 피해, 화석연료 사용 증가로 인한 지구온난화와 해수면 상승, 잦은 기상이변, 산림훼손에 따른 생물종의 멸종, 폐기물에 의한 해양 및 토양의 오염 등으로 환경에 대한 인식이 크게 바뀌고 국가간의 협력이 필수적이라는 인식이 확산되었다. 유엔은 1972년에 스톡홀름에서 인간환경회의를 개최하여 인간환경선언을 채택하였고 유엔환경계획(UNEF)을 설립하였다. 인간환경선언은 1982년의 세계자연헌장, 1992년의 리우 환경개발선언을 통하여 더욱 구체화되었다.

인간환경선언을 모체로 하여 국제환경법이 국제법의 새로운 영역으로 탄생하였다. 국제환경법은 '지구환경을 보호하고, 지구환경에 영향을 미치는 인간 활동을 규제하는 모든 법규범의 총체'라고 할 수 있다. 환

32) 여기에 관한 자세한 내용은 오윤경 외 28인, 전게서, pp. 440-453 참조.

경은 대기, 수질, 해양, 생태계를 포괄하는 개념이다.[33)]

국제환경법의 일반원칙은 다음과 같다. 첫째, 국가는 자연자원에 대하여 영구주권을 가지며, 다른 국가의 환경에 피해를 주지 아니할 의무가 있다. 둘째, 국가는 환경에 유해할 수 있는 행위를 감소, 제한, 통제하기 위해 필요한 조치를 취하여야 한다. 셋째, 미래세대의 필요성 충족 능력을 손상시키지 않으면서 현대세대의 필요성을 충족시키는 '지속가능한 개발'을 하여야 한다. 지속가능한 개발원칙은 세대간 형평성 원칙, 지속가능한 이용의 원칙, 공평한 이용의 원칙, 환경과 개발의 통합원칙을 내용으로 한다. 그 밖에도 사전예방주의 원칙, 공동의 그러나 차별적인 책임의 원칙, 국제협력의 원칙, 환경비용의 오염자부담원칙 등이 있다.[34)]

지구환경 문제는 모든 국가들이 협력하여야 대처할 수 있다. 주요 국제환경협약에는 다음과 같은 것들이 있다: 지구온난화 방지를 위한 '기후변화에 따른 유엔기본협약'(1994)과 부속의정서인 교토의정서, 생물다양성협약(1992)과 생명공학안전성 의정서, 오존층 보존을 위한 비엔나협약(1985)과 몬트리올의정서, 유해폐기물의 국가간 이동 규제에 관한 바젤협약(1989)과 책임배상의정서, 멸종위기 동식물 교역에 관한 워싱턴협약(1993), 폐기물 해양투기에 관한 런던협약(1972).[35)]

33) 오윤경 외 28인, 전게서, pp. 454-456
34) 여기에 관한 자세한 내용은 오윤경 외 28인, 전게서, pp. 461-469 참조.
35) 여기에 관한 상세한 내용은 오윤경 외 28인, 전게서, pp. 469-484.

토론주제

1. 국제법은 왜 중요하며, 그 특성은 무엇인가?

2. 조약의 요건은 무엇이며, 1910년 한일합병조약의 문제점은 무엇인가?

3. 국제법의 원칙에는 어떤 것이 있으며, 현실적으로 잘 준수되고 있는가?

4. 대한민국의 영토, 영해, 영공에서 쟁점이 되고 있는 것은 무엇인가?

5. 유엔 안전보장이사회의의 주요 권한은 무엇이며, 어떤 문제가 있는가?

6. 안보딜레마란 무엇이며, 어떻게 해결하여야 하는가?

7. 자위전쟁은 가능한가? 가능하다면 그 한계는 무엇인가?

8. NPT는 정당한 내용인가? 어떻게 핵무기확산을 억제할 수 있는가?

9. 국제금융체제의 주요 쟁점은 무엇인가?

10. 하나 뿐인 지구환경을 어떻게 보호할 수 있으며, 가장 시급한 정책과제는 무엇인가?

제4부

사회법 영역에서의 법률생활

제 14 장

학교생활과 법

본장에서는 교육법의 개념과 존재형식, 그리고 좁은 의미의 교육법인 「교육기본법」, 「초·중등교육법」, 「고등교육법」, 「유아교육법」의 쟁점주제를 다룬다. 교육법의 기본원리로 교육의 자주성과 중립성 원리, 교육의 기회균등 원리도 간략히 설명한다. 교육당사자들의 교육권도 언급하며, 교육정책과 관련하여 쟁점이 되고 있는 주요 주제들을 간략히 소개한다.[1]

1. 교육법의 개념과 주요 내용

1) 교육법의 개념과 특성

교육법의 개념은 다음과 같이 형식적 의미의 교육법과 실질적 의미의 교육법으로 나누어 볼 수 있다. 형식적 의미의 교육법이란 법규범의 내용을 묻지 아니하고 그 존재형식을 기준으로 국회가 제정한 '법률'의 형식으로 되어 있는 교육과 관련되는 '법률'을 말한다. 좁은 의미에서는

1) 표시열, 전게서 요약임.

구 「교육법」이 대표적인 예이다. 구 「교육법」이 모태인 「교육기본법」, 「초·중등교육법」, 「유아교육법」을 좁은 의미에서 형식적 의미의 교육법, 또는 학교교육법이라 하겠다. 넓은 의미에서는 이러한 학교교육법 이외에 교육과 직접, 간접적으로 연결되는 다양한 법률이 포함된다. 예컨대 「사립 학교법」, 「지방교육 자치에 관한 법률」, 「교육 공무원법」, 「지방교육 재정 교부금법」, 「교원의 노동조합 설립 및 운영 등에 관한 법률」 등이다.

실질적 의미의 교육법이란 존재형식을 묻지 아니하고 교육영역에서 지켜야 하는 기본적인 법규범의 전체이다. 좁은 의미에서는 학교교육이라는 공동생활에서 당사자들이 지켜야 하는 기본적인 법규범인 바, 다음과 같은 세 가지 내용이 포함된다. 첫째, 헌법에 규정된 교육에 관한 기본원리를 구현하는 내용이다. 둘째, 교육당사자들의 권리와 의무에 관계된다. 셋째, 교육제도 및 정책과 운영에 관계되는 내용이다.

교육법의 특성은 다음과 같다. 첫째, 동일한 대상에 관하여 규율하고 있는 경우에 교육법은 일반법에 대하여 특별법의 지위를 갖고, 내용이 상충되는 경우에 우선적 효력을 갖는다. 둘째, 교육법은 공법과 사법의 구별이 명확하지 않은 특수법적 성격이 강하다. 학교 제도와 그 운영에 관한 많은 규정들이 교육행정의 주체인 국가나 지방자치단체의 행정작용에 의한 것으로 공법적 특성이 있다. 그러나 교육법의 주된 내용인 교육당사자들의 교육권, 교육내용, 교육과정의 특수성은 물론 교육행정의 특수성도 있기 때문이다. 특히 사립학교의 경우에는 사법적(私法的) 성격이 강하여 원칙적으로 민사(民事)재판 절차에 따르는 것은 교육법의 특수성을 잘 보여주고 있다.

셋째, 교육법은 인간을 육성하는 교육에 관한 법규범이므로 지휘·복종의 공권력 관계라기보다는 오히려 지도·조언·육성의 비권력적 성격이 더 강하며, 전문성·기술성이 중요시된다. 이런 점에서 교육법은 공법적 특성 중에서도 조장행정의 성격이 강한 법규이다. 넷째, 의무교육과 교육의 기회균등이 개인의 사회적·경제적 지위향상을 위한 필수적 조치라는 점에서, 또 헌법에서 국가에게 평생교육 진흥의무를 부과시키고 있다는 점에서 교육법은 공법도 사법도 아닌 사회의 복지증진을 위한 사회법적 성격이 강하다.

2) 교육법의 존재형식

교육법의 개념과 특성에서 알 수 있듯이 교육법의 존재형식은 매우 다양하고 광범위하게 존재한다. 성문법 형식과 불문법 형식으로 나누어 살펴본다. 성문법 형태의 교육법 법원(法源)은 헌법, 법률 및 국제조약·일반적으로 승인된 국제법규, 명령, 자치법규가 있다. 헌법에서 규정하고 있는 교육에 관한 핵심 조항은 헌법 제31조의 교육에 관한 규정이다. 그 밖에도 전통문화의 계승(제9조), 인간의 존엄과 가치(제10조), 법 앞에 평등원리(제11조), 적법절차(제12조), 표현의 자유(제21조), 학문예술의 자유(제22조) 기타 많은 기본권 조항들이 교육법과 관련된다.

교육법의 법원이 되고 있는 법률은 다양하게 수없이 많다. 법제처가 홈페이지에서 분류하고 있는 교육학술 분야의 현행법률, 시행령, 규칙·규정이 무려 230개나 된다.[2] 교육법 관련 명령에는 위에서 제시된 주요 교육관련 법률의 시행령이 대통령령으로 제정되어 있고 교육인적자원부장관의 많은 부령이 있다. 우리나라 행정은 현실적으로 상위 법령보다 훈령·고시·예규 등 각종 행정규칙에 의하여 이루어지므로 여기에 관한 연구도 중요하다. 자치법규는 지방자치단체가 법령의 범위 안에서 자치에 관한 규정을 제정하는 것인데, 지방의회가 제정하는 조례와 자치단체장이 제정하는 규칙이 있다. 교육법 분야의 자치법규는 지방의회가 제정하는 조례와 시·도 교육감이 제정하는 교육규칙이 있다.

불문법에는 관습법, 판례법, 조리가 있다. 관습법은 사회의 관행이 불문의 형태로 국가에 의하여 승인되고 강행되는 것을 말한다. 교육 분야

2) http://www.moleg.go.kr.

에서 학생에 대하여 영장도 없이 수색을 하는 것이 그 예이다. 판례는 성문법주의인 우리나라에서는 법의 해석·적용에서 참고가 될 뿐이나, 상급법원의 판례는 사실상 하급법원을 구속하게 된다. 교육 분야에 관한 대법원 판례 또는 헌법재판소의 판례가 최근에 많아지고 있다. 이들 판례가 사실상 하급법원을 구속하게 되므로 이들 판례연구가 중요하다.

조리(條理)는 다른 법원(法源)이 존재하지 않는 경우 법이 없어 재판할 수 없다고 말할 수 없을 때 건전한 상식으로 판단하는 자연의 원리 내지 이치(理致)를 말한다. 흔히 형평(衡平), 공서양속, 신의성실, 사회상규(社會常規) 등의 말로서 표현한다. 예컨대, 우리나라 법원은 '사회상규'에 어긋나지 않는 한 체벌을 허용해 왔다.

3) 교육법의 주요내용

1997.12.13일 공포되고 1998.3.1일 시행된 「교육기본법」, 「초·중등교육법」, 「고등교육법」, 「유아교육법」의 체계와 내용을 간략히 살펴본다.

가. 교육기본법의 특징과 쟁점 주제

「교육기본법」은 종전의 「교육법」이 담고 있던 총칙적 내용, 예컨대 교육의 이념, 자주성·중립성 원리, 의무교육, 국제교육 등을 따로 분리하여 규정한 것이나, 교육개혁의지를 반영하여 새로 추가된 사항도 있다. 예컨대 학생의 학습권 규정, 부모의 교육권 명시, 또 평생학습에 관한 규정과 학력평가 및 능력인증에 관한 규정 등이다. 최근에 학교 및 교육행정기관 업무의 전산화와 학생정보의 보호원칙 등도 추가되었다.

학습권의 개념은 학습자 중심의 교육이 되어야 한다는 철학을 나타내는 교육개혁의 상징이다. 학교교육과 사회교육이 평생학습 차원에서 유기적인 체제를 갖추도록 되어 있다. 「교육기본법」은 헌법정신을 바탕으로 하여 교육에 관한 국민의 권리·의무와 국가 및 지방자치단체의 책무에 관한 기본적인 사항을 규정하고, 교육제도와 그 운영에 관한 기본적인 사항을 규정한 것이다(제1조). 「교육기본법」은 학교교육만 대상으로 하지 않고 사회교육도 포함하고 있다.

「교육기본법」은 교육법의 원칙적인 규정들을 담고 있어 교육 선언적 의미도 있으나, 교육당사자의 구체적 권리(학습권 등)도 보장하고 있으며 학력평가 및 능력인증제도 등의 구체적 규정도 있어 교육에 관하여 실체적인 효력을 갖고 있다. 교육기본법은 모든 교육관계법령의 해석과 적용 그리고 교육 운영에 있어 그 기준이 된다.

「교육기본법」의 주요 쟁점은 교육의 자주성과 관련되는 지방교육자치제도와 대학의 자치, 교육의 전문성과 관련되는 교원의 교육권과 교육정책에의 참여 및 신분보장 문제, 교육기본권으로서의 의무교육과 교육의 기회균등, 평생교육법과의 관계 등이다.

나. 초·중등교육법의 특징과 쟁점 주제

「초·중등교육법」은 종전의 「교육법」 내용 중 유치원과 초·중등교육에 관한 규정을 분리하여 별개의 법률로 만든 것이나 교육개혁 차원에서 다음과 같은 새로운 규정사항도 추가되었다.

첫째, 헌법에서 보장하고 있는 교육을 받을 권리의 핵심 내용인 의무교육에 관하여 새로운 장을 마련하여 상세히 규정하였다. 둘째, 수요자 중심의 교육체제를 구축하기 위하여 학생자치활동을 보장하고, 「지방교육 자치에 관한 법률」과 동 시행령에 규정되어 있는 학교 운영위원회에 관한 사항을 「초·중등교육법」서 규정하였다. 셋째, 학생징계 시 최소한의 변론기회를 부여하는 적법절차를 보장하였다. 넷째, 교원의 임무 중 "교장의 명을 받아 학생을 지도한다."를 "법령이 정하는 바에 따라"로 대체하여 상관의 부당한 명령을 지양하도록 하였으며, 교원의 전문성이라는 특수성을 반영하였다. 초·중·고 통합운영, 산학겸임교사, 현장실습교사제 등을 도입하였다. 최근에는 상담교사의 도입, 교육정보시스템의 운영과 학생정보의 보호 등도 규정하였다.

「초·중등교육법」은 「교육기본법」 제6조에 따라 초·중등교육에 관한 기본적인 사항을 규정한 법률로 모든 초·중등교육 관계법령의 기본법이 된다. 「초·중등교육법」의 주요 쟁점은 교육과정 및 교과서 관련 교육내용, 학교 운영위원회 등 학교 내 조직, 평준화 등 학교 선택권, 의무교육, 학습권, 초·중등학교의 법적 지위, 학교평가, 재학관계, 학생 인권에 관한 연구, 교칙, 학업성취도 평가 등이다.[3)]

다. 고등교육법의 특징과 쟁점 주제

「고등교육법」 역시 구 「교육법」 내용 중 대학, 교육대학과 사범대학, 전문대학, 방송통신대학과 개방대학에 관한 규정을 분리하여 따로 만든 것이다. 그러나 고등교육법은 고등교육의 기회를 확대하고 대학의 자율성 신장과 질적 수준의 향상을 위하여 교육개혁 차원에서 아래와 같은 몇 가지 새로운 내용을 담게 되었다.

첫째, 고등교육기관의 수업과 산업 현장과의 연계를 강화하기 위하여 현장실습수업 및 실습 학기제를 도입하고(제22조), 고등교육기회의 확대를 위하여 국내외의 다른 학교에서 취득한 학점을 당해 학교에서의 학점으로 인정하도록 하였다(제23조). 둘째, 대학의 자율성 제고를 위하여 학교의 장은 종전의 승인제에서 제정 또는 개정한 학칙을 교육인적자원부 장관에게 보고만 하도록 하였으며(제6조), 학생의 정원관리와 학생의 선발방법에서도 어느 정도 자율성을 인정하였다(제32조 제34조). 셋째, 학생의 자치활동을 보장하고, 학생 징계 시 의견진술의 기회를 부여하는 등 적법절차 원리도 도입하였다(제12조, 제13조). 그밖에도 고등교육기관 상호간의 교원교류와 연구 협력의 활성화를 위한 국가의 지원(제9조)과 대학대표자로 구성되는 학교협의체 운영도 가능하도록 근거 조항을 마련하였다(제10조).

「고등교육법」은 「헌법」 제31조 제6항의 "학교교육 및 평생교육을 포함한 교육제도와 그 운영 교육재정 및 교원의 지위에 관한 기본적인

3) 김성기, "초·중등교육법 연구 20년의 성과와 과제," 「교육법학 연구 20년의 성과와 과제」(대한교육법학회 창립 20주년 기념 전국교육법학자대회 자료집), 2006.9, p. 290 참조.

사항은 법률로 정한다."는 교육제도의 법정주의와, 고등교육실시를 위하여 학교를 두며 학교교육에 관한 기본적인 사항은 따로 법률로 정한다는 「교육기본법」 제9조 제1항 내지 제4항에 근거한 법률이다. 이러한 「고등교육법」은 앞에서 본 것처럼 대학 등의 고등교육기관의 학교교육제도와 그 운영에 관한 기본적인 사항을 정하고 교육당사자들의 권리와 의무에 관한 사항들을 규정한 고등교육기관에 대한 기본법이라 할 수 있다.

「고등교육법」의 주요 쟁점은 「교육기본법」에서 언급된 대학의 자율성 내지 대학의 자치(대학 입시에서의 본고사 금지, 내신반영비율 등) 및 대학과 학칙의 법적성격, 대학의 의사결정 기구와 관련되는 교수회 및 대학평의원회의 구성과 총장선출제도, 대학의 구조조정 관련 국립대 법인화 및 대학평가, 대학정보 공시제, 특성화, 기간제 교수임용 문제 등이다. 이러한 고등교육법상의 주요 쟁점에 관하여서는 제16장 평생교육과 법에서 다루어진다.

라. 유아교육법의 특징과 주요 쟁점

2004년에 「유아교육법」이 제정된 바, 동 법은 만 3세부터 초등학교 취학 전까지의 유치원 교육에 관한 기본사항을 규정하고 있다. 「유아교육법」은 「헌법」 제31조와 「교육기본법」 제9조에 근거를 두고 있다. 한편 「영유아보육법」은 만 0세부터 초등학교 취학 전까지의 영유아의 보육에 관한 사항을 규정하고 있다. 영유아보육법은 「헌법」 제34조와 「사회복지 사업법」 제2조 제1조에 근거를 두고 있다. 제5장 제34조로 구성된 「유아교육법」의 주요 쟁점은 다음과 같다.

2003-04년에 있었던 「유아교육법」 제정과 영유아보육법 개정과정에서 유아교육과 보육의 개념을 둘러싸고 심각한 대립과 갈등이 있었다. 유치원 교육학계에서는 보육 및 유아교육의 대상인 만 3-5세의 유아들의 발달 특성이 똑같기 때문에 유아교육과 보육이 유사한 것으로 인식한다. 또한 영·유아들을 위해서 보육과 교육기능이 함께 제공되어야

효율적이라고 주장을 한다. 한편, 보육학계에서는 보육은 교육과 달리 영유아의 안전 · 건강 · 위생 · 영양 부분이 중요하므로 유아교육과 보육의 차이를 강조한다. 따라서 유아교육법의 쟁점 주제는 이러한 대립과 갈등을 어떻게 조정하여 통합 법안을 만드는가에 있다.[4)]

2. 교육법의 이념과 기본원리

1) 교육법의 이념

「교육법」이 추구하는 궁극적 이념은 교육이 추구하는 이념을 법적으로 뒷받침하는 것이라고 할 수 있다. 「교육기본법」에서는 교육의 이념으로 홍익인간을 규정하고, 그 실천지표로 인격의 완성, 민주적 생활능력의 함양, 민주시민으로서의 자질구비를 통한 인간다운 삶의 영위를 들고 있다. 이렇게 함으로 결국 민주국가의 발전과 인류공영의 이상을 실현하게 된다(동법 제2조).

그러나 홍익인간 개념이 너무 추상적이고 포괄적이어서 단지 상징적 차원에서 유지되었지 교육목표 설정 등에서 실효성 있는 역할을 한 것은 아니다. 따라서 헌법에 명시되어 있는 「인간의 존엄과 가치」로 교육법의 이념이 바뀌는 것이 좋겠다고 생각한다. 「교육기본법」 제2조에서 언급된 인간다운 삶의 영위도 헌법에서 규정하고 있는 사회적 기본권의 이념인 '인간다운 생활을 할 권리'에 해당되며, 교육법의 이념이라 할 수 있다.

요컨대 교육법의 이념은 한국 「헌법」의 이념인 '인간의 존엄과 가치'의 실현 또는 '인간다운 삶의 영위'에 있다고 하겠다. 그리고 인간다운

4) 유아교육법과 영유아보육법의 비교에 관하여서는 이일주, "유아교육법 연구 20년의 성과와 과제," 「교육법학 연구 20년의 성과와 과제」(대한교육법학회 창립 20주년 기념전국교육법학자대회 자료집), 2006. 9, pp. 120-121. 참조.

삶의 구체적 지표로 평생학습 차원에서 인격완성(자기발전), 경제적 측면에서 생활능력함양, 정치적 측면에서 민주시민으로서의 자질구비를 들 수 있다.

2) 교육의 기본원리

교육법의 이념을 구현시키기 위한 교육법체제 전반에 내재되어 있는 기본원리로 다음 다섯 가지를 들 수 있다. 첫째는 교육제도 등의 법정주의[5]라 할 수 있다. 둘째는 교육의 자주성(自主性)·중립성(中立性) 원리, 셋째는 교육의 전문성 원리, 넷째는 교육의 기회균등 원리, 다섯째는 교육(행정)의 민주성 원리라 할 수 있다. 이들 원리 중에서 교육의 자주성 원리, 교육의 중립성 원리, 교육의 기회균등 원리를 살펴본다.

가. 교육의 자주성 원리

우리 「헌법」은 제31조 제4항에 교육의 자주성·전문성·정치적 중립성을 보장하고 있다. 인간의 성장과정은 자주성을 확립하는 과정이라고 할 수 있다. 인격주체라는 개념도 자기 스스로 판단하고 주변세계를 형성해 나가는 자주적 인간을 의미한다. 따라서 교육에서 중요한 것은 자주적 인간이 되도록 돕는 것이다. 교육의 자주성이란 교육은 계층제 원리에 의한 일반 행정의 명령·복종체제와는 다른 자치조직으로 이루어져야 함을 의미한다. 지방교육자치가 교육의 자주성 원리를 제도적으로 보장한 것이다. 자치가 중요한 것은 자치경험이 개인의 의사 결정능력을 향상시켜 주기 때문이다.

교육의 자주성 개념에 관하여 교육의 자주성이란 교육전문가에 의한

5) 「헌법」 제31조 제6항에 의하면 교육제도, 교육재정, 교원의 지위에 관한 기본적인 사항은 법률로 정하도록 하고 있는 바, 이를 교육제도 등의 법정주의라 한다. 이는 제3장 헌법과 교육에서 언급하였듯이 교육의 중요성 때문에 교육에 관한 중요사항은 반드시 국민의 대표자로 구성된 국회에서 「법률」의 형식으로 제정하도록 하여 행정부의 명령 등의 형식으로 하여 국민의 기본적인 교육권이 침해되는 것을 예방하기 위한 원리이다.

교육독점이 아니라, 내무행정이나 경찰행정으로부터의 독립을 의미한다는 견해[6]도 있으나, 헌법학자들은 교육의 자주성이란 교육내용과 교육기구가 교육자에 의하여 자주적으로 결정되고 행정 권력에 의한 교육통제가 배제되어야 하는 것으로[7] 또는 교육자치제의 제도 보장으로[8] 본다. 교육의 자주성은 모든 개인이 인간으로서의 존엄과 가치를 누리기 위하여 인간적으로 성장 발달할 권리인 학습권을 가진다는 것을 전제한다. 교육의 자주성 원리는 국가가 이러한 학습권과 교육을 받을 권리를 최대한 보장하기 위하여 공교육제도를 정비하는 동시에 교육에 대한 부당한 지배를 배제하고 교육의 자유와 독립을 스스로 확보하는 것을 의미한다고 할 수 있다.

나. 교육의 중립성 원리

교육의 자주성 확립을 위하여 불가피하게 요청되는 것이 교육의 정치적·종교적 중립성 원리이다. 교육의 중립성 원리는 교육의 정치적 중립성과 종교적 중립성을 내용으로 한다. 교육의 정치적 중립성에 관하여 교육기본법은 "교육은 교육본래의 목적에 따라 그 기능을 다하도록 운영되어야 하며, 어떠한 정치적·파당적 또는 개인적 편견의 전파를 위한 방편으로 이용되어서는 아니 된다."고 규정하고 있다(동법 제6조 1항). 교육의 정치적 중립성과 관련되는 쟁점은 교원의 정치적 활동을 어느 정도 인정하느냐의 문제가 있고, 국정 교과서 제도가 헌법상의 교육의 자주성 원리에 반하는가의 문제가 있다.

교육의 종교적 중립성에 관하여 교육기본법은 "국가 및 지방자치단체가 설립한 학교에서는 특정한 종교를 위한 종교교육을 하여서는 아니 된다"고 교육의 종교로부터의 중립 원칙을 재천명하고 있다(동법 제6조 2항). 교육 분야에서의 종교적 중립성에 관련되는 주요 쟁점에는

---

6) 안기성, "교육의 전문성과 자주성에 관한 교육법 해석학", 「교육법학연구」 제7호, 서울 : 대한교육법학회, 1995, p. 2.
7) 권영성, 전게서, p. 266.
8) 김철수, 『헌법학개론』, 서울 : 박영사, 2002, p. 751.

학군제로 인한 종교의 자유 침해 문제, 교과과정에서 창조론과 진화론의 다툼, 종교의 자유와 국기에 대한 경례거부 문제 등이 있다.

다. 교육의 기회균등

교육의 중요성 때문에 「헌법」상의 평등권(제11조)이 있음에도 불구하고 교육의 기회균등에 관하여 별도로 헌법 제31조에서 "모든 국민은 능력에 따라 균등하게 교육을 받을 권리를 가진다."고 규정하고 있다. 교육능력 이외에 인종, 성별, 종교, 경제력 등의 이유로 교육의 기회가 차별 받지 않는다. 한국사회가 여성 차별의 관습이 심하였기에 「교육기본법」에서는 "국가 및 지방자치단체는 남녀평등 정신을 보다 적극적으로 실현할 수 있는 시책을 수립·실시하여야 한다."고 규정하고 있으며, 교육인적자원부장관의 자문기관으로 남녀평등 교육심의회를 두도록 되어 있다(동법 제17조의 2).

기회균등은 소극적으로 차별을 받지 않게 할 것 뿐 아니라 적극적으로 실질적 평등을 실현하기 위한 우대조치(affirmative action)도 중요한 정책수단이다. 공무원 시험에서의 여성목표 할당제, 대학입시에서의 농어촌특례입학 등이 그러한 예이다. 그러나 우대조치는 자칫하면 역차별을 가져와 위헌일 수도 있고 장기적으로 바람직하지도 않아 잠정조치로 정교하게 시행되어야 한다.

국민의 교육을 받을 권리는 개인의 성장은 물론 사회에서의 생존권 보장을 위하여 긴요하다. 이렇게 중요한 교육을 받을 권리를 구현하기 위하여 우리 「헌법」은 의무교육 제도를 두고 있다. 「헌법」 제31조 제2항은 "모든 국민은 그 보호하는 자녀에게 적어도 초등교육과 법률이 정하는 교육을 받게 할 의무를 진다."고 규정하고 있다. 의무교육의 범위에 관하여 우리 「헌법」은 적어도 초등교육과 법률이 정하는 교육을 받게 할 의무가 있다고 규정하고 있다.

의무교육은 무상이 원칙이나 무상의 범위에 관하여 좁게는 수업료로부터, 교과서, 급식, 통학버스 운용까지 요구되고 있다. 미국의 경우 교과서와 통학버스운영까지 학생에 대한 혜택(child benefit)이라는 이유로 종교계 사립학교에도 지원되고 있다. 수업료 면제 이외의 무상의 범위는 국가재정 사정과 관련된다.

3. 교육당사자의 교육권

1) 교육권의 개념과 관련 규정

'교육권'이란 실정법상의 개념이 아니고 학리상의 개념이므로 내용이 일정하지 않다. 교육권의 개념을 네 가지로 나누어 볼 수 있다. 첫째, 최협의의 교육권은 교육을 받을 권리를 의미하는 학생의 학습권 내지 수학권을 의미한다. 둘째, 협의의 교육권은 최협의의 교육권에 교육을 시킬 또는 교육을 할 권리로 학부모의 교육권과 교사의 교육권이 포함된다. 셋째, 광의의 교육권은 교육에 직접 관계하는 당사자의 교육에 관련되는 권리 내지 권한을 뜻한다. 협의의 교육권에 설치자의 교육권, 국가의 교육권이 포함된다. 넷째, 최광의의 교육권은 헌법상 인정되는 교육에 관한 국민의 기본적 인권을 말한다. "교육기본권", "교육인권", "국민교육권" 개념이 여기에 속한다.

「교육기본법」에서 교육당사자로 학습자, 보호자, 교원 및 교원단체, 학교 등의 설립·경영자, 국가와 지방자치단체를 들고 이들의 권리와 의무에 관한 기본적인 내용들을 다음과 같이 규정하고 있다.

> 제12조 (학습자) ① 학생을 포함한 학습자의 기본적 인권은 학교교육 또는 사회교육의 과정에서 존중되고 보호된다. ② 교육내용·교육방법·교재 및 교육시설은 학습자의 인격을 존중하고 개성을 중시하여 학습자의 능력이 최대한으로 발휘될 수 있도록 강구되어야 한다. ③ 학생은 학습자로서의 윤리의식을 확립하고, 학교의 규칙을 준수하

여야 하며, 교원의 교육·연구 활동을 방해하거나 학내의 질서를 문란하게 하여서는 아니 된다.

제13조 (보호자) ① 부모 등 보호자는 그 보호하는 자녀 또는 아동이 바른 인성을 가지고 건강하게 성장하도록 교육할 권리와 책임을 가진다. ② 부모 등 보호자는 그 보호하는 자녀 또는 아동의 교육에 관하여 학교에 의견을 제시할 수 있으며, 학교는 이를 존중하여야 한다.

제14조 (교원) ① 학교교육에서 교원의 전문성은 존중되며, 교원의 경제적·사회적 지위는 우대되고 그 신분은 보장된다. ② 교원은 교육자로서 갖추어야 할 품성과 자질을 향상시키기 위하여 노력하여야 한다. ③ 교원은 교육자로서의 윤리의식을 확립하고, 이를 바탕으로 학생에게 학습윤리를 지도하고 지식을 습득하게 하며, 학생 개개인의 적성을 계발할 수 있도록 노력하여야 한다. ④ 교원은 특정 정당 또는 정파를 지지하거나 반대하기 위하여 학생을 지도하거나 선동하여서는 아니 된다. ⑤ 교원은 법률이 정하는 바에 의하여 다른 공직에 취임할 수 있다. ⑥ 교원의 임용·복무·보수 및 연금 등에 관하여 필요한 사항은 따로 법률로 정한다.

제15조 (교원단체) ① 교원은 상호 협동하여 교육의 진흥과 문화의 창달에 노력하며, 교원의 경제적·사회적 지위를 향상시키기 위하여 각 지방자치단체 및 중앙에 교원단체를 조직할 수 있다. ② 제1항의 규정에 의한 교원단체의 조직에 관하여 필요한 사항은 대통령령으로 정한다.

제16조 (학교 등의 설립·경영자) ① 학교 및 사회교육시설의 설립·경영자는 법령이 정하는 바에 의하여 교육을 위한 시설·설비·재정 및 교원 등을 확보하고 이를 운용·관리한다. ② 학교의 장 및 사회교육시설의 설립·경영자는 법령이 정하는 바에 의하여 학습자를 선정·교육하고 학습자의 학습성과 등 교육의 과정을 기록·관리한다. ③ 학교 및 사회교육시설의 교육내용은 학습자에게 사전에 공개되어야 한다.

제17조 (국가 및 지방자치단체) 국가 및 지방자치단체는 학교 및 사회교육시설을 지도·감독한다.

2) 학생의 학습권과 생활지도

교육권의 핵심은 아동·학생의 학습권에 있다. 학습권은 인간이 태어나면서부터 학습을 통하여 인격을 형성하고 인간의 존엄과 가치를 실현하며 인간적으로 성장·발달하여 갈 권리로서, 국가권력이나 제3자로부터 학습의 권리를 방해받지 아니할 자유이다.[9] 학습권은 인간의 기본적인 성장·발달에 관한 것이므로 생래적인 자연법적 권리의 성격을 갖는다. 이러한 학습권의 중요성 때문에 대부분 나라의 헌법에서 학습권을 규정하고 있다. 어린이의 학습권은 1989년 「유엔 어린이 권리협약」 제28조에 의하여 국제적으로 공인되었다.

학생의 학습권 내지 기본권은 최대한 보장되어야 하지만, 학생도 성인도 똑같이 헌법에서 보장하고 있는 제 기본권을 향유할 수 있는가에 관하여 다툼이 있다.[10] 최근에 우리 사회에서는 학생 지도수단으로 행사되는 체벌이 학생의 학습권 내지 기본권을 침해하므로 폐지되어야 한다는 주장이 강하게 제기되고 있다. 학생 체벌의 찬반 논거와 관련 판례를 살펴본다.

체벌이란 교사가 교육현장에서 교육목적을 달성하기 위하여 학생의 신체에 직접·간접으로 유형력(有形力)을 행사하는 행위라 할 수 있다. 교육학에서는 체벌에 대한 긍정적 논거로 체벌을 통하여 자기규율을 학습시키며, 사회화에 기여하고, 효과가 신속하며 학교질서 유지의 수단이 됨을 들고 있다. 체벌에 대한 부정적 논거로는 체벌의 효과는 일시적이며, 공포심을 자극하여 탐구정신을 억압하고, 교사와 학생 간의 신뢰관계를 해치며 궁극적으로 인간의 존엄성을 해친다는 것이다.

체벌은 법적으로 보면 형법상 폭행죄나 상해죄에 해당된다. 교사의 체벌에 대한 위법성 기각사유로 들 수 있는 것은 정당행위이다. 「형법」

---

9) 노기호, 「교원의 교육권에 관한 연구」, 한양대학교 박사논문, 1998, p. 23.

10) 이에 관한 구체적 내용은 미국의 Tinker v. Des Moine Independent School District, 393 U.S. 503, 1968.

제20조는 "법령에 의한 행위 또는 업무로 인한 행위 기타 사회상규에 위배되지 아니하는 행위는 벌하지 아니한다."고 규정하고 있다. 교사의 체벌이 정당행위라고 하려면 법령에 의하여 허용된 행위라고 하던지, 교육행위에 따르는 업무상의 행위라고 하던지, 또는 사회상규에 위배되지 않는 행위라고 주장하게 된다.

현행 「초・중등 교육법 시행령」 제31조 ⑦항은 학생지도를 할 때 교육상 불가피한 경우를 제외하고는 신체적 고통을 가하지 아니하는 훈육・훈계로 행하여야 한다고 규정하고 있다. 이는 원칙적으로 체벌을 금지하는 것으로 해석된다. 따라서 체벌의 정당행위를 주장하려면 '교육상 불가피'하였다는 「초・중등교육법」 제31조 ⑦항의 예외조항을 근거로 하여야 할 것이다.

체벌에 관한 판례를 간단히 살펴보면, 담임교사가 수업태도가 좋지 않은 학생에게 등을 3, 4번 때렸으나 신경증성 우울증이 있다는 진단으로 입원한 사건에서 담임교사의 그러한 행위는 사회상규를 벗어나지 않은 정당업무로 판결하였다.[11] 그러나 음주・흡연을 하고 폭행을 휘두른 학생에게 담임교사가 대걸레 자루로 체벌하던 중 피하다가 머리를 맞아 중상을 입은 사건에서, 대법원은 교육상 필요에 의한 체벌을 인정하지만 이 사건의 경우 체벌의 방법과 정도에 있어서 사회 관념상 비난받지 아니할 객관적 타당성이 없다고 위법성을 인정하였다.[12] 사회상규(社會常規)의 판단기준에는 행위의 동기와 목적이 정당한가, 행위의 수단이나 방법이 상당(相當)한가, 보호이익과 침해이익 간에 균형성을 유지하는가, 긴급성을 요하는가, 다른 수단은 없었는가(보충성) 등이다.

2006년에 헌법재판소는 교사가 학생의 행동을 바로 잡으려는 의도에서 체벌을 하였다고 하더라도 체벌의 불가피성이 인정되지 아니하고 절차와 방법이 적정하지 아니하며, 체벌의 정도도 가볍지 아니하므로

11) 대구고등법원 1978.6.23.
12) 대판 1988.1.12. 89다카2240.

사회통념상 용인되는 객관적 타당성을 갖추었다고 보기 어려운 경우, 교사의 체벌을 폭행죄로 인정하고 기소유예 처분한 검사의 행위를 정당하다고 판단하였다.13)

4. 교육정책 관련 쟁점 주제

교육정책은 일반적으로 교육제도 안에서 사람들을 조직하여, 시설·재정 및 정보의 도움을 받으며, 학사관리 같은 조직목표를 달성하는 일련의 과정이라 할 수 있다. 이들 요소의 법적 측면을 간단히 언급한다.

1) 교육정책기구 및 지방교육자치제도

가. 교육정책기구 및 교육진흥정책 분야

중앙정부의 교육정책기구로 대통령과 교육인적자원부가 있다. 이들 교육정책기구가 수행하여야 할 주요 교육진흥정책을 교육기본법에서는 다음과 같이 규정하고 있다.

- 국가 및 지방자치단체는 남녀평등정신을 보다 적극적으로 실현할 수 있는 시책을 수립·실시하여야 한다(교육기본법 제17조의 2). - 국가 및 지방자치단체는 과학·기술교육을 진흥하기 위하여 필요한 시책을 수립, 실시하여야 한다(교육기본법 제22조). - 국가 및 지방자치단체는 정보화 교육 및 정보통신매체를 이용한 교육의 지원과 교육정보산업의 육성 등 교육의 정보화에 관하여 시책을 수립·실시하여야 한다(교육기본법 제23조). - 국가 및 지방자치단체는 사립학교를 지원·육성하여야 하며, 사립학교의 다양하고 특성 있는 설립목적을 존중하여야 한다(교육기본법 제25조).

13) 헌재 2006.07.27. 2005헌마1189.

- 국가 및 지방자치단체는 특수교육, 영재교육, 유아교육을 진흥하는 정책을 수립·지원하여야 한다. 국가 및 지방자치단체는 신체적·정신적·지적 장애 등으로 인하여 특별한 교육적 배려가 필요한 자를 위한 학교를 설립·경영하여야 하며, 이들의 교육을 지원하기 위하여 필요한 시책을 수립·실시하여야 한다(교육기본법 제18조). - 국가는 국민의 학습 성과 등이 공정하게 평가되어 사회적으로 통용될 수 있도록 학력평가 및 능력인증에 관한 제도를 수립·실시하여야 하며, 이러한 평가 및 인증제도는 학교의 교육과정 등 교육제도와 연계되어야 한다(교육기본법 제26조).

나. 지방교육자치 제도

일반 행정의 경우에도 중앙정부의 권력집중화 현상을 예방하고 지역주민의 참여를 통한 자치능력향상을 위하여 지방자치의 실시를 헌법에서 보장하고 있다. 교육은 일반 행정과는 다른 특수성이 있으므로[14] 헌법에서 특별히 교육의 자주성·전문성·중립성 원리를 규정하고 있다. 따라서 교육에 관하여서는 지방자치에 맡기지 아니하고 별도의 (지방)교육 자치제도를 확립하고 있다.

「지방교육 자치에 관한 법률」 제1조는 "교육의 자주성 및 전문성과 지방교육의 특수성을 살리기 위하여 지방자치단체의 교육·기술·체육·과학 기타 학예에 관한 사무를 관장하는 기관의 설치와 그 조직 및 운영에 관한 사항을 규정함으로써 지방교육의 발전에 이바지함을 목적으로 한다."고 규정하고 있다.

종전의 우리나라의 교육자치제도는 조례안, 예산안, 결산, 기채안 등 중요 사항이 시·도의회에서 최종 의결하도록 되어 있지만, 형식적인 체계는 하나의 지방자치단체 내에 두 개의 의사결정기관과 두 개의 집

---

14) 예컨대 교육은 정치적 이해관계에 의한 근시안적 판단이 아닌 미래를 내다보는 백년대계의 계획이 필요하며, 일반 행정에서 강조하는 효율성 추구보다 개인의 인격적 발전을 강조하는 민주성이 강조되고, 명령·통일의 지시 위주의 타율보다 참여와 경험을 통한 자율이 강조되는 등이다.

행기관을 두고 있었다. 즉 교육·학예에 관한 사항은 지방자치단체내의 교육위원회와 교육감이 지방의회와 지방자치단체장과 별개로 독립하여 관장하게 되어 있다. 그러나 2006년 12월에 개정된 현행 「지방교육 자치에 관한 법률」에서는 지방의회에 상임위원회로 교육위원회를 설치하여 의결기관을 통합한 셈이다.

교육위원회의 지방의회에로의 통합에 대하여 찬반 갈등이 첨예하게 대립되어 있다. 교육계에서는 교육자치제가 교육활동의 특수성 내지 전문성에 대한 인식을 전제로 하여 교육행정의 조직과 운영 면에서 자주성·전문성·민주성을 보장하는 제도이므로, 일반 행정의 한 부분으로 예속되어 있어서는 안 되고 분립·독립되어야만 한다는 주장이[15] 대세를 이루고 있다. 반면, 일부 행정학자는 세계 대부분의 국가에서 지방교육행정기관을 구성하는 가장 일반적인 방식은 지방자치단체장과 지방의회가 궁극적으로 지방교육에 대한 책임을 지도록 하는 것이라고 하면서, 지방자치단체장의 책임 하에 교육기관을 보조기관으로 설치하여 운영하고 그에 대한 의사결정과 통제는 지방의회에서 하도록 해야 한다는 주장을[16] 지속적으로 전개하고 있다.

2) 기타의 정책 영역에서의 주요 쟁점 주제

인사정책 영역에서의 주요 쟁점은 교원의 신분보장 문제, 교원노동조합과의 단체협상 문제, 교육영역에서의 성희롱 예방 문제 등이 있다. 교육시설 및 재정 영역에서의 주요 쟁점은 학교시설의 안전성 문제, 학교 환경과 위생문제, 교육재정의 재원 확보 문제가 있다. 정보관리 영역에서는 교육행정정보시스템에 따르는 정보공개와 사생활의 보호 문제가 쟁점으로 제기된다. 학사정책 및 교육평가 영역에서는 입학 및 졸

15) 노종희, "지방교육자치제 운영의 개선방안." 교육인적자원정책위원회(지방 교육행정체계개편방안 정책토론회 자료집), 2002, pp. 1-27.

16) 이기우, "지역주민과 지방교육행정체계," (이주호 편, 지방교육자치에관한법률개정안공청회자료집), 2006, pp. 1-23.

업관리의 기준과 관리 문제, 교육과정 및 교과서 선정 문제, 교육행정 기관 및 교사에 대한 평가 문제, 그리고 장애아동 및 학습부진아에 대한 보호 문제가 있다.

그 밖에도 대학의 자치와 학문의 자유, 총장 선거방식 등 대학 의사결정 체제의 개편방안에 대하여서도 다툼이 많았다. 또한 우리나라는 사립학교의 비중이 높은 바 사립학교에 대한 법적 지위, 정부의 지원과 규제의 범위 등에 관하여 법적 다툼이 늘 정책현안으로 되어 왔다. 최근에 우리사회에서 첨예하게 대립해 온 2007년 7월에 개정된 「사립학교법」의 내용 중 개방이사제 도입만 간단히 살펴본다.[17]

현행사립학교법은 이사 정수의 4분의 1 이상을 개방이사추천위원회에서 2배수 추천하는 인사 중에서 선임하도록 되어 있고, 개방이사추천위원회는 대학평의원회 또는 학교운영위원회에서 2분의 1을 추천한다. 이러한 개방이사 제도가 위헌이라고 주장하는 논거는 다음과 같다. 사립학교는 사재를 학교법인에 기부하여 학교법인이 그 재산으로 설립·경영하는 학교이다. 그래서 사립학교의 재산은 설립자 개인의 사유재산도 아니고 사회 공공의 재산도 아닌 학교법인의 사유재산이 되는 것이고, 따라서 「헌법」 제10조, 제23조, 제119조 제1항에 의하여 보장되는 것이다. 그런데, 이 개정 「사립학교법」상의 이른바 개방형 이사제도는 사학을 사회에 공여된 공공의 재산으로 보면서 그 사학 경영의 투명성을 빌미로 그리고 사학의 공익적 측면을 지나치게 강조한 나머지 학교법인의 공공법인화 내지 사회화를 시도하려는 것으로서 학교법인 내지 학교법인 설립자의 헌법상 보장된 재산권 내지 일반적 행동자유권 그리고 직업의 자유 등의 기본권을 침해함은 물론 자유민주주의 및 자유시장경제 등의 헌법의 기본원리를 훼손하고 있다.

이에 대한 반론의 논거는 다음과 같다. 사학법 제정이후 현재까지 설립자 중심의 이사회가 운영되어 왔으나 친·인척 중심의 폐쇄적 운영이 현재까지도 많고, 학교설립 후 법인의 재정기여도가 매우 저조하며,

17) 교육인적자원부, 개정사립학교법 보도자료, 2007.7.4

임원간의 분쟁, 인사 및 회계 비리도 많이 발생하여 개인·집단의 영향력에 좌우되지 않는 투명한 사학경영시스템 구축이 필요하다. 이사정수의 4분의 1을 2배수로 추천을 받아 이사회가 선임하므로 법인에 최종선택의 재량이 있고, 선임방법과 절차를 법률에서 정하지 않고 대통령령과 정관에 정하도록 하여 건학이념 구현에 장애가 없도록 한다. 학교법인은 설립과 동시에 독립적 인격체로서 공공성을 가지게 되므로 설립자의 사유재산성은 소멸되고, 개방이사제도 도입으로 출연재산의 변동을 가져오는 것은 아니다. 생각건대 개방이사제의 위헌여부는 사립학교의 본질을 재단으로 보고 설립자의 자율적 경영권을 강조하는 입장인지, 학교의 공공성을 강조하거나 교육주체의 자치 내지 참여를 강조하는 입장인지에 따라 다른 결론이 나올 것이다.

토론주제

1. 교육법이 타 법률과 다른 특성은 무엇이며, 법체계상(공법, 사법, 사회법) 어디에 분류되는가?

2. 교육법은 다양한 존재 형태로 존재하는 바, 교육조리란 무엇인가? 또 UN아동권리협약은 한국에서 어느 정도 인식되고 실천되고 있는가?

3. 헌법상의 교육규정, 교육기본법, 초중등교육법, 고등교육법, 유아교육법의 주요 쟁점 주제는 무엇인가?

4. 교육의 기회균등은 동서고금을 막론하고 가장 중요한 인간의 기본권이다. 교육의 기회균등이 중요한 이유는 무엇이며 어떻게 확립되고 있는가?

5. 한국의 교육영역에서는 어떤 사실상의 남·여 성차별이 있으며, 어떻게 극복할 수 있는가? 교육영역에서 경제력에 의한 차별 문제는 없는지? 강남 8학군 문제는 어떻게 극복하여야 하는가? 기부금 입학의 허용은 법률상 가능할까?

6. 교육영역에서 우대조치라고 할 수 있는 정책에는 어떤 것이 있는가? 어떤 점에서 역차별 소지가 있으며, 바람직한 것인가?

7. 학생 체벌은 현행 법령상 허용되는가? 허용된다면 그 논거는 무엇이며 어떤 범위 내에서 가능한가? 체벌을 금지할 경우 어떤 문제가 있으며, 그러한 문제를 극복할 수 있는 방법에는 어떤 것이 있는가?

8. 교육기본법에서 규정하고 있는 교육진흥 분야는 어떤 것이 있으며, 어떻게 정책적으로 구현되고 있는가?

9. 교육위원회의 지방의회에로의 통합에 대한 찬반 논거는 무엇이며, 어떻게 해결되어야 하는가?

10. 다른 정책 영역에서 쟁점이 되고 있는 주제들에는 어떤 것이 있으며, 쟁점의 논점은 무엇인가?

11. 사립학교법에서 규정하고 있는 개방이사제의 찬·반 논거는 무엇인가?

제 15 장

직장생활과 법

본장에서는 직장생활을 하는 과정에서 자주 겪게 되는 법적인 문제로 고용에서의 차별금지문제와 헌법에서 보장하고 있는 노동기본권을 언급한다. 그리고 노동법의 양대 지주인 개별적 근로관계법인 근로기준법과 집단적 근로관계법인 노동조합 및 노동관계조정법의 주요 내용을 살펴본다. 마지막으로 최근에 사회적 쟁점으로 부각된 성희롱 문제를 다룬다.

1. 고용에서의 차별금지[1)]

1) 법적 근거와 내용

직장생활은 채용으로 시작된다. 직업선택은 개인의 생존권문제이기도 하며, 일을 통한 그리고 인간교섭을 통한 개인 인격의 실현이라는 점에서 매우 중요하다. 그러므로 국가에서도 고용과정에서 불합리한 차별을 받지 않도록 많은 법적 보호를 하고 있다.

1) 표시열, 전게서, pp. 323-326.

기본적인 보호 장치는 이미 다루어진 헌법상의 평등권 보장이다. 「헌법」 제11조 1항은 "모든 국민은 법 앞에 평등하다. 누구든지 성별·종교 또는 사회적 신분에 의하여 정치적·경제적·사회적·문화적 생활의 모든 영역에 있어서 차별을 받지 아니한다."라고 규정하고 있다. 헌법 제11조의 평등권 보장은 불합리한 차별을 금지한다는 점에서 상대적 평등을 의미한다. 합리적 차별인지 자의적 차별인지 그 구별 기준은 엄격한 테스트와 완화된 테스트에 따라 다르다. 엄격한 테스트는 헌법에서 특별한 규정을 둔 경우와 차별취급으로 중대한 기본권의 제한이 있는 경우에 적용되는 바, 목적의 정당성 이외에도 수단의 적절성과 피해의 최소성 내지 법익의 균형성을 비교적 엄격히 따진다.

채용과 인사과정에서 부당한 차별을 금지한 개별적인 법률에 「남녀고용평등법」이 있는 바, 동법 제2조에서 남녀차별을 구체적으로 다음과 같이 정의하고 있다. 동법에서 '차별'이라 함은 사업주가 근로자에게 성별, 혼인, 가족 안에서의 지위, 임신 또는 출산 등의 사유로 합리적인 이유 없이 채용 또는 근로의 조건을 달리하거나 그 밖의 불이익한 조치를 취하는 경우이다.

사업주가 채용 또는 근로의 조건은 동일하게 적용하더라도 그 조건을 충족할 수 있는 남성 또는 여성이 다른 한 성에 비하여 현저히 적고 그로 인하여 특정의 성에게 불리한 결과를 초래하며 그 조건이 정당한 것임을 입증할 수 없는 경우를 포함한다. 다만 직무의 성격에 비추어 특정의 성이 불가피하게 요구되는 경우, 근로여성의 임신·출산·수유 등 모성보호를 위한 조치를 취하는 경우, 그 밖에 이 법 또는 다른 법률에 의하여 적극적 고용개선조치를 취하는 경우에 해당하는 경우는 제외한다.

2) 관련 쟁점 사례: 제대군인 가산점 문제

청구인 갑 외 5명은 7급 또는 9급 국가공무원 공개경쟁채용시험을 준비하였다. 청구인들은 제대군인이 필기시험의 각 과목별 득점의 만점의 5% 또는 3%를 가산하도록 규정한 「제대군인 지위에 관한 법률」 제8조가 헌법에 보장된 평등권, 공무담임권, 직업선택의 자유를 침해한다고 헌법소원 심판을 청구하였다.

헌법재판소는 제대군인은 「헌법」 제32조 제6항에 규정된 국가유공자, 상이군경 및 전몰군경의 유가족에 해당하지 아니하므로 고용에서 우대조치의 헌법상의 근거를 찾아볼 수 없다고 지적하고, 남자의 대부분은 제대군인에 해당하므로 가산점제도는 실질적으로 성별에 의한 차별임을 지적하였다. 고용의 영역에서 남성과 여성을 달리 취급하는 이러한 가산점제도의 위헌여부는 헌법 제32조 제4항이 특별히 남녀평등을 요구하고 있으므로 엄격한 심사척도가 적용된다.

엄격한 테스트 결과 헌법재판소는 다음과 같은 이유로 제대군인 가산점 제도를 헌법불합치결정을 하였다. 각 과목별 만점의 5% 또는 3%를 가산함으로써 합격여부에 결정적 영향을 미쳐 가산점을 받지 못하는 사람은 실질적으로 거의 배제하는 결과를 초래하였다. 이러한 혜택을 몇 번이고 아무런 제약 없이 부여함으로 불평등의 효과가 극심하므로 이러한 차별취급은 비례성을 상실하여 「헌법」 제11조의 평등권을 침해하였다. 또한 직무수행능력과 무관한 기준을 삼은 것은 공직 취임권을 침해한 것이다.[2)]

2. 노동기본권의 보장과 중요성

현대사회에서 자본주의 경제체제가 지속되려면 사회적 약자인 근로자의 생존을 국가가 적극적으로 보호하지 않을 수 없다. 우리나라도 헌법에서 근로자 내지 국민의 생존을 배려하는 책무로 근로의 권리를 보

2) 헌재 1999.12.23. 98헌마363.

장(헌법 제32조 1항)하게 되었으며, 근로자의 근로조건 향상을 위하여 자주적인 단결권, 단체교섭권, 단체행동권을 보장(헌법 제33조 1항)하고 있다.

자유경쟁의 경제질서 체제하에서 근로의 권리는 추상적 권리라는 일정한 한계가 있다. 즉 근로의 권리는 국가가 사회·경제정책적 의미에서 고용증진의 의무(헌법 제32조 1항 2)를 지며, 근로의 기회제공을 간접적 내제 보충적으로 증진하여야 한다는 의미로 해석되어야 한다.[3] 이에 관련된 법률이 직업안정및고용촉진에관한법률이다.

노동자의 단결권, 단체교섭권, 단체행동권을 근로3권이라 한다. 사회적 약자인 노동자가 사회적 강자인 사용자와 대등한 관계에서 근로조건에 관한 계약을 체결할 수 있도록 단체(노동조합)를 결성하고, 사용자와 대등하게 교섭하며, 자신의 주장을 관철하기 위하여 파업·태업 등의 쟁의행위를 할 수 있는 권리이다.

이러한 헌법상의 노동기본권 보장은 법률로 구체화되는바, 근로자들의 근로관계에 관한 법규의 총체를 노동법이라 하며 근로자의 인격완성의 실현을 목적으로 한다. 노동법은 사용자의 행위를 규제하여 개개 근로자를 개별적으로 보호하는 개별적 근로관계법과 노동조합이라는 단체를 통하여 스스로 보호하도록 하는 집단적 노사관계법으로 나눌 수 있다. 개별적 근로관계법에 근로기준법이 있고, 집단적 노사관계법에 노동조합및노동관계조정법이 있다.

3. 개별적 근로관계법: 근로기준법

가. 근로기준법의 의의

근로기준법은 근로자의 근로조건과 기타의 생활조건을 일정한 수준

3) 김형배, 『노동법』, 서울 : 박영사, 1998, p. 136.

이상으로 유지할 목적으로 최저생활조건을 정하고 감독관청으로 하여금 근로감독을 실시케 함으로써 근로자를 보호하는 것이 목적이다(근로기준법 제1조). 이는 헌법상의 생존권보장 이념을 구체화한 것이다.

나. 근로기준법의 적용범위와 체계

근로기준법은 상시 5인 이상의 근로자를 사용하는 모든 사업·사업장에는 전면 적용된다. 또한 4인 이하의 사업·사업장에는 총칙, 근로계약, 임금, 근로시간과 휴식 등에 관한 규정이 부분적으로 적용되며, 동거 친족만을 사용하는 사업·사업장 또는 가사사용인의 경우는 적용이 배제된다(근로기준법 제10조 1항).

근로기준법은 총칙, 근로계약, 임금, 근로시간과 휴식, 여자와 소년, 안전과 보건, 기능습득, 재해보상, 취업규칙, 기숙사, 근로감독관, 벌칙 등으로 구성되어 있다. 이중 근로계약, 임금, 근로시간에 관하여서만 간단히 살펴본다.

다. 근로계약, 임금, 근로시간 등

근로계약은 근로자가 사용자에게 근로를 제공하고 사용자는 이에 대하여 임금을 지급할 것을 내용으로 하는 계약을 말한다. 근로계약은 통상 근로자가 임금과 직종 등 중요한 사항에 대하여 합의하는 것으로 그치고 세부적인 내용은 사용자가 작성한 '취업규칙'(就業規則)에 정한 바에 따른다. 근로계약의 당사자는 근로자와 사용자이다. 근로기준법사의 근로자는 직업의 종류를 불문하고 사업 또는 사업자에 임금을 목적으로 근로를 제공하는 자이다(근로기준법 제14조). 사용자라 함은 사업주 또는 상업경영담당자 기타근로자에 관한 사항에 대하여 상업주를 위하여 행위하는 자이다(근로기준법 제15조).

근로계약과 관련한 근로기준법상의 규정으로는 임금, 근로시간, 기타 근로조건 등에 관한 것들이 있다. 임금은 사용자가 근로의 대가로 근로자에게 임금, 봉급, 그 밖에 어떠한 명칭으로든지 지급하는 일체의 금품을 의미하는 바, 임금은 통화(通貨)로 직접 근로자에게 그 전액을 지급할 것을 규정하고 있다. 최저임금법에서는 근로자의 최저임금을 보장하고 있다. 사용자는 계속근로연수 1년에 대하여 30일분 이상의 평균임금을 퇴직금으로 지급할 수 있는 제도를 설정하여야 한다(근로기준법 제34조).

근로시간은 임금과 함께 중요한 근로조건이다. 성인의 경우 1일 8시간, 1주 40시간이 기본원칙이다(근로기준법 제49조). 소년근로자와 유해위험작업에서의 근로시간 등의 경우는 법정근로시간이 다르며, 탄력적 근로시간제 또는 선택적 근로시간제 등 유연화되고 있다. 시간외근로는 당사자의 합의로 가능하지만 1주일에 12시간 이내에서 인정된다(근로기준법 제52조 2항). 시간외의 근로나 야간근로 또는 휴일 근로의 경우 사용자는 통상임금의 100분의 50 이상을 가산하여 지급하여야 한다(근로기준법 제55조). 그 밖에도 근로자가 일하다가 부상, 질병, 사망 등 피해를 받았을 때 그 손실을 보상(요양급여, 휴업급여, 장해급여, 간병급여, 유족급여, 장의비)받을 수 있다.

라. 해고의 제한

근로계약은 합의한 기간의 만료, 합의해지, 정년퇴직, 등으로 소멸된다. 그러나 근로기준법은 사용자의 해고에 의한 근로관계의 종료는 임의퇴직과 달리 여러 가지 제한을 가하여 근로자의 근로의 기회를 보장한다.[4] 즉, 사용자는 '정당한 이유' 없이 근로자를 해고하지 못한다(근로기준법 제30조 1항).

무엇이 '정당한 이유'인지에 대하여 근로기준법이 자세히 규정하고 있지 않아 다툼이 많다. 통상, 정당한 사유란 일신상 또는 행태상 그리고 경영상의 사유로서 해고 이외에는 더 이상 근로관계를 지속할 수 없는 상태라고 할 수 있다.[5] 사용자가 정당한 이유가 있어 근로자를

---

4) 민법상 고용관계의 해지는 기간의 약정이 없는 경우 일정기간 전에 해지의 통고를 하면 정당한 이유가 없어도 소멸시킬 수 있다(민법 제660조).

5) 예컨대, 일신상의 사유로 직업상 요구되는 자격증을 못 받았거나 시험이나 검사

해고하는 경우에도 적어도 30일전에 예고를 하거나 또는 30일분 이상의 통상임금을 지불하여야 한다(근로기준법 제30조). 정당한 이유 없는 해고나 휴직 등의 불이익처분에 대하여서는 노동위원회에 그 구제를 신청할 수 있다(근로기준법 제33조 1).

4. 집단적 근로관계법: 노동조합 및 노동관계조정법 등

가. 의의

집단적 근로관계법은 근로자의 단결을 전제로 근로자와 사용자가 실질적 평등에 바탕을 두고 근로자의 지위향상을 도모하기 위한 것이다. 이에 관련되는 대표적인 법률이 노동조합 및 노동관계조정법이다. 동법은 헌법에 의한 근로자의 단결권 · 단체교섭권 및 단체행동권을 보장하여 근로조건의 유지 · 개선과 근로자의 경제적 · 사회적 지위의 향상을 도모하고, 노동관계를 공정하게 조정하여 노동쟁의를 예방 · 해결함으로써 산업평화의 유지와 국민경제의 발전에 이바지함을 목적으로(동법 제1조) 제정되었다.

나. 노동조합

노동조합이란 근로자가 주체가 되어 자주적으로 단결하여 근로조건의 유지 · 개선과 기타 근로자의 경제적 · 사회적 지위의 향상을 도모함을 목적으로 조직하는 단체 또는 그 연합단체를 의미한다. 노동조합의 본질은 자주성에 있으므로 사용자 이익을 대표하여 행동하는 자의 참가를 허용해서는 아니되며, 경비의 주된 부분을 사용자로부터 원조받아

의 불합격이 있으며, 행태상의 사유(근로자의 귀책사유)로 정당한 이유 없이 장기간의 무단결근, 범법행위, 경력위조 등이 있다. 그리고 경영상의 해고는 감원을 하지 않으면 회사가 경영악화로 사업을 계속할 수 없다고 인정되는 경우, 일부 작업부서의 폐쇄로 그 부서 근로자를 타부서에 전직시켜 사용할 수 없는 특별한 사정이 있는 경우 등이다. 김형배, 전게서, pp. 410-433.

서도 아니 된다. 노동조합은 행정관청에 설립신고를 하여야 하는 바(노동조합및노동관계조정법 제10조), 노동조합의 대외적 자주성과 대내적 민주성을 심사하게 된다. 노동조합의 조직형태에는 직종별(전기공, 인쇄공 등)조합, 산업별조합, 기업별조합이 있다. 연합체조직으로 우리나라에 한국노동조합총연맹과 전국민주노동조합총연맹이 있다.

노동조합에의 가입을 강제하는 제도에 유니온 샵(union shop) 조항이 있다. 이는 사용자에 의하여 고용된 근로자는 일정한 기간 내에 노동조합에 가입해야 할 것을 정한 단체협약이다. 노동조합법은 노동조합이 당해 사업장에 종사하는 근로자의 3분의 2 이상을 대표하고 있을 때에는 근로자가 그 노동조합의 조합원이 될 것을 고용조건으로 하는 단체협약은 부당노동행위에 해당하지 않는다고 하여 유니온 샵 조항을 인정하고 있다.

다. 단체교섭 및 단체협약

가) 단체교섭의 중요성과 교섭기법

단체교섭은 집단적노사관계의 핵심이다. 단결권과 단체행동권도 단체교섭을 위하여 존재하기 때문이다. 교섭 내지 협상을 잘 하는 문제는 노사관계를 넘어서 한국의 정치·사회 전 영역에서 중요한 과제라 할 수 있다. 최근 한국사회에는 여러 부문에서 갈등과 분쟁이 심각하게 노정 되고 있다. 노사 간의 대립, 지역 간의 갈등, 여야 정당간의 대립, 세대 간의 갈등, 남북한 간의 뿌리 깊은 불신과 반목 등이 그러하다. 이러한 갈등들은 어느 시대 어느 사회에서도 존재하는 것이다. 문제는 이러한 갈등들을 긍정적 자세로 받아들이고 대화와 협상으로 해결하는 풍토 내지 문화를 갖고 있느냐에 있다.

불행하게도 우리는 사용자의 불성실성과 근로자의 부당한 요구로 빚어진 당사자 간의 불신과 반목을 자주 목격하게 된다. 한 국가가 민주주의를 실질적으로 구현하고 있는가의 문제는 그 사회에 존재하는 갈등들을 대화와 공정한 협상을 통하여 얼마나 합리적으로 해결하느냐에 달려 있다고 할 수 있다.

이러한 맥락에서 민주주의를 구현하고 있는 선진국들에서는 노동조합을 광범위하게 인정하고 단체협상을 통하여 사회의 갈등들을 합리적으로 해결하고 있다. 이런 경우에는 갈등이 오히려 새로운 대안으로 활용되어 생산적 갈등(productive conflict)이 되는 것이다. 노동조합은 거대한 조직 속에서 무기력한 개인들에게 수(數)적인 힘을 법적으로 보장하여 사용자 또는 국가와 공정하게 협상을 할 수 있도록 한 제도이다. 노동조합도 과다한 요구가 아닌 합리적 요구를 할 줄 알아야 노사간의 쌍무적 결정이 이루어지는 참여민주주의가 구현되는 것이다. 있어야 할 갈등은 있어야 사회가 발전하지만 지나친 갈등은 사회를 정체에 빠지게 할 수 있다.

우리나라는 사적 부문에서 이미 노동조합이 활성화되어 많은 시행착오와 부작용을 겪으며 점차 발전하고 있다고 볼 수 있다. 그러나 아직도 노동조합을 긍정적으로 이해하기보다는 일부 노동조합의 급진적 성향 내지 과도한 요구 때문에 노동조합을 적대시하는 경향이 있다. 특히 불법적 폭력시위라는 악습의 극복은 새로운 노사문화의 정착이라는 과제로 대두되고 있다.

요컨대 노동조합의 인정과 단체교섭은 갈등을 발전적으로 해결하는 민주주의의 필수적 장치이며 국제사회에서 피할 수 없는 제도이다. 단체교섭은 정교한 관리기법을 요구하는 기술성을 필요로 한다. 서로 이해관계가 다른 상충적인 주장을 어떻게 표현하고, 어떤 기법으로 조정하여 타협을 이룰 수 있는가의 문제이다. 단체교섭의 관리기법은 심리적, 사회적, 정치적 여러 요소들이 고려되는 복합적이고 어려운 기술이라 할 수 있다.

단체교섭이 이루어지는 과정을 분석하고 교섭의 노하우를 찾아내는 것은 실질적으로 문제해결의 열쇠이기도 하다. 인생과정은 협상 내지 교섭이라고 말할 수 있다. 협상 기술을 연습하고 습득하는 것은 노동조합의 단체교섭에서만 중요한 것이 아니고 개인의 일상생활에서부터 국가 간의 국제협상에까지 적용되는 중요한 기법이다. 협상 내지 타협의 규칙으로 타협 상대방의 신체적·정신적 안전보장, 당사자 간의 수평적 관계수용, 합의된 의제의 존중, 부분적인 합의(이슈별 접근)의 존중, 협상과정에서의 유연성 확보(대안제시와 입장수정), 상호성 원칙(상대방 양보에 대한 화답), 성실성의 원칙(의사소통의 신뢰와 대표성 확보), 감정과 무례함의 자제, 합리적 운영(반복적 주장 등 비효율적인 운영통제), 공동체 의식 개발 등을 들 수 있다.

노동조합및노동관계조정법은 노동조합과 사용자는 신의에 따라 성실히 교섭하고 단체협약을 체결하여야 하며 그 권한을 남용하여서는 아니 되며, 정당한 이유 없이 교섭 또는 단체협약의 체결을 거부하거나 해태하여서는 아니 된다(노조및조정법 제30조)고 노사 양측에 성실교섭의무를 부과하고 있다. 우리나라의 경우 성공적인 교섭을 못하는 원인들이 무엇인가를 찾아보고, 성실한 교섭(good faith bargaining)의 조건들, 당사자 간의 신뢰회복의 방안, 당사자의 권한 부여, 협상 테이블에서의 예절, 특히 의사전달(communication)의 기법 등을 점검할 필요가 있다.

한국의 경우 갈등해결의 기본적인 수단인 대화기법이 특별히 강조되어야 한다. 오랜 권위주의 문화로 인한 일방적 커뮤니케이션, 편견과 자기의견에 너무 집착하는 당위론적 사고방식, 국민들의 민주적·자율의식의 결여가 대화의 큰 장해 요인이다. 대화문화를 형성하는 데에는 시간이 필요하겠지만 상대방에 대한 존중, 개방적이고 사실중시 사고, 사회적 약자에 대한 배려가 중요하다. 이러한 교육과 함께 단체교섭을 제도적으로 경험시키면서 이 분야의 전문가도 양성되어야 한다.

나) 단체교섭의 대상

단체교섭의 대상은 근로자들의 근로조건에 관한 사항과 단체협약의 체결 기타 이와 관련된 사항이다. 교섭의 대상이 될 수 있는 사항은 모든 조합원에게 적용될 수 있는 공통적 근로조건에 관한 것이어야 한다. 특정 개인에게 국한되는 사항은 고충처리나 노사협의 사항의 대상이지

단체협상의 대상이 아니다.

한편, 사유재산제를 전제로 한 자본주의 체제하에서는 기업주의 재산권 내지 인사·경영권이 보호되어야 하므로 단체교섭이 강제할 수 없는 일정한 영역도 인정되어야 한다. '경영권사항'이 이에 해당한다. 그러나 근로조건과 직접적인 관계에 있는 인사·경영에 관한 사항은 노동조합의 참여에 의한 집단적 교섭의 대상이 될 수 있다. 예컨대 조합원의 배치전환과 징계 등이다.[6)]

다) 단체협약

단체협약은 근로자측과 사용자측간에 체결되는 서면상의 계약이다. 협약의 내용은 근로조건 기타 근로자의 대우에 관한 규범적 부분, 사용자와 노동조합 사이의 권리의무에 관한 채무적 부분, 경영 내의 제도에 관한 조직적 부분으로 나누어진다. 단체협약의 효력은 원칙적으로 단체협약체결 당사자인 노동조합의 조합원들과 사용자단체의 구성원에게만 미친다. 그러나 규범적 부분은 보통거래약관처럼 비조합원에 대하여서도 적용된다.[7)]

라. 쟁의(爭議)행위

가) 쟁의행위의 종류와 면책

쟁의행위라 함은 노사간에 평화적인 단체교섭이 결렬된 경우 분쟁상태에 들어가게 되고 자신의 주장을 관철하기 위하여 '업무의 정상적인 운영을 저해'하는 행위를 말한다.[8)] 근로자 측의 쟁의행위에는 파업, 태업, 준법투쟁, 생산관리, 직장점거가 있으며, 이에 대항하여 사용자 측에서는 직장폐쇄의 방법을 쓸 수 있다.

6) 김형배, 전게서, pp. 575-579.

7) 김형배, 전게서, p. 609.

8) 쟁의행위는 업무의 정상적인 운영을 방해하는 행위이지만, 가두시위나 완장착용 같은 단체행동은 정상적인 업무를 방해하지 않을 수 있으므로, 단체행동이 쟁의행위보다 넓은 개념이다. 평화적 교섭이 결렬된 경우를 노동쟁의의 발생이라고 한다. 노동쟁의는 실력행사를 하지 않은 상태도 포함되므로 쟁의행위, 단체행동과 구별된다. 김형배, 전게서, p. 621.

근로자들이 근로조건을 유지·개선하기 위하여 단체교섭이나 쟁의행위를 함에 있어서 '정당성'을 가지는 한 형법상 사회상규에 어긋나지 않는 행위로 처벌되지 않으며, 사용자도 손해에 대하여 그 배상을 청구할 수 없다(노조및조정법 제4조, 제3조). 쟁의행위의 정당성의 한계는 민형사상의 면책문제이므로 매우 중요하다. 헌법과 실정노동법의 규정에 대한 해석을 통하여 쟁의행위의 적법성의 한계를 검토하고, 쟁의 행위의 주체, 목적, 개시시기, 절차와 수단 및 양태, 그리고 쟁의행위의 유형별로 따져보아야 하는 복잡한 문제이다. 헌법은 공무원인 근로자는 법률로 인정된 자에 한하여 쟁의행위를 인정하고 있으며, 방위산업체의 방산물자를 생산하는 업무에 종사하는 자는 쟁의행위를 할 수 없도록 규정하고 있다(헌법 제33조).

나) 노동쟁의의 조정

노동 쟁의의 조정은 자주적인 조정(調整)노력으로 해결함이 원칙이다. 노동쟁의가 자주적으로 해결하지 않으면, 노사쌍방은 노동위원회에 노동조합및노동관계조정(調整)법에 의한 조정(調停, mediation)을 신청하면 조정이 개시된다. 조정은 노동위원회가 당사자의 의견을 들어 조정안을 작성하고 노사의 수락을 권고하게 된다. 수락하지 않는 한 아무런 법적 구속력이 없다.

중재(仲裁, arbitration)에는 당사자의 신청이 있을 때 개시되는 임의중재와 노동위원장이 중재에 회부하는 강제중재가 있다. 임의중재가 원칙이고, 강제중재는 필수공익사업에만 적용된다. 임의중재건 강제중재건 중재재결은 관계당사자를 구속하는 법률상의 효력이 있다. 노동관계당사자는 노동쟁의가 발생한 때에는 어느 일방이 이를 상대방에게 서면으로 통보하여야 하며, 쟁의행위는 노동조합및노동관계조정법상의 조정절차를 거치지 아니하면 이를 행할 수 없다. 이를 조정전치주의라 한다(동법 제45조).

마. 부당노동행위

가) 부당노동행위의 종류

근로3권의 침해에 대하여 노동조합 스스로 방위하지 못할 경우에 국가기관의 개입이 필요한 바, 부당노동행위 제도가 그것이다. 부당노동행위는 사용자측에 대한 금지된 행위이다.

노동조합및노동관계조정법 제81조에서는 다음 다섯 종류의 부당노동행위를 규정하고 있다.

(1) 근로자가 노동조합에 가입 또는 가입하려고 하였거나 노동조합을 조직하려고 하였거나 기타 노동조합의 업무를 위한 정당한 행위를 한 것을 이유로 그 근로자를 해고하거나 그 근로자에게 불이익을 주는 행위

(2) 근로자가 어느 노동조합에 가입하지 아니할 것 또는 탈퇴할 것을 고용조건으로 하거나 특정한 노동조합의 조합원이 될 것을 고용조건으로 하는 행위. 다만, 노동조합이 당해 사업장에 종사하는 근로자의 3분의 2 이상을 대표하고 있을 때에는 근로자가 그 노동조합의 조합원이 될 것을 고용조건으로 하는 단체협약의 체결은 예외로 하며, 이 경우 사용자는 근로자가 그 노동조합에서 제명된 것 또는 그 노동조합을 탈퇴하여 새로 노동조합을 조직하거나 다른 노동조합에 가입한 것을 이유로 근로자에게 신분상 불이익한 행위를 할 수 없다.

(3) 노동조합의 대표자 또는 노동조합으로부터 위임을 받은 자와의 단체협약체결 기타의 단체교섭을 정당한 이유없이 거부하거나 해태하는 행위

(4) 근로자가 노동조합을 조직 또는 운영하는 것을 지배하거나 이에 개입하는 행위와 노동조합의 전임자에게 급여를 지원하거나 노동조합의 운영비를 원조하는 행위. 다만, 근로자가 근로시간 중에 제24조 제4항에 따른 활동을 하는 것을 사용자가 허용함은 무방하며, 또한 근로자

의 후생자금 또는 경제상의 불행 기타 재액의 방지와 구제 등을 위한 기금의 기부와 최소한의 규모의 노동조합사무소의 제공은 예외로 한다.

(5) 근로자가 정당한 단체행위에 참가한 것을 이유로 하거나 또는 노동위원회에 대하여 사용자가 이 조의 규정에 위반한 것을 신고하거나 그에 관한 증언을 하거나 기타 행정관청에 증거를 제출한 것을 이유로 그 근로자를 해고하거나 그 근로자에게 불이익을 주는 행위

나) 부당노동행위에 대한 구제

사용자 측의 부당노동행위에 대해서는 관할 지방노동위원회에 구제신청을 할 수 있으며 노동위원회는 당사자에 화해를 권고할 수 있다. 부당노동행위가 성립된다고 판정한 때에는 구제명령을 발하게 되고 성립되지 않는다고 판정한 때에는 기각결정을 하게 된다. 지방노동위원회의 기각결정에 대하여서는 중앙노동위원회에 재심을 신청할 수 있다. 중앙노동위원회의 결정에 불복할 경우에는 행정소송을 할 수 있다. 구제명령에 따라 구제될 수 있다.

5. 성희롱 예방대책

1) 성희롱과 관련 법률

우리사회에서 최근에 중요시되고 있는 쟁점 중 하나가 직장에서의 성희롱 문제이다. 다양한 사회적·경제적 원인으로 생식 수단으로서의 성(sex)이 쾌락 추구적인 성문화로 변화되었고, 사회의 모든 영역에서 남녀평등이 강조되면서 성폭력 내지 성희롱에 대한 인식이 새롭게 부각되고 있다.

성폭력은 법적으로 용인될 수 없는 사회적 위해(危害)이므로 헌법상의 신체의 자유에 대한 침해가 된다. 따라서 성폭력은 형법에서 구체적

으로 금지하여 왔고, 관련 특별법까지 제정되었다. 형법에서 강제추행죄는 10년 이하의 징역 또는 벌금형에 처하도록 되어 있다(동법 제298조). 또 업무, 고용, 기타 관계로 인하여 자기의 보호 또는 감독을 받는 부녀에 대하여 위계 또는 위력으로 간음한 자는 5년 이하의 징역 또는 1,500만 원 이하의 벌금에 처하도록 규정되어 있다(동법 제303조). 「성폭력범죄의 처벌 및 피해자보호 등에 관한 법률」에서는 업무, 고용, 기타 관계로 인하여 자기의 보호 또는 감독을 받는 사람에 대하여 위계 또는 위력으로써 추행한 자는 2년 이하의 징역이나 500만 원 이하의 벌금형에 처하도록 되어 있다(동법 제11조).

이에 반하여 성희롱은 사회적으로 어느 정도 묵인되어 왔고, 도덕적 판단의 영역이었지 강제성을 특징으로 하는 법의 영역으로 편입되지는 못하였다. 그러나 최근에 여성의 사회 진출이 크게 늘고, 인권보장의 보편화 현상에 따라 여성에 대한 성희롱이 사회적 쟁점으로 부각되고 관련 법령이 광범위하게 제정 · 실시되고 있다.

성희롱은 근본적으로 헌법상의 인간의 존엄과 가치와 관련되는 문제이며, 헌법상의 평등권 문제이기도 하다. 「헌법」은 모든 국민은 법 앞에 평등하며, 누구든지 성별 · 종교 또는 사회적 신분에 의하여 정치적 · 경제적 · 사회적 · 문화적 생활의 모든 영역에 있어서 차별을 받지 아니한다고 규정하고 있다(동법 제11조 제1항).

1988년에 제정된 「남녀고용평등법」은 사업주는 직장 내 성희롱을 예방하고 근로자가 안전한 근로환경에서 일할 수 있는 여건 조성을 위하여 교육 등 일정한 조치를 취하도록 하고 있다. 또 정부는 1999년부터 「남녀차별금지 및 구제에 관한 법률」과 동법 시행령을 제정하여 성희롱의 개념을 규정하고 구체적으로 성희롱을 금지하고 있다(동법 제7조).

「남녀차별금지 및 구제에 관한 법률」의 실시에 따라 교육인적자원부도 각급 학교 등에서 교육, 고용, 재화 · 시설 · 용역 등의 제공 및 이용, 법과 정책의 집행에 있어서 남녀차별을 금지하고 피해자의 권익을 구제함으로써 양성평등을 촉진·실행시키기 위하여 「교육기관의 성희롱 등 남녀차별 업무처리 요령」을 1999년 7월 1일부터 시행하고 있다.

성희롱은 그 밖에도 고의 또는 과실로 인한 불법행위로 타인에게 손해를 가한 자는 그 손해를 배상할 책임이 있다는 「민법」 제750조의 불법행위 책임, 그리고 타인을 사용하여 어느 사무에 종사하게 한 자 또는 사용자에 가름하여 그 사무를 감독하는 자는 피해자에게 손해를 배상할 책임이 있다는 「민법」 제756조의 사용자 및 감독자의 배상책임과도 직접 관련된다.

성희롱금지에 관한 이러한 많은 법령상의 제정 실시에도 불구하고 아직 성희롱의 개념에 대한 인식은 명확하지 않고 우리 사회는 물론 공직사회에서도 성희롱 금지에 대한 호응 내지 준수가 만족스럽지 못한 것 같다.[9] 따라서 성희롱에 관한 개념과 실제 유형, 영향과 원인, 예방과 구제 등을 체계적으로 살펴본다.

2) 성희롱의 개념, 영향 및 원인

가. 성희롱의 개념과 성립요건

우리나라의 「남녀고용평등법」에서는 직장 내 성희롱의 개념을 "사업주, 상급자 또는 근로자가 직장 내의 지위를 이용하거나 업무와 연관하여 다른 근로자에게 성적인 언어나 행동 등으로 또는 이를 조건으로 고용상의 불이익을 주거나 또는 성적 굴욕감을 유발하게 하여 고용환경을 악화시키는 것을 말한다."고 정의하고 있다(동법 제2조의 2).

1999년부터 시행되고 있는 「남녀차별금지 및 구제에 관한 법률」에서는 성희롱을 남녀차별로 보고 공공기관의 종사자, 사용자 및 근로자는

9) 행정자치부의 공직사회의 남녀평등의식 조사결과를 보면 인사관리 측면에서 여성공무원의 경우 보직배치, 승진, 근무평정 등에서 차별이 있었다는 응답률이 80%를 상회하며, 여성공무원 성희롱 피해실태를 보면 하위직급 여성일수록 높은 비율이고 여성비하의 모욕적 언사 경험 56.4%, 의식적 따돌림 42.8%, 성희롱 28.8%, 폭력 및 욕설 8%의 순이다. 한국여성개발원 정책연구보고서(1998.12, www.stopsh.pe.kr/SCHOOL/

성희롱을 하여서는 아니 된다고 규정하고 있다(동법 제7조). 동법에서는 "성희롱이라 함은 업무, 고용 기타관계에서 공공기관의 종사자, 사용자 또는 근로자가 그 지위를 이용하거나 업무 등과 관련하여 성적 언동 등으로 성적 굴욕감 또는 혐오감을 느끼게 하거나 성적 언동 기타 요구 등에 대한 불응을 이유로 고용상의 불이익을 주는 것을 말한다."라고 정의하고 있다(동법 제2조).

「남녀차별금지 및 구제에 관한 법률」, 동법 시행령, 그리고 이에 근거하여 제정된 여성특별위원회 고시인(제1999-1호) 「남녀차별금지기준」에서 규정하고 있는 성희롱의 개념 내지 구성요건을 살펴본다. 첫째, 주체가 업무, 고용 기타 관계에서의 공공기관의 종사자, 사용자 또는 근로자이어야 한다. '업무, 고용 기타 관계'라 함은 직업으로써 행하는 직무관계, 임금을 받고 일하는 관계 및 이에 준하는 관계를 말한다. 즉 사업주, 직장상사, 직장동료, 부하직원이 여기에 해당된다. 외부 고객은 해당되지 않는다 하겠다.

둘째, 지위를 이용하거나 업무 등과 관련되어야 한다. '지위를 이용하거나 업무 등과 관련하여'라 함은, 행위 장소가 직장 내인지 여부를 불문하고 공공기관의 종사자, 사용자 또는 근로자의 지위를 이용하거나 기타 업무 관련성이 존재하는 경우를 말한다. 성희롱이 자주 발생하는 직장 회식자리도 업무와 관련이 있다고 판단되므로 해당될 수 있다.

셋째, 성적 언동 등으로 성적 굴욕감 또는 혐오감을 느꼈어야 한다. '성적 언동 등'이라 함은, 상대방이 원하지 아니하는 성적 의미가 내포된 육체적 · 정신적 · 시각적 행위를 말한다. 성적 언동 등에 해당하는 성희롱의 대표적 유형을 「남녀차별금지기준」에서는 육체적 행위, 언어적 행위, 시각적 행위로 분류하고 있다(동기준 제17조). 많은 성희롱 사건에서 쟁점이 되는 것은 상대방이 원하지 않았느냐에 관한 판단이다. 상대방 즉 피해자가 명백히 거부의 반대표시를 하는 것이 중요하고, 문서화된 기록이 있으면 가장 확실하다 하겠다. 그러나 우리나라 대법원은 후술하는 바와 같이 명백한 거부표시가 없는 경우에도 추정적 반

응으로 상대방이 원하지 않았음을 인정하고 있다.

넷째, 성적 언동 기타 요구 등에 대한 불응을 이유로 고용상의 불이익을 주었어야 한다. '고용상의 불이익'이라 함은, 채용탈락, 감봉, 승진탈락, 전직, 정직, 휴직, 해고 등과 같이 채용 또는 근로조건을 불리하게 하거나 고용환경을 악화시키는 행위 등을 말한다.

셋째 요건과 넷째 요건은 선택적 요건이다. 셋째 요건을 충족한 경우에는 환경악화형 성희롱이 되고, 넷째 요건을 충족한 경우에는 대가보복형 성희롱이 된다. 성적으로 모욕을 주는 말이나 행동을 하여 적대적인 작업분위기를 형성하는 환경악화형 성희롱은 상사와 부하 간, 동료 간, 근로자와 고객 간에 자주 발생하며, 성의 대가로 고용관계에서 채용이나 승진 같은 일정한 이익, 또는 해고나 징계 등의 불이익을 주는 대가보복형 성희롱은 주로 상사와 부하의 관계에서 발생한다.[10]

「남녀차별 금지 및 구제에 관한 법률」상의 성희롱이 금지되는 영역은 다음과 같다.

- 공공기관의 종사자, 사용자 및 근로자가 직장에서 상급자, 동료, 하급자, 협력업체, 종사자, 파견종사자 등에 대하여 성희롱을 하는 경우. - 교육기관 또는 교육훈련기관 등의 종사자, 사용자 및 근로자가 학습자나 교육응시자에 대하여 성희롱을 하는 경우. -공공기관의 종사자, 사용자 및 근로자가 재화·시설·용역 등의 제공 및 이용에 있어서 이용자 등 상대방이나 기타 관련자에 대하여 성희롱을 하는 경우. - 공공기관의 종사자가 법과 정책의 집행 시 직무를 수행하거나 권한을 행사하는 과정에서 상대방이나 기타 관련자에 대하여 성희롱을 하는 경우.

나. 성희롱의 영향과 원인

성희롱은 피해자가 사표를 내는 경우의 경제적 손실 뿐 아니라, 심리적으로 수치심 내지 죄의식과 무력감 등을 느끼게 하며, 분노와 자존심의 상실 등으로 사회적 고립감 내지 정신건강의 문제까지 야기하는 심

10) Catherine Mackinnon, *Sexual Harassment of Working Women: A Case of Sex Discrimination,* New Haren: Yale University Press, 1979, pp. 32-40.

각한 영향을 미친다. 성희롱은 사용주에게도 적대적 근무환경 때문에 생산비 등의 증가 뿐 아니라 사표를 내는 경우에는 신임직원의 채용비용과 잠재적 손해배상 책임까지 지는 부담을 준다.

이러한 성희롱의 원인은 크게 다음 세 가지로 설명된다. 첫째는 생물학적 유형으로 남자와 여자는 생물학적 차이가 있다는 주장이다. 남성은 여성보다 성적인 행위에 통제력이 별로 없다는 주장이 강간이나 성희롱의 법적 변론에도 자주 인용된다. 둘째는 조직적 유형으로 성희롱이 직장조직에서 남자와 여자간의 권력 내지 권한의 차이에 기인한다는 것이다. 조직에서의 우월한 지위로 상대방을 사실상 강요할 수 있다는 것이다. 셋째로 사회 문화적 유형으로 성희롱을 유발하는 남자나 여자의 상호작용은 결국 사회문화와 환경에 기인한다는 것이다. 사회구성원들로부터 수용되고 있는 일정한 행위유형을 사회화 과정을 통하여 배우게 된다는 것이다. 성 행태에 있어서 남성은 공격적이고 지배적이며, 여성은 수용적이고 묵인하는 특성으로 보는 성 역할의 고정화(sex-role stereotype)는 결국 사회·문화에 기인한다. 성희롱의 원인에 관한 이러한 세 가지 설명은 부분적인 의미가 있으므로 종합적으로 고려되어야 한다.[11)]

성희롱의 유사개념에 성폭력이 있다. 「성폭력범죄의 처벌 및 피해자보호 등에 관한 법률」에서는 국가 및 지방자치단체에게 성폭력범죄를 예방하고 그 피해자를 보호하며 유해환경을 개설하기 위한 법적·제도적 장치를 마련하고 필요한 재원을 조달할 의무를 지우고, 청소년에 대한 성교육 및 성폭력 예방에 필요한 교육을 실시하도록 하고 있다(동법 제2조). 성폭력범죄는 「형법」상의 음서 등의 반포(제243조), 영리를 위한 약취·유인·매매(제288조), 미성년자에 대한 간음·추행(제305조), 강도강간(제339조) 등이다.

11) Dennis Dresang and Paul Stuiber, "Sexual Harassment : Challenges for the Future", *Public Perseonnal Management* (Carolyn Ban & Norma M. Riccucci, ed), New York : Longman, 1991, pp. 119-121.

3) 직장내 성희롱의 예방 및 구제

성희롱에 대한 최선의 대응 방법은 사전 예방에 있다. 「남녀고용평등법」, 「남녀차별 금지 및 구제에 관한 법률」, 그리고 「교육기관의 성희롱 등 남녀차별 업무처리요령」에서 규정하고 있는 예방조치 및 구제수단 등을 살펴본다.

가. 「남녀고용평등법」상의 예방 및 구제조치

사업주는 직장 내 성희롱을 예방하고 근로자가 안전한 근로환경에서 일할 수 있는 여건 조성을 위하여 직장 내 성희롱의 예방을 위한 교육을 실시하여야 한다. 교육의 방법·내용 및 횟수 등에 관하여 필요한 사항은 대통령령으로 정한다. 사업주는 직장 내 성희롱 예방교육을 노동부장관이 지정하는 기관에 위탁하여 실시할 수 있으며 교육을 위탁할 수 있는 기관의 지정요건 및 절차 등에 관하여 필요한 사항은 노동부령으로 정한다(동법 제13조).

사업주는 직장 내 성희롱 발생이 확인된 경우 지체 없이 행위자에게 징계, 그밖에 이에 준하는 조치를 취하여야 한다. 피해주장이 제기된 경우에도 피해 주장자에게 근로여건상 불이익을 주어서는 안 된다. 사업주는 피해 근로자에게 해고 등의 불이익을 주어서는 아니 된다(동법 제14조). 직장 내 성희롱 예방교육의무를 위반한 자, 성희롱한 자를 징계하지 아니한 경우에는 300만 원 이하의 과태료에 처한다(동법 제39조②, ③).

나. 「남녀차별 금지 및 구제에 관한 법률」상의 예방 및 구제조치

공공기관의 종사자, 사용자 및 근로자는 성희롱을 하여서는 아니된다. 공공기관의 장 및 사용자는 대통령령이 정하는 바에 의하여 성희롱의 방지를 위하여 교육을 실시하는 등 필요한 조치를 강구하여야 한다.

성희롱은 남녀차별로 본다(동법 제7조). 동법에 의하여 성희롱은 남녀차별이므로 동 법에서 규정하고 있는 남녀차별개선사무에 관한 위원회에서 성희롱에 대한 자료요구 등의 조사와 결정·조정·시정권고·고발 등의 조치를 할 수 있다(동법 제10조, 제21조~제34조).

동법 제7조 제2항 및 동법 시행령 제4조 제2항의 규정에 의한 공공기관의 성희롱 예방교육의 내용 및 방법을 규정한 「공공기관의 성희롱 예방지침」 내용은 다음과 같다. 공공기관의 장은 성희롱 예방을 위한 교육을 연 1회 이상 실시하여야 한다(동지침 제3조). 공공기관의 성희롱 예방교육은 공공기관의 규모와 사정을 고려하여 직원연수·정례회의·부서별 회의 등을 이용하되, 시청각 교재 등을 활용한다(동지침 제5조). 공공기관의 장은 성희롱 예방을 위하여 성희롱 상담·고충에 대한 전담창구 마련 및 정기점검, 성희롱 상담자 교육훈련 지원, 성희롱 예방 교육·홍보용 자료 게시 또는 비치, 성희롱 행위자에 대한 적정한 대처 및 재발방지 대책 수립, 성희롱과 관련된 피해자의 불이익한 조치 금지 등을 하여야 한다(동지침 제6조).

다. 「교육기관의 성희롱 등 남녀차별 업무처리요령」상의 예방 및 구제조치

「남녀차별금지 및 구제에 관한 법률」의 실시에 따라 각급 학교 등에서 교육, 고용, 재화·시설·용역 등의 제공 및 이용, 법과 정책의 집행에 있어서 남녀차별을 금지하고 피해자의 권익을 구제함으로써 양성평등을 촉진·실현시키기 위하여 교육인적자원부가 업무처리요령을 1999. 7. 1일부터 시행하고 있다.

교육영역에서의 성희롱 등 남녀차별의 관행은 우리 사회의 축소판이라 할 수 있다. 예컨대 교육목표의 지도에서 여학생에게는 가정생활에 대한 태도 형성을, 남학생에게는 지도력 개발 내지 사회생활능력 개발을 더 강조하고, 교과활동에서 고등학교 과학교과 편성시 여학생에게는 생물교과, 남학생에게는 물리교과를 개설하는 경향이 있는 바 이는 성별에 따라 적합한 교과목이 있다는 고정관념이 작용한 것으로 보인다.

특별활동 학생 모집시 구기운동, 바둑, 장기 등은 남학생에게 가사, 요리, 수예 등은 여학생에게 우선권을 주는 것도 마찬가지라 할 수 있다. 진로지도·생활지도에서 "여자는 시집만 잘 가면 된다."고 하는 등 교사로부터 성의 정형화된 내용의 지도를 받은 경험이 학교 급이 높아질수록 많아지고, 중·고등학교 여학생이 성희롱을 당한 경험도 매우 높게 나타났다.

한편 교육영역에서의 성희롱 등 남녀차별에 대한 개선은 사회에서의 성희롱 및 남녀차별 관행을 개선시키는 데 크게 기여할 수 있을 것이다. 어려서부터 성에 대한 편견을 안 갖고 상대방을 소중하게 목적가치로 대하는 것을 배우고 내면화하게 되면 미래의 사회에서도 성희롱 등 남녀차별이 최소화될 것을 기대할 수 있겠다.

「교육기관의 성희롱 등 남녀차별 업무처리요령」에서 규정하고 있는 '성희롱'이라 함은 교육, 업무, 고용 기타 관계에서 교육기관의 종사자, 사용자 또는 근로자가 그 지위를 이용하거나 업무 등과 관련하여 성적 언동 등으로 성적 굴욕감 또는 혐오감을 느끼게 하거나, 성적 언동 기타 요구 등에 대한 불응을 이유로 학생의 수업상 또는 직원의 고용상의 불이익을 주는 것을 말한다. 이는 「남녀차별금지 및 구제에 관한 법률」 및 동법 시행령에서 정의하고 있는 개념 정의와 내용적으로 같다.

동 업무처리 요령에서는 교육(행정)기관의 책임으로 성희롱 예방교육을 연 1회 이상 관련법령에서 규정하고 있는 내용을 교육시키도록 규정하고 있다. 학교(기관)장의 책임은 본 요령에 의거 학교(기관)의 자체실정에 맞는 세부계획을 마련하고 성희롱 등 남녀차별행위 방지를 위해 직원·학생에 대한 연수(교육), 홍보물 배포, 포스터 게재, 홍보활동 실시 등을 하며, 신규임용(승진)자에 대한 연수교육을 실시하고, 학생의 수업 상 또는 직원의 고용 상 적절한 환경이 침해되는 성희롱 등 남녀차별행위 발생 시 지도·감독 책임을 진다. 교직원은 교직원에 의한 학생 성희롱의 대표적 사례에 유의하여 성희롱이 발생하지 않도록 하여야 한다.

책임 불이행시의 조치는 신분상 조치로 관련자와 감독자에게 고의·과실 정도에 따른 조치가 있고, 행정상 조치로 시정과 개선요구 조치가 있다. 그리고 재정상 조치로 학교(기관)측에 성희롱 등 남녀차별 피해발생 정도에 따른 책임을 물어 재정지원에 반영한다.

라. 피해자의 구제절차 및 구제내용

남녀차별로 피해를 입은 자는 관련법에 의해 여성부에 두는 남녀차별개선실무위원회에 직접 시정 신청할 수 있으나, 1차로 소속 학교(기관)의 상담원에게 시정을 신청한다. 초·중·고등학교 등 시·도 교육청 소속 학교(기관)의 경우에 감독기관인 시·도 교육청의 상담원에게 2차 고충상담을 신청하고 3차로 여성부에 시정 신청한다.

시·도 교육청 및 각급 학교 등의 장, 상급감독자 그 밖의 직원은 성희롱 등 남녀차별에 대한 고충에 관계되는 조사에 협력하여야 하며, 정당한 대응을 한 직원 또는 학생에 대하여 그것으로 인한 불이익한 조치를 하여서는 아니된다. 불이익에는 승급, 승진, 배치 등의 임용상이나 연구비, 수당 등 급여상의 불이익과 진학, 진급, 성적평가, 연구지도, 시상, 장학금 등 관련 불이익, 그리고 비방, 중상 등 사실상의 불이익이 포함된다.

마. 성희롱 예방지침 및 과제

성희롱 예방에서 가장 중요한 것은 의식의 변화이다. 즉, 다른 사람과 접촉할 때 서로 상대방의 인격을 존중하고, 상대방을 소중한 파트너로 보는 의식을 가져야 하며, 상대방을 성적인 관심의 대상으로 또는 이성을 열등한 성으로 보는 의식을 버려야 한다. 또 기본적인 마음가짐으로 첫째, 성에 관한 언동에 대한 수용태도는 개인 간이나 남녀 간, 처해 있는 입장에 따라 차이가 있고 성희롱 해당 여부에 대해서는 상대방의 판단이 중요하다. 친절함을 나타내려는 의도의 언동이더라도 본인의 의도와 달리 상대방을 불쾌하게 하는 경우가 있으므로 이 정도는 상대방도 허용할 것이라는 일방적인 추측을 하지 말아야 한다. 둘째, 상대방이 거부하거나 싫어한다는 것을 알게 된 경우에는 같은 언동을 반복하지 말 것이며, 상대방이 상급자 등인 경우 상대방에게 항상 명확한 거부의사를 표명할 수 없는 경우도 적지 않으므로 그런 경우를 동의 또는 합의로 간주하여서는 안 된다. 셋째, 근무시간 내 또는 직장 내에서의 성희롱만을 주의하는 것으로는 불충분하고 직장의 환영회, 세미나, 만찬 등의 장소에서도 직장 동료나 학생 등에게 성희롱을 하는 경우 같은 주의가 필요하다. 평소에 성희롱으로 간주될 수 있는 언동을 조심하여야 한다.[12)]

피해자의 자세 및 대처 요령으로 혼자 참고 있는 것만으로는 문제가 해결되지 않음을 유의하고, 성희롱을 당했다고 생각되는 경우 상대방에게 자신의 의사를 명확하게 전달하는 것이 중요하다. 상하관계인 경우 직접 상대방에게 말하기 어려울 때에는 편지 등의 수단을 이용하는 방법도 있다. 그래도 해결이 안 되면 직장동료나 친구 등 가깝고 신뢰할 수 있는 사람에게 상담하는 것이 중요하다. 다음에 소속기관 또는 외부의 상담기관에 상담을 요청하고 상담 시 성희롱이 발생한 일시, 내용 등을 기록하는 것은 물론, 제3자의 증언을 얻어 두는 것이 필요하다. 성희롱 예방에서 가장 중요한 과제는 성희롱에 대한 우리의 잘못된 인식을 고쳐나가는 것이다.[13)]

---

12) 육체적 행위로 체육관, 운동장, 실험실, 숙직실 등 외부와 차단된 장소에서 특정 신체 부위를 만지는 행위. 필요 이상 오래 손을 잡거나, 특정 신체부위를 접촉하는 행위. 몸을 접촉하거나 옆에 또는 무릎에 앉으라고 강요하는 행위. 명찰을 넣고 빼면서 가슴을 스치거나, 속옷을 입고 다니도록 지도하면서 특정 의복의 일부를 만지거나 들추는 행위. 뜀틀 구르기나 철봉운동 등을 할 때 또는 컴퓨터 시간에 과도한 신체접촉을 하는 행위. 다정한 듯 어깨동무를 하거나 충고하면서 어깨 안쪽을 치는 행위. 언어적 행위로 수업시간에 음란한 문구나 신문기사 등을 낭독하는 행위. 학생의 신체적 특징을 성적으로 평가·비유하여 말하는 행위. 음란한 농담을 하거나 농담으로 특정 신체부위 접촉을 강요하는 행위. 시각적 행위로 칠판에 음란한 그림을 그리는 행위. 목티를 들춰서 특정 신체부위를 들여다보는 행위. 기타의 행위로 사회 통념상 성적 굴욕감 또는 혐오감을 유발하는 것으로 인정되는 언어나 행동이다.

13) 성과 관련된 잘못된 인식의 예는 다음과 같다 가. 성희롱은 사소한 문제이다. 나. 성적인 농담, 가벼운 접촉은 오히려 직장 생활의 활력소가 된다. 다. 성희롱

토론주제

1. 한국 기업에서 채용 시 어떤 차별이 있는가? 제대군인 가산점에 대한 찬반 논거는 무엇이며 어떻게 조정되어야 할 것인가?

2. 임금, 근로시간, 산업재해에 관한 근로기준법상의 기준은 무엇인가?

3. 노동3권은 왜 인정되는가? 어떻게 평화적인 협상문화를 정착시킬 수 있는가?

4. 노동쟁의 조정방안에는 어떤 것이 있으며 어떻게 운영되고 있는가? 구체적인 사례에는 어떤 것이 있는가?

5. 성희롱의 원인은 무엇이며 어떻게 예방할 수 있는가? 성희롱 성립에 관한 대법원의 기준은 무엇인가? 어떤 점에 문제가 있는가?

의도는 없으며, 친밀감의 표현이다. 라. 직장에서의 성희롱은 무시해 버리면 그만이다. 마. 성희롱은 여성의 과다한 신체노출로 인한 성적충동이다.

제 16 장

기타의 일상생활과 법

본장에서는 일상생활에서 접하게 되는 기타의 주요 법률관계로 경쟁법의 핵심 법률인 독점규제 및 공정거래에 관한 법률과 소비자보호법의 내용을 살펴본다. 사회보장법의 체계와 장애인복지법률의 내용을 언급하고, 환경법의 체계와 환경정책기본법의 내용도 간략히 소개한다.

1. 독점규제 및 공정거래에 관한 법률

1) 배경 및 동법률의 목적

20세기 자본주의체제는 자유경쟁을 핵심으로 하는 바, 부의 편재라는 부작용을 겪게 되면서 경제질서의 기본원리로 국가의 규제와 조정을 불가피하게 요구하게 되었다. 한국헌법도 제119조에서 이러한 원리를 규정하고 있다. 시장경제 질서를 유지하면서 그 안에서 자유롭고 공정한 경쟁을 담보하는 법규범 체계를 경쟁법(competition law)이라고 한다. 경쟁 질서를 규율하는 '경쟁법'은 독점사업자들의 우월적 지위남용을 금지하고, 경쟁제한적인 기업결합을 통제하며, 다수사업자들이 경쟁

제한을 위해 담합하는 행위를 금지하며, 각종 불공정행위를 통제하는 것을 주된 내용으로 한다.[1] 우리나라의 경우 1980년에 제정된 '독점규제 및 공정거래에 관한 법률'이 이에 관한 기본 법률이다.

독점규제 및 공정거래에 관한 법률은 사업자의 시장지배적지위의 남용과 과도한 경제력의 집중을 방지하고, 부당한 공동행위 및 불공정거래행위를 규제하여 공정하고 자유로운 경쟁을 촉진함으로써 창의적인 기업 활동을 조장하고 소비자를 보호함과 아울러 국민경제의 균형 있는 발전을 도모함을 목적으로 한다(동법 제1조).

2) 주요 규제 내용

가. 시장지배적 지위의 남용금지

공정거래위원회는 독과점적 시장구조가 장기간 유지되고 있는 상품이나 용역의 공급 또는 수요시장에 대하여 경쟁을 촉진하기 위한 시책을 수립・시행하여야 한다(동법 제3조의 1). 시장지배적사업자[2]는 다음 각 호의 1에 해당하는 '남용행위'를 하여서는 아니 된다(동법 제3조의 2). 1. 상품의 가격이나 용역의 대가(이하 "가격"이라 한다)를 부당하게 결정・유지 또는 변경하는 행위 2. 상품의 판매 또는 용역의 제공을 부당하게 조절하는 행위 3. 다른 사업자의 사업활동을 부당하게 방해하는 행위 4. 새로운 경쟁사업자의 참가를 부당하게 방해하는 행위 5. 부당하게 경쟁사업자를 배제하기 위하여 거래하거나 소비자의 이익을 현저히 저해할 우려가 있는 행위. 공정거래위원회는 시장지배적사업자가 남용행위를 한 경우에는 당해 사업자에 대하여 대통령령이 정하는 매출액에 100분의 3을 곱한 금액을 초과하지 아니하는 범위안에서 과

1) 정호열, 『경제법』, 서울 : 박영사, 2008, p. 9.
2) 일정한 거래분야에서 시장점유율이 다음 각 호의 어느 하나에 해당하는 사업자(일정한 거래분야에서 연간 매출액 또는 구매액이 40억원 미만인 사업자는 제외한다)는 시장지배적 사업자로 추정한다. 1. 1사업자의 시장점유율이 100분의 50 이상. 2. 3 이하의 사업자의 시장점유율의 합계가 100분의 75 이상(동법 제4조).

징금을 부과할 수 있다(동법 제6조).

나. 기업결합의 제한

누구든지 직접 또는 대통령령이 정하는 특수한 관계에 있는 자[3]를 통하여 다음 각호의 1에 해당하는 "기업결합"으로서 일정한 거래분야에서 경쟁을 실질적으로 제한하는 행위를 하여서는 아니 된다(동법 제7조). 1. 다른 회사의 주식의 취득 또는 소유 2. 임원 또는 종업원에 의한 다른 회사의 임원지위의 겸임 3. 다른 회사와의 합병 4. 다른 회사의 영업의 전부 또는 주요부분의 양수·임차 또는 경영의 수임이나 다른 회사의 영업용고정자산의 전부 또는 주요부분의 양수 5. 새로운 회사설립에의 참여.

자산총액 또는 매출액의 규모가 2조 원 미만인 회사는 제외된다(시행령 제12조의 2). 기업 결합 금지의 요건은 일정한 경쟁분야에서 경쟁을 실질적으로 제한하여야 하며, 위에서 열거한 수단에 의한 결합방식이어야 한다.

다. 경제력 집중 억제

지주회사[4]에 대하여 부채비율을 자본 총액 대비 200% 이하로 제한하고 있으며(동법 제8조의 2), 자회사의 주식 보유가 40% 미만으로 소유하는 행위를 금지하고, 계열회사가 아닌 국내회사의 주식을 5%를 초과하여 소유할 수 없는 등 많은 제한이 있다(동법 제8조의 2).

일정규모이상의 자산총액 등 대통령령이 정하는 기준에 해당되는 '상호출자제한기업집단'은 자기의 주식을 취득 또는 소유하고 있는 계열회사의 주식을 취득 또는 소유하여서는 아니 된다(동법 제9조 1항). 상호출자란 다수의 회사가 서로 상대방의 주식 전부 또는 일부를 취득 보유하는 현상이다. 이 밖에도 '출자총액제한기업집단'은 당해 회사의 순

---

3) 특수관계인이란 당해회사를 사실상 지배하고 있는 자, 동인인 관련자로 배우자, 8촌 이내의 혈족, 4촌 이내의 인척 등이다(시행령 제3조 1호).

4) 지주회사란 다른 회사의 주식이나 지분의 소유를 통하여 그 회사의 사업 활동을 지배 또는 관리하는 회사이다. 지배당하는 회사를 자회사라 한다.

자산액의 40%를 초과하여 다른 국내회사의 주식을 취득 소유하지 못하는(동법 제10조 1항) 등의 제한을 하고 있다.

라. 부당한 공동행위의 제한

사업자는 계약·협정·결의 기타 어떠한 방법으로도 다른 사업자와 공동으로 부당하게 경쟁을 제한하는 다음 각 호의 어느 하나에 해당하는 행위를 할 것을 합의하거나 다른 사업자로 하여금 이를 행하도록 하여서는 아니 된다(동법 제19조). 1. 가격을 결정·유지 또는 변경하는 행위 2. 상품 또는 용역의 거래조건이나, 그 대금 또는 대가의 지급조건을 정하는 행위 3. 상품의 생산·출고·수송 또는 거래의 제한이나 용역의 거래를 제한하는 행위 4. 거래지역 또는 거래상대방을 제한하는 행위 5. 생산 또는 용역의 거래를 위한 설비의 신설 또는 증설이나 장비의 도입을 방해하거나 제한하는 행위 6. 상품 또는 용역의 생산·거래 시에 그 상품 또는 용역의 종류·규격을 제한하는 행위 7. 영업의 주요부문을 공동으로 수행·관리하거나 수행·관리하기 위한 회사 등을 설립하는 행위 8. 입찰 또는 경매에 있어 낙찰자, 경락자(競落者), 투찰(투찰)가격, 낙찰가격 또는 경락가격, 그 밖에 대통령령으로 정하는 사항을 결정하는 행위 9. 제1호부터 제8호까지 외의 행위로서 다른 사업자의 사업 활동 또는 사업내용을 방해하거나 제한함으로써 일정한 거래분야에서 경쟁을 실질적으로 제한하는 행위.

공정거래위원회는 제19조(부당한 공동행위의 금지) 제1항의 규정을 위반하는 행위가 있을 때에는 당해사업자에 대하여 당해행위의 중지, 시정명령을 받은 사실의 공표 기타 시정을 위한 필요한 조치를 명할 수 있다(동법 제21조). 공정거래위원회는 제19조(부당한 공동행위의 금지) 제1항의 규정을 위반하는 행위가 있을 때에는 당해 사업자에 대하여 대통령령이 정하는 매출액에 100분의 10을 곱한 금액을 초과하지 아니하는 범위 안에서 과징금을 부과할 수 있다(동법 제22조).

마. 불공정거래행위의 금지

사업자는 다음 각 호의 어느 하나에 해당하는 행위로서 공정한 거래를 저해할 우려가 있는 '불공정거래행위'를 하거나, 계열회사 또는 다른 사업자로 하여금 이를 행하도록 하여서는 아니 된다(동법 제23조). 1. 부당하게 거래를 거절하거나 거래의 상대방을 차별하여 취급하는 행위 2. 부당하게 경쟁자를 배제하는 행위 3. 부당하게 경쟁자의 고객을 자기와 거래하도록 유인하거나 강제하는 행위 4. 자기의 거래상의 지위를 부당하게 이용하여 상대방과 거래하는 행위 5. 거래의 상대방의 사업활동을 부당하게 구속하는 조건으로 거래하거나 다른 사업자의 사업활동을 방해하는 행위 6. 삭제〈1999.2.5〉 7. 부당하게 특수 관계인 또는 다른 회사에 대하여 가지급금·대여금·인력·부동산·유가증권·상품·용역·무체재산권 등을 제공하거나 현저히 유리한 조건으로 거래하여 특수 관계인 또는 다른 회사를 지원하는 행위 8. 제1호 내지 제7호 이외의 행위로서 공정한 거래를 저해할 우려가 있는 행위.

공정거래위원회는 제23조(불공정거래행위의 금지) 제1항의 규정에 위반하는 행위가 있을 때에는 당해사업자에 대하여 당해불공정거래행위의 중지, 계약조항의 삭제, 시정명령을 받은 사실의 공표 기타 시정을 위한 필요한 조치를 명할 수 있다(동법 제24조 1). 공정거래위원회는 제23조(불공정거래행위의 금지) 제1항의 규정을 위반하는 행위가 있을 때에는 당해사업자에 대하여 대통령령이 정하는 매출액에 100분의 2(제7호의 규정에 위반한 경우에는 100분의 5)를 곱한 금액을 초과하지 아니하는 범위 안에서 과징금을 부과할 수 있다(동법 제24조 2).

바. 사업자단체의 금지행위

사업자단체는 다음 각호의 1에 해당하는 행위를 하여서는 아니 된다(동법 제26조). 1. 제19조(부당한 공동행위의 금지) 제1항 각호의 행위에 의하여 부당하게 경쟁을 제한하는 행위 2. 일정한 거래분야에 있어서 현재 또는 장래의 사업자수를 제한하는 행위 3. 구성사업자의 사업내용 또는 활동을 부당하게 제한하는 행위 4. 사업자에게 제23조(불공정거래행위의 금지) 제1항 각호의 1의 규정에 의한 불공정거래행위 또는 제29조(재판매가격유지행위의 제한)의 규정에 의한 재판매가격유지행위를 하게 하거나 이를 방조하는 행위.

사. 부당한 국제계약의 체결제한

사업자 또는 사업자단체는 부당한 공동행위, 불공정거래행위 및 재판매가격유지행위에 해당하는 사항을 내용으로 하는 것으로서 대통령령이 정하는 국제적 협정이나 계약을 체결하여서는 아니 된다(동법 제32조).

3) 공정거래위원회 및 한국공정거래조정원

이 법에 의한 사무를 독립적으로 수행하기 위하여 국무총리소속하에 공정거래위원회를 둔다(동법 제35조). 중앙행정기관인 공정거래위원회의 소관 사무는 다음 각 호와 같다. 1. 시장지배적지위의 남용행위 규제에 관한 사항 2. 기업결합의 제한 및 경제력집중의 억제에 관한 사항 3. 부당한 공동행위 및 사업자단체의 경쟁제한행위 규제에 관한 사항 4. 불공정거래행위 및 재판매가격유지행위 규제에 관한 사항 5. 부당한 국제계약의 체결제한에 관한 사항 6. 경쟁제한적인 법령 및 행정처분의 협의·조정 등 경쟁촉진정책에 관한 사항 7. 기타 법령에 의하여 공정거래위원회의 소관으로 규정된 사항.

다음 각 호의 업무를 수행하기 위하여 한국공정거래조정원(법인)을 설립한다(동법 제48조의 2). 1. 제23조(불공정거래행위의 금지) 제1항을 위반한 혐의가 있는 행위와 관련된 분쟁의 조정 2. 「가맹사업거래의 공정화에 관한 법률」에 따른 가맹사업 당사자 간 분쟁의 조정 3. 시장·산업의 분석 및 사업자의 거래관행과 행태의 조사·분석 4. 그 밖에 공정거래위원회로부터 위탁받은 사업.

2. 소비자 보호법

1) 배경 및 관련 법률

자본주의체제에서의 경제구조는 대량생산과 대량판매 및 대량 소비를 특징으로 하는 바, 소비자 대중은 위험 유해 불량 불공정 가격의 상품 또는 용역으로 말미암아 생명 건강 재산상의 피해에 노출되어 있다. 소비자는 정보에 어두우며, 조직화되어 있지도 않아 거대한 재벌기업 앞에 무력한 위치에 있게 된다. 따라서 소비자에 대한 보호의 필요성이 대두하였고 1960년대부터 소비자 보호운동 내지 소비자 주권론이 대두하게 되었다.[5)]

우리나라의 경우 1980년에 헌법에서 소비자보호운동을 규정하였고(헌법 제124조), 소비자보호법을 제정하였다. 소비자보호법은 2006년에 소비자기본법으로 전면 개정되었다. 소비자의 보호에 관련되는 기타의 법률에는 약관의 규제에 관한 법률(1986.12.31.), 할부거래에 관한 법률(1991.12.31), 방문판매 등에 관한 법률(1991.12.31), 전자상거래 등에서의 소비자 보호에 관한 법률(2002.3.20)이 있다. 이곳에서는 소비자 기본법의 주요 내용만 살펴본다.

2) 소비자 권리의 법적 성격

소비자 권리는 복합적 성격을 가지고 있다. 상품 또는 용역의 자유로운 선택과 소비자집단행동에 관하여 방해를 받지 아니한다는 점에서

5) 권영성, 전게서, pp. 578-579.

자유권의 성질을 갖는다. 양질의 상품 또는 용역을 공정한 가격으로 구입하여 경제적 손실을 피할 수 있다는 측면에서 경제적 기본권이며, 피해의 예방 또는 보상을 청구할 수 있는 권리라는 측면에서 청구권적 성질이 있다. 양질의 상품 또는 용역을 공정한 가격으로 구입 사용하여 인간다운 생활을 영위하고 건강을 침해당하지 않는다는 측면에서 사회적 기본권의 성질도 갖는다고 할 수 있다.[6)]

3) 소비자 기본법상 소비자 권리의 내용

소비자는 다음 각 호의 기본적 권리를 가진다(소비자 기본법 제4조). 1. 물품 또는 용역(이하 "물품 등"이라 한다)으로 인한 생명·신체 또는 재산에 대한 위해로부터 보호받을 권리 2. 물품 등을 선택함에 있어서 필요한 지식 및 정보를 제공받을 권리 3. 물품 등을 사용함에 있어서 거래상대방·구입 장소·가격 및 거래조건 등을 자유로이 선택할 권리 4. 소비생활에 영향을 주는 국가 및 지방자치단체의 정책과 사업자의 사업 활동 등에 대하여 의견을 반영시킬 권리 5. 물품 등의 사용으로 인하여 입은 피해에 대하여 신속·공정한 절차에 따라 적절한 보상을 받을 권리 6. 합리적인 소비생활을 위하여 필요한 교육을 받을 권리 7. 소비자 스스로의 권익을 증진하기 위하여 단체를 조직하고 이를 통하여 활동할 수 있는 권리 8. 안전하고 쾌적한 소비생활 환경에서 소비할 권리.

4) 국가 및 지방자치단체의 책무

국가 및 지방자치단체는 소비자 기본법 제4조의 규정에 따른 소비자의 기본적 권리가 실현되도록 하기 위하여 다음 각 호의 책무를 진다(소비자기본법 제6조). 1. 관계 법령 및 조례의 제정 및 개정·폐지. 2.

6) 상게서, p. 580.

필요한 행정조직의 정비 및 운영 개선. 3. 필요한 시책의 수립 및 실시. 4. 소비자의 건전하고 자주적인 조직 활동의 지원 · 육성.

국가는 사업자가 소비자에게 제공하는 물품 등으로 인한 소비자의 생명 · 신체 또는 재산에 대한 위해를 방지하기 위하여 다음 각 호의 사항에 관하여 사업자가 지켜야 할 기준을 정하여야 한다. 그리고 중앙행정기관의 장은 국가가 정한 기준을 사업자가 준수하는지 여부를 정기적으로 시험 · 검사 또는 조사하여야 한다(동법 제8조). 1. 물품 등의 성분 · 함량 · 구조 등 안전에 관한 중요한 사항 2. 물품 등을 사용할 때의 지시사항이나 경고 등 표시할 내용과 방법 3. 그 밖에 위해방지를 위하여 필요하다고 인정되는 사항.

그 밖에도 국가 또는 지방자치단체에게 계량 및 규격의 적정화(동법 제9조), 표시의 기준(동법 제9조), 광고의 기준(동법 제11조), 거래의 적정화(동법 제12조), 소비자에의 정보제공(동법 제13조), 소비자의 능력 향상을 위한 교육(동법 제14조), 개인정보의 보호(동법 제15조), 소비자분쟁의 해결(동법 제16조) 등의 책무를 부과하고 있다. 공정거래위원회는 소비자정책위원회의 심의 · 의결을 거쳐 소비자정책에 관한 기본계획을 3년마다 수립하여야 한다(동법 제21조).

5) 한국소비자원

소비자권익 증진시책의 효과적인 추진을 위하여 한국소비자원이 설립되었다. 한국소비자원은 공익법인이며, 공정거래위원회의 승인을 얻어 필요한 곳에 그 지부를 설치할 수 있다(동법 제33조). 한국소비자원의 주요 업무는 다음 각 호와 같다(동법 제35 조). 1. 소비자의 권익과 관련된 제도와 정책의 연구 및 건의 2. 소비자의 권익증진을 위하여 필요한 경우 물품등의 규격 · 품질 · 안전성 · 환경성에 관한 시험 · 검사 및 가격 등을 포함한 거래조건이나 거래방법에 대한 조사 · 분석 3. 소비자의 권익증진 · 안전 및 소비생활의 향상을 위한 정보의 수집 · 제공 및 국제협력 4. 소비자의 권익증진·안전 및 능력개발과 관련된 교육·홍보 및 방송사업 5. 소비자의 불만처리 및 피해구제 6. 소비자의 권익증진 및 소비생활의 합리화를 위한 종합적인 조사·연구 7. 국가 또는 지방자치단체가 소비자의 권익증진과 관련하여 의뢰한 조사 등의 업무 8. 그 밖에 소비자의 권익증진 및 안전에 관한 업무.

소비자안전시책을 지원하기 위하여 한국소비자원에 소비자안전센터를 둔다(동법 제51조). 소비자안전센터는 각종 위해정보를 수집하고, 위해방지 및 사고예방을 위한 소비자안전경보의 발령, 물품 등의 안전성에 관한 사실의 공표, 위해 물품 등을 제공하는 사업자에 대한 시정권고, 국가 또는 지방자치단체에의 시정조치·제도개선 건의 등을 할 수 있다(동법 제52조).

6) 소비자의 피해 구제[7] 및 분쟁의 해결

가. 사업자의 소비자상담기구의 설치·운영

사업자 및 사업자단체는 소비자로부터 제기되는 의견이나 불만 등을 기업경영에 반영하고, 소비자의 피해를 신속하게 처리하기 위한 소비자상담기구의 설치·운영과 관련 자격이 있는 자 등 전담직원을 고용·배치하도록 적극 노력하여야 한다.

나. 한국소비자원의 피해구제

소비자는 물품 등의 사용으로 인한 피해의 구제를 한국소비자원에 신청할 수 있다. 국가·지방자치단체 또는 소비자단체는 소비자로부터 피해구제의 신청을 받은 때에는 한국소비자원에 그 처리를 의뢰할 수 있다. 사업자가 소비자로부터 피해구제의 신청을 받은 때에는 소비자로부터 피해구제의 신청을 받은 날부터 30일이 경과하여도 합의에 이르

7) 소비자의 피해에 대한 분쟁을 원활히 해결하기 위하여 품종과 업종별로 소비자 피해 유형과 보상기준에 관하여 재경부가 고시한 규정인 '소비자 피해보상 규정'이 있다.

지 못하는 경우나 한국소비자원에 피해구제의 처리를 의뢰하기로 소비자와 합의한 경우에는 한국소비자원에 그 처리를 의뢰할 수 있다(동법 第55조).

원장은 피해구제신청사건을 처리함에 있어서 당사자 또는 관계인이 법령을 위반한 것으로 판단되는 때에는 관계 기관에 이를 통보하고 적절한 조치를 의뢰하여야 한다(동법 第56조). 원장은 피해구제신청의 당사자에 대하여 피해보상에 관한 합의를 권고할 수 있다(동법 第57조). 원장은 피해구제의 신청을 받은 날부터 30일 이내에 합의가 이루어지지 아니하는 때에는 지체 없이 한국소비원에 설치된 소비자분쟁조정위원회에 분쟁조정을 신청하여야 한다. 다만, 피해의 원인규명 등에 상당한 시일이 요구되는 일정 사건에 대하여는 60일 이내의 범위에서 처리기간을 연장할 수 있다(동법 第58조-第60조).

조정위원회는 분쟁조정을 신청 받은 때에는 그 신청을 받은 날부터 30일 이내에 그 분쟁조정을 마쳐야 하나 그 기간을 연장할 수 있다(동법 第66조). 분쟁조정을 마친 때에는 지체 없이 당사자에게 그 분쟁조정의 내용을 통지하여야 하며, 통지를 받은 당사자는 그 통지를 받은 날부터 15일 이내에 분쟁조정의 내용에 대한 수락 여부를 조정위원회에 통보하여야 한다. 이 경우 15일 이내에 의사표시가 없는 때에는 수락한 것으로 본다. 당사자가 분쟁조정의 내용을 수락하거나 수락한 것으로 보는 경우 조정위원회는 조정조서를 작성하고, 조정위원회의 위원장 및 각 당사자가 기명·날인하여야 한다. 당사자가 분쟁조정의 내용을 수락하거나 수락한 것으로 보는 때에는 그 분쟁조정의 내용은 재판상 화해와 동일한 효력을 갖는다(동법 第68조).

일정한 소비자 단체는 소비자의 생명·신체 또는 재산에 대한 권익을 직접적으로 침해하고 그 침해가 계속되는 경우 법원에 소비자권익 침해행위의 금지·중지를 구하는 단체소송을 제기할 수 있다(동법 第70조). 단체소송에 관하여 소비자기본법에 특별한 규정이 없는 경우에는 「민사소송법」을 적용한다(동법 第76조).

소비자 보호조치가 실효성을 갖도록 하기 위하여 소비자기본법에서는 국가행정기관의 장에게 일정한 경우에는 소속공무원으로 하여금 사업자에게 그 업무에 관한 보고 또는 관계물품이나 서류를 명할 수 있도록 하고 있으며, 물품 등의 안전성을 의심할 만한 정당한 이유가 있는 경우에는 사업장이나 창고 등에 출입하여 검사 등을 할 수 있게 하고 있다(동법 제77조). 또한 소비자기본법에서 규정하고 있는 일정한 사항을 위반의 경우에는 벌칙과 과태료를 부과하고 있다(동법 제84조-제86조).

7) 의료사고와 의료분쟁

가) 의료행위

인생은 생로병사라는 말이 있듯이 누구나 살아가는 도중에 병원에 가서 치료를 받게 된다. 의사의 진료 및 치료과정에서 환자에게 손해가 발생한 경우를 '의료사고'라 하며, 의료 과오에 의한 것인지 여부에 관하여 분쟁이 자주 발생하게 되는 바, 이를 '의료 분쟁'이라 한다. 의료행위는 진찰(문진, 시진, 촉진, 타진, 청진), 검사(혈액, 소변, Xray, CT, MRI, 호르몬, 초음파), 진단(오진, 유병무진, 무병유진, 특병타진, 소병타진, 다병타진), 처치(주사, 투약, 마취, 수술, 수혈), 경과관찰, 피드백으로 이루어진다.[8)]

의료법에 따르면 의료인이 아니면 누구든지 의료행위를 할 수 없으며, 의료인도 면허된 것 이외의 의료행위를 할 수 없다(동법 제27조 1항). 이 규정을 위반하여 영리를 목적으로 의사가 아닌 자가 의료행위를, 치과의사가 아닌 자가 치과의료 행위를, 한의사가 아닌 자가 한방의료 행위를 업으로 한 자는 무기 또는 징역 2년 이상의 징역에 처하며, 이 경우에는 100만원 이상 1천만원 이하의 벌금을 병과하도록 되어

8) 이인재, '의료사고시 대처요령, 제41회 브런치시민법률학교(대한변호사협회) 자료, p. 2.

있다(보건의료 단속에 관한 특별법 제5조).

나) 의료사고시 대처요령

의료사고가 발생한 경우 올바른 대처요령은 다음과 같다.[9] 첫째로 의무기록을 신속하고 정확히 확보하는 것이 중요하다. 의무기록은 의사의 진료기록, 검사기록, 판독지, 물리치료일지 등이다. 의료법에 의하면 환자, 그 배우자, 그 직계존비속이 환자에 대한 기록의 열람, 사본교부 등 그 내용확인을 요구할 때에는 환자의 치료목적상 불가피한 경우를 제외하고는 이에 응하여야 한다고 규정되어 있다(동법 제21조 2항).

둘째, 환자나 보호자는 의료사고 경위에 대하여 시간대별로 들은 대로 정확하게 진술서나 경위서를 작성해 놓는다. 내원하기 전의 건강상태, 의료진에게 호소한 내용, 검사, 진단, 처치내용, 의료진으로부터 들은 설명 등이 포함된다. 셋째, 의료인이 고의로 사고를 내는 사람은 없으므로 아무리 억울하더라도 의료인에게 폭언이나 폭력을 사용하여서는 안 된다. 이런 경우엔 오히려 의료인으로부터 업무방해나 명예훼손 또는 민형사상의 손해배상청구 등을 당하는 경우가 있다. 자력구제의 경우 득보다 손실이 큰 경우가 많다.

넷째로 의료사고시 무턱대고 부검부터 하는 것은 경계하여야 한다. 사망진단서에서 사망원인이 분명한 경우 부검을 할 필요는 없다. 부검은 의료인으로부터 변사사고가 있거나 유가족이 업무상과실치사로 형사고소를 하는 경우 검사가 '사체부검하여 사인 규명한 후 사체는 유족에게 인도할 것'이라는 명령이 있어야 국립과학수사연구소에서 부검을 실시한다. 그 밖에도 의료전문변호사와 상담을 하여야 하며, 전원을 갈 때에는 가까운 병원으로 가는 것도 중요하다. 의료 분쟁시에는 상대적으로 비용이 많이 드는 소송보다 합의가 낫다는 점도 유의할 필요가 있다.

9) 상게자료, pp. 6-15.

다) 의료분쟁시 구제방안

의료분쟁시 환자측이 취할 수 있는 방법에는 소송외적 합의, 한국소비자보호원에 의료분쟁구제신청, 법원에 민사조정 신청, 손해배상소송제기, 관할 경찰서나 검찰에 형사고소 등이다. 의료법에는 지방의료분쟁조정위원회와 중앙의료분쟁조정위원회가 상설화되어 있지만 현실적으로 조정기능을 못하고 있다.[10)]

3. 사회보장법

1) 사회보장법의 의의, 법적 성격, 체계

사회보장법은 국민이 인간다운 생활을 영위하는데 필수적인 최저한도의 생활보장을 위한 법률이다. 헌법에서 인간다운 생활을 할 권리를 보장하고, 국가는 사회보장과 사회복지의 증진에 노력할 의무를 부과하였으며, 특히 여자, 노인, 청소년, 신체장애자 등 생활능력이 없는 국민을 법률이 정하는 바에 의하여 보호하도록 하고 있다(헌법 제34조). 국민에게는 사회보장 수급권을 보장하고, 국가에게는 다양한 사회보장증진 의무를 부과하고 있다.

사회보장법은 사회적 위험(질병, 노령 실직 등)으로 말미암아 보호를 요하는 상태에 있는 개인의 인간다운 생활을 보장하기 위하여 국가에 적극적 급부를 요구할 수 있는 권리이다. 따라서 사회보장권은 인간다운 생활을 위한 사회적 기본권이며, 불완전하나마 개인의 구체적 권리이며, 국가의 경제력 내지 소득수준에 크게 의존되므로 경제적 기본권의 성격도 갖고 있다.[11)]

10) 상게자료, p. 16.
11) 권영성, 전게서, pp. 655-656.

이러한 헌법상의 사회보장권을 직접적으로 구체화하고 있는 법률이 사회보장법이다. 사회보장법은 그 정책유형에 따라 사회보험, 공적 부조, 사회복지로 분류될 수 있다. 사회보험법은 통계적으로 어느 정도 예측할 수 있는 일정한 유형의 사고를 미리 정하여, 보험기술을 이용하여 사고의 종류나 정도에 따라 획일적인 급부를 하는 제도이다. 의료보험, 연금보험, 재해보상보험, 실업보험이 있으며, 여기에 해당하는 법률로는 공무원연금법, 사립학교 교직원연금법, 국민복지연금법, 의료보험법 등이 있다.

공적 부조라 함은 국가가 생활이 빈곤한 모든 국민에 대하여 그 빈곤의 정도에 따라 필요한 경제적인 급부를 행하는 것을 말한다. 이를 통하여 건강하고 문화적인 최저한도의 생활을 보장하고 나아가 부조대상자의 자립을 조장한다. 공적부조법에는 국민기초생활보장법, 의료급여법 등이 있다.

사회복지는 보호를 요하는 공공부조대상자에게 자립의 생활 능력을 개발하는데 필요한 수용보호, 원호지원 등을 하는 국가의 활동이다. 생활보장을 주목적으로 한 금전급여와 달리 생활상의 어려움을 제거·경감한다는 데에 특징이 있다. 사회복지법에는 아동복지법, 모자보건법, 노인복지법, 장애인복지법 등이 있다. 이러한 다양한 사회보장법 중에서 상대적으로 그동안 소홀히 다루어진 장애인복지법의 주요 내용만 간단히 살펴본다.

2) 장애인복지법

가. 장애인복지법의 목적 및 이념

장애인복지법은 장애인[12]의 인간다운 삶과 권리보장을 위한 국가와 지방자치단체 등의 책임을 명백히 하고, 장애발생 예방과 장애인의 의

12) '장애인'이란 신체적·정신적 장애로 오랫동안 일상생활이나 사회생활에서 상당한 제약을 받는 자를 말한다(동법 제2조).

료·교육·직업재활·생활환경개선 등에 관한 사업을 정하여 장애인복지대책을 종합적으로 추진하며, 장애인의 자립생활·보호 및 수당지급 등에 관하여 필요한 사항을 정하여 장애인의 생활안정에 기여하는 등 장애인의 복지와 사회활동 참여증진을 통하여 사회통합에 이바지함을 목적으로 한다(동법 제1조). 장애인복지의 기본이념은 장애인의 완전한 사회 참여와 평등을 통하여 사회통합을 이루는 데에 있다(동법 제3조).

나. 장애인의 권리와 국가 등의 책임

장애인의 기본적인 권리는 첫째, 장애인은 인간으로서 존엄과 가치를 존중받으며, 그에 걸맞은 대우를 받는다. 둘째, 장애인은 국가·사회의 구성원으로서 정치·경제·사회·문화, 그 밖의 모든 분야의 활동에 참여할 권리를 가진다. 셋째, 장애인은 장애인 관련 정책결정과정에 우선적으로 참여할 권리가 있다(동법 제4조).

국가 및 지방자치단체는 장애인 정책의 결정과 그 실시에 있어서 장애인 및 장애인의 부모, 배우자, 그 밖에 장애인을 보호하는 자의 의견을 수렴하여야 한다. 이 경우 당사자의 의견수렴을 위한 참여를 보장하여야 한다(동법 제5조). 국가와 지방자치단체는 장애 발생을 예방하고, 장애의 조기 발견에 대한 국민의 관심을 높이며, 장애인의 자립을 지원하고, 보호가 필요한 장애인을 보호하여 장애인의 복지를 향상시킬 책임을 진다(동법 제9조).

국가와 지방자치단체는 장애 정도가 심하여 자립하기가 매우 곤란한 중증장애인이 필요한 보호 등을 평생 받을 수 있도록 알맞은 정책을 강구하여야 한다(동법 제6조). 누구든지 장애를 이유로 정치·경제·사회·문화생활의 모든 영역에서 장애인을 차별하여서는 아니 된다. 누구든지 장애인을 비하·모욕하거나 장애인을 이용하여 부당한 영리행위를 하여서는 아니 되며, 장애인의 장애를 이해하기 위하여 노력하여야 한다(동법 제8조).

다. 장애인정책조정위원회 및 지방장애인복지위원회

장애인 종합정책을 수립하고 관계 부처 간의 의견을 조정하며 그 정책의 이행을 감독·평가하기 위하여 국무총리 소속하에 장애인정책조정위원회를 둔다. 위원회는 다음 각 호의 사항을 심의·조정한다(동법 제11조). 1. 장애인복지정책의 기본방향에 관한 사항 2. 장애인복지 향상을 위한 제도개선과 예산지원에 관한 사항 3. 중요한 특수교육정책의 조정에 관한 사항 4. 장애인 고용촉진정책의 중요한 조정에 관한 사항 5. 장애인 이동보장 정책조정에 관한 사항 6. 장애인정책 추진과 관련한 재원조달에 관한 사항 7. 장애인복지에 관한 관련 부처의 협조에 관한 사항 8. 그 밖에 장애인복지와 관련하여 대통령령으로 정하는 사항.

장애인복지 관련 사업의 기획·조사·실시 등을 하는 데에 필요한 사항을 심의하기 위하여 지방자치단체에 지방장애인복지위원회를 둔다(동법 제13조).

라. 기본정책의 강구

국가와 지방자치단체가 강구하여야 할 정책에는 장애발생 예방, 의료와 재활치료, 사회적응 훈련, 교육, 직업지도, 정보에의 접근이다(동법 제17조-제22조). 이 중 교육이 특히 중요한 바, 국가와 지방자치단체는 사회통합의 이념에 따라 장애인이 연령·능력·장애의 종류 및 정도에 따라 충분히 교육받을 수 있도록 교육 내용과 방법을 개선하는 등 필요한 정책을 강구하여야 하며, 장애인의 교육에 관한 조사·연구를 촉진하여야 한다. 국가와 지방자치단체는 장애인에게 전문 진로교육을 실시하는 제도를 강구하여야 하며, 각급 학교의 장은 교육을 필요로 하는 장애인이 그 학교에 입학하려는 경우 장애를 이유로 입학 지원을 거부하거나 입학시험 합격자의 입학을 거부하는 등의 불리한 조치를 하여서는 아니 된다. 그리고 모든 교육기관은 교육 대상인 장애인의 입학과 수학(修學) 등에 편리하도록 장애의 종류와 정도에 맞추어 시설을 정비하거나 그 밖에 필요한 조치를 강구하여야 한다(동법 제20조).

국가와 지방자치단체는 장애인이 공공시설과 교통수단 등을 안전하고 편리하게 이용할 수 있도록 편의시설의 설치와 운영에 필요한 정책을 강구하여야 하며, 공공시설 등 이용편의를 위하여 수화통역·안내보조 등 인적서비스 제공에 관하여 필요한 시책을 강구하여야 한다(동법 제23조). 그 밖에도 안전대책 강구, 사회적 인식개선, 선거권 행사를 위한 편의 제공, 주택 보급, 문화환경 정비, 복지 연구 등의 진흥, 경제적 부담의 경감노력, 장애인 실태조사와 등록, 장애인복지상담원 배치, 재활상담과 입소 등의 조치, 장애 유형·장애 정도별 재활 및 자립지원 서비스 제공, 의료비 지급, 산후조리도우미 지원, 자녀교육비 지급, 장애인이 사용하는 자동차 등에 대한 지원, 장애인 보조견의 훈련·보급 지원, 생업 지원, 자립훈련비 지급, 장애수당 등의 정책을 강구하여야 한다(동법 제24조-제50조).

마. 자립생활의 지원

국가와 지방자치단체는 중증장애인의 자기결정에 의한 자립생활을 위하여 활동보조인의 파견 등 활동보조서비스 또는 장애인보조기구의 제공, 그 밖의 각종 편의 및 정보제공 등 필요한 시책을 강구하여야 한다(동법 제53조). 국가와 지방자치단체는 중증장애인의 자립생활을 실현하기 위하여 중증장애인자립생활지원센터를 통하여 필요한 각종 지원서비스를 제공한다(동법 제54조).

바. 기타

이 밖에도 장애인 복지법은 복지시설과 장애인단체, 장애인보조기구, 장애인복지전문인력 등에 관하여도 지원 내용을 규정하고 있다.

4. 환경 관련법

1) 환경권의 등장 배경과 법체계

인간과 환경은 상호의존관계에 있지만 근대 산업사회에서는 환경보호에 대한 배려 없이 일방적인 이용만하여 공해와 환경파괴라는 심각한 문제에 직면하고 있다. 이러한 환경문제가 인간의 생존조차 위협하게 되자 1972년에 유엔환경회의가 개최되었으며 환경보호에 대한 국제적 노력이 이루어지고, 각국의 헌법이나 실정법에서 환경권을 새로운 인권으로 인식하게 되었다.[13)]

우리나라도 1963년에 공해방지법이 제정되었고, 1980년에는 헌법에서 "모든 국민은 건강하고 쾌적한 환경에서 생활할 권리를 가지며, 국가와 국민은 환경보전을 위하여 노력하여야 한다."고(헌법 제35조 1) 환경권을 보장하고 환경보전 의무를 규정하고 있다. 1990년에는 환경정책기본법을 제정하였으며, 자연환경보전법, 토양환경보전법, 대기환경보전법, 수질환경보전법, 소음진동규제법, 유해물질관리법, 환경분쟁조정법, 환경영향평가법 등을 제정하였다. 이곳에서는 환경정책기본법을 중심으로 살펴본다. 환경법을 규율 목적에 따라 환경행정법, 환경형법, 환경사법(私法), 환경국제법으로[14)] 분류하기도 한다.

---

13) 권영성, 전게서, p. 696.

14) 환경법 영역의 주요 국제협약으로 습지보전에 관한 1971년 람사(RAMSAR)협약, 1975년의 월경성(越境性)대기오염물질 규제협약, 1987년의 오존층 파괴물질에 관한 몬트리올 의정서, 1989년의 유해폐기물의 국가간 이동 및 그 처리에 관한 협약, 1992년의 생물다양성협약, 1993년의 사막화 방지협약, 1992년 리우 유엔환경개발회의에서의 기후변화 협약 등이 있다. 류지태, 이순자, 『환경법』, 서울 : 법원사, 2005, pp. 8-28.

2) 환경권의 법적 성격과 내용

환경권은 총합적 기본권의 성격을 갖는다. 환경권은 인간의 존엄권 내지 행복추구권의 성격과 사회권적 기본권의 성격을 동시에 갖고 있다. 사회적 기본권은 불완전하나마 구체적 권리로 이해하여야 하며, 이런 점에서 환경권은 청구권의 성격도 갖는다 하겠다. 환경권은 건강하고 쾌적한 환경에서의 생활을 보호법익으로 하고 있다. 환경권은 공해예방청구권, 공해배제청구권, 쾌적한 주거생활권을 구체적 내용으로 하고 있다.[15)]

3) 환경법의 기본원칙

환경법의 기본원칙으로 사전배려의 원칙, 존속보장의 원칙, 원인자 부담의 원칙, 협동의 원칙, 지속적 개발의 원칙을 들 수 있다. 사전배려의 원칙은 발생우려가 있는 환경오염을 예방하고, 구체적인 결정시 가능한 한 환경영향을 고려하여 생태계 보존에 적합하게 보존자원이 활용되어야 한다는 원칙이다. 환경이용에 있어서의 환경보전의 우선적인 고려(환경정책기본법 제2조)나 오염의 사전예방조치의무(환경정책기본법 제7조의 2) 등으로 구체화되었다. 환경보호의 목표를 현상의 유지보호에 두는 원칙으로 악화금지의 원칙이라고 한다.

원인자 부담의 원칙은 환경오염의 원인을 제공한 자가 그 환경오염의 방지, 제거 및 손실보전에 책임을 진다는 것이다. 협동의 원칙은 환경보호가 국가의 과제이지만 다른 환경이용주체인 사업자, 소비자, 시민 등이 서로 협력하여야 한다는 것으로, 환경정책과정에서의 참여, 정보 교류로 전문지식의 보급, 타국가의 협력 등이 포함된다. 지속적 개발(sustainable development)의 원칙은 어떤 개발행위로 인한 이득은

15) 권영성, 전게서, pp. 697-701.

환경비용을 포함한 비용보다 더 우월할 것을 요구하는 것이다.

4) 환경행정작용의 일반적 수단

환경행정작용의 일반적 수단에는 행정계획인 환경계획, 환경기준의 설정, 영향평가제도가 있다. 환경 정책 기본법은 국가와 지방자치단체에게 환경오염과 그 위해를 예방하고 환경을 적정하게 관리 보전하기 위하여 환경보전계획을 수립 시행하도록 하고 있으며(동법 제4조), 이에 따라 국가환경종합계획, 환경보전중기종합계획, 시도환경보전계획, 시군구환경보전계획이 수립되어야 한다(동법 제12조-14조).

환경에 관한 국제협약이나 개별입법에서 사용되는 주요 수단중 하나가 일정한 통일적인 기준을 설정하고 이를 준수하게 하는 것이다. 환경정책 기본법은 환경기준을 대통령령으로 정하도록 하고 있다(동법 제10조 2항). 환경기준은 대기배출허용기준, 수질배출허용기준, 소음 및 진동배출허용기준 등 구체적인 허용기준으로 수치화된다. 이러한 기준을 위반할 때에는 배출시설의 개선명령이나 배출부과금 등의 규제가 따른다.

환경영향평가란 환경영향평가 대상사업의 사업계획을 수립하려고 할 때에 그 사업의 시행이 환경에 미치는 영향을 미리 조사·예측·평가하여 해로운 환경영향을 피하거나 줄일 수 있는 방안을 강구하는 것을 말한다. 이에 관한 법률이 환경영향평가법이다. 동법은 환경영향평가 대상사업의 사업계획을 수립·시행할 때 미리 그 사업이 환경에 미칠 영향을 평가·검토하여 친환경적이고 지속가능한 개발이 되도록 함으로써 쾌적하고 안전한 국민생활을 도모함을 목적으로 한다(동법 제1조-제2조).

환경영향평가를 실시하여야 하는 환경영향평가대상사업은 다음 각 호와 같다(동법 제4조). 1. 도시의 개발사업 2. 산업입지 및 산업단지의 조성사업 3. 에너지개발사업 4. 항만의 건설사업 5. 도로의 건설사업 6.

수자원의 개발사업 7. 철도(도시철도를 포함한다)의 건설사업 8. 공항의 건설사업 9. 하천의 이용 및 개발사업 10. 개간 및 공유수면의 매립사업 11. 관광단지의 개발사업 12. 산지의 개발사업 13. 특정 지역의 개발사업 14. 체육시설의 설치사업 15. 폐기물처리시설의 설치사업 16. 국방·군사시설의 설치사업 17. 토석·모래·자갈·광물 등의 채취사업 18. 환경에 영향을 미치는 시설로서 대통령령으로 정하는 시설의 설치사업.

환경영향평가는 다음의 기본원칙에 따라 실시되어야 한다. 첫째, 경제적·기술적으로 실행할 수 있는 범위에서 환경영향평가대상사업의 시행에 따른 해로운 환경영향을 피하거나 줄일 수 있는 방안을 강구할 것. 둘째, 환경보전방안은 과학적으로 조사·예측된 결과를 근거로 하여 이루어질 것. 셋째, 환경영향평가대상사업에 대한 충분한 정보제공 등을 통하여 환경영향평가 과정에 주민 등의 참여가 원활히 이루어질 수 있도록 노력할 것(동법 제6조)

5) 환경권의 침해와 조정 및 구제

환경권의 침해는 사인에 의한 침해와 공권력에 의한 침해로 나누어 볼 수 있다. 사인에 의한 침해에 대한 구제는 손해배상청구와 사전예방으로 유지(留止)청구가 있다. 유지청구는 환경피해가 발생하였거나 예견될 경우 피해자가 그 피해의 배제 또는 예방을 법원에 청구하는 것이다. 공권력에 의한 침해경우는 행정쟁송, 국가배상, 손실보상, 헌법소원으로 구제를 청구할 수 있다.

위법성의 판단에서 수인(受忍)한도론이 있는 바, 피해가 일반인으로 하여금 통상 견딜 수 없는 한도를 넘어서 피해가 있는 경우에 위법성을 인정한다는 이론이다. 그리고 인과관계의 입증과 관련하여 개연성(蓋然性)이론이 있는 바, 환경 분쟁에서 인과관계의 증명은 과학적으로 엄밀한 증명을 요하는 것이 아니고 침해행위와 손해발생 사이에 인과

관계가 존재한다는 상당한 정도의 개연성이 있음을 입증함으로 족하다는 이론이다.[16]

환경권의 침해는 원인유형이 다양하고 인과관계 입증이 어려워 사법적 구제방법에는 한계가 있어 환경피해분쟁조정제도를 활용하는 것이 효율적이다. 환경오염피해분쟁조정법에 따라 중앙환경분쟁조정위원회와 지방환경분쟁조정위원회가 설치 운영되고 있다.

6) 환경정책기본법

가. 목적 및 기본 이념

환경정책기본법은 환경보전에 관한 국민의 권리·의무와 국가의 책무를 명확히 하고 환경정책의 기본이 되는 사항을 정하여 환경오염과 환경훼손을 예방하고 환경을 적정하고 지속가능하게 관리·보전함으로써 모든 국민이 건강하고 쾌적한 삶을 누릴 수 있도록 함을 목적으로 한다(동법 제1조).

동법의 기본이념은 환경의 질적인 향상과 그 보전을 통한 쾌적한 환경의 조성 및 이를 통한 인간과 환경간의 조화와 균형의 유지이다. 또한 국가·지방자치단체·사업자 및 국민은 환경을 보다 양호한 상태로 유지·조성하도록 노력하고, 환경을 이용하는 모든 행위를 할 때에는 환경보전을 우선적으로 고려하며, 지구의 환경상 위해를 예방하기 위한 공동의 노력을 강구함으로써 현재의 국민으로 하여금 그 혜택을 널리 향유할 수 있게 함과 동시에 미래의 세대에게 계승될 수 있도록 하는 것이다(동법 제2조).

나. 국가 및 지방자치단체의 책무

이미 언급된 바와 같이 국가는 환경오염 및 환경훼손과 그 위해를 예방하고 환경을 적정하게 관리·보전하기 위하여 환경보전계획을 수

16) 권영성, 전게서, p. 703.

립하여 이를 시행할 책무를 진다. 지방자치단체는 관할구역의 지역적 특성을 고려하여 국가의 환경보전계획에 따라 당해 지방자치단체의 계획을 수립하여 이를 시행할 책무를 진다(동법 제4조). 국가 및 지방자치단체는 환경오염물질 및 환경오염원의 원천적인 감소를 통한 사전예방적 오염관리에 우선적인 노력을 기울여야 하며, 사업자로 하여금 환경오염의 예방을 위하여 스스로 노력하도록 촉진하기 위한 시책을 강구하여야 한다(동법 제7조의 2).

국가 및 지방자치단체는 자원 및 에너지를 절약하고 자원의 재사용·재활용 등 자원의 순환적 사용을 촉진하는데 필요한 시책을 마련하여야 한다(동법 제7조의 4). 정부는 매년 주요 환경보전시책의 추진상황에 관한 보고서를 국회에 제출하여야 한다(동법 제8조). 환경부장관은 관계중앙행정기관의 장과 협의하여 국가차원의 환경보전을 위한 국가환경종합계획을 10년마다 수립하여야 한다(동법 제12조). 국가 및 지방자치단체는 자연환경 및 생활환경현황, 환경오염 및 환경훼손실태, 환경오염원 및 환경훼손요인 등을 상시 조사·평가하여야 한다(동법 제15조).

관계 행정기관의 장은 환경기준의 적정성 유지 및 자연환경의 보전을 위하여 환경에 영향을 미치는 행정계획 및 개발사업이 환경적으로 지속가능하게 수립·시행될 수 있도록 사전환경성검토를 실시하여야 한다. 사전환경성검토는 「환경영향평가법」 제4조 제1항의 규정에 의한 환경영향평가대상사업을 내용으로 하는 행정계획과 보전이 필요한 지역 안에서 시행되는 개발 사업을 대상으로 실시하여야 한다(동법 제25조). 국가는 환경에 영향을 미치는 개발사업을 시행함에 있어서 해당 사업이 환경에 미칠 영향을 미리 평가·검토하여 환경에 미치는 해로운 영향을 최소화하기 위한 저감방안 등을 마련하기 위하여 환경영향평가를 실시하여야 한다(제28조).

다. 분쟁조정 및 피해구제(무과실 책임)

국가 및 지방자치단체는 환경오염 또는 환경훼손으로 인한 분쟁 기타 환경관련 분쟁이 발생한 경우에 그 분쟁이 신속하고 공정하게 해결되도록 하기 위하여 필요한 시책을 강구하여야 한다(동법 제29조). 국가 및 지방자치단체는 환경오염 또는 환경훼손으로 인한 피해를 원활히 구제하기 위하여 필요한 시책을 강구하여야 한다(동법 제30조).

사업장 등에서 발생되는 환경오염 또는 환경훼손으로 인하여 피해가 발생한 때에는 당해 사업자는 그 피해를 배상하여야 한다. 사업장 등이 2개 이상 있는 경우에 어느 사업장등에 의하여 제1항의 피해가 발생한 것인지를 알 수 없을 때에는 각 사업자는 연대하여 배상하여야 한다(동법 제31조). 동 조항은 환경오염 피해에 대한 무과실 책임을 규정한 것인데 너무 단순한 규정으로 되어 있어 불명확하다.[17)]

라. 환경정책위원회 및 환경보전협회

환경부장관은 국가환경종합계획, 환경기준·오염물질배출허용기준 및 방류수수질기준 등에 관한 사항을 심의·자문하기 위하여 중앙환경정책위원회를 둘 수 있다(동법 제37조). 환경보전에 관한 조사연구, 기술개발 및 교육·홍보 등을 하기 위하여 환경보전협회(법인)를 둔다(동법 제38조).

---

17) 류지태·이순자, 전게서, p. 337.

토론주제

1. 독점규제 및 공정거래에 관한 법률상의 주요 규제내용은 무엇이며, 관련 사례에는 어떤 것이 있는가?

2. 공정거래가 강조되는 이유는 무엇인가? 공정거래 위원회의 업무 소관은 구체적으로 무엇이며 최근 업무처리 건수와 추세는 어떠한가?

3. 소비자기본법상의 소비자 권리에는 어떤 것이 있는가? 소비자는 어떻게 이들 권리를 행사할 수 있는가? 한국소비자원의 최근 피해구조에는 어떤 유형이 많으며, 유형별 건수는 어떠한가?

4. 사회보장법에는 어떤 종류가 있으며 그 주요내용은 무엇인가? 장애인복지법이 규정하고 있는 국가와 지방자치단체의 책무에는 어떤 것이 있는가? 관련 재원은 어떻게 확보되는가?

5. 환경권이 최근에 중요시되는 이유는 무엇인가? 환경권 침해시 청구할 수 있는 손해배상에서 '수인한도', '개연성 이론'이란 무엇인가?

6. 환경정책 기본법상의 국가와 지방자치단체의 책무에는 어떤 것이 있는가? 환경영향평가의 구체적인 내용은 무엇인가?

참고문헌

권영성, 『헌법학원론』, 서울: 법문사, 2009.

김 구, 『백범일지』, 서울: 백범김구선생기념사업회, 1971.

김남진, 『행정법1』, 서울: 법문사, 2002.

김대순, 『국제법론(제7판)』, 서울: 삼영사, 2002.

김성기, 초·중등교육법 연구 20년의 성과와 과제, 「교육법학 연구 20년의 성과와 과제」(대한교육법학회 창립 20주년 기념 전국교육법학자대회 자료집), 2006. 9.

김철수, 『헌법학개론』, 서울: 박영사, 1999.

김형배, 『민법학강의: 이론· 판례· 사례』, 서울: 신조사, 2007.

김형배, 『노동법』, 서울: 박영사, 1998.

나인균, 『국제법(제2판)』, 서울: 법문사, 2008.

노기호, "교원의 교육권에 관한 연구", 한양대학교 박사학위논문, 1998.

노종희, 지방교육자치제 운영의 개선방안, 교육인적자원정책위원회 주최 지방 교육행정체계 개편방안 정책토론회 자료집, 2002.

류지태·이순자, 『환경법』, 서울: 법원사, 2005.

법무부, 『한국인의 법과 생활』, 2008.

심재우, 인간존엄의 법리와 국가윤리, 『현대사회와 전통윤리』, 서울: 고려대학교 민족문제연구소, 1986.

______, 환경윤리와 책임의 원칙, 『고대법대소식』 제23호, 2001.7.

안기성, 교육의 전문성과 자주성에 관한 교육법 해석학, 『교육법학연구』 제7호, 1995.

양준희 옮김, 『국제분쟁의 이해: 이론과 역사』(Joseph S. Nye, Understanding International Conflicts: An Introduction to Theory and History), 서울: 한울아카데미, 2000.

오윤경 외 20인, 『현대국제법』, 서울: 박영사, 2001.

유병화·박노형·박기갑, 『국제법1』, 서울: 법문사, 2000.

이기우, 지역주민과 지방교육행정체계, 이주호 편, 지방교육자치에관한법률개정안공청회자료집, 2006.

이일주. 유아교육법 연구 20년의 성과와 과제, 「교육법학 연구 20년의 성과와 과제」(대한교육법학회 창립 20주년 기념전국교육법학자대회 자료집), 2006. 9.

이재철, 『형법강의』, 서울: 고담사, 2006.

장경학, 『법률춘향전』, 서울: 을유문고, 1986.

정호열, 『경제법』, 서울: 박영사, 2008.

최종고, 『법 상징학이란 무엇인가?』, 서울: 아카넷, 2000.

최종고, 『법학통론』, 서울: 박영사, 2009.

표시열, 『교육법: 이론 정책 판례』, 서울: 박영사, 2008.

Bodenheimer, Edgar, *Jurisprudence: The Philosophy and Method of Law*, Cambridge : Harvard University, 1974.

Dresang, Dennis and Paul Stuiber, "Sexual Harassment : Challenges for the Future", *Public Personal Management*, Carolyn Ban & Norma M. Riccucci, ed., New York : Longman, 1991.

Emerson, T., *Toward a General Theory of the First Amendment*. New York: Random House, 1966.

Lacey, Michael J. and K. Haakonsen ed. *A Culture of Right*, New York : Cambridge University Press, 1992.

Mackinnon, Catherine, *Sexual Harassment of Working Women: A Case of Sex Discrimination*, New Haren: Yale University Press, 1979.

Mill, J & C. Shilelds ed. *On Liberty*. Indianapolis : Bobbs-Merill, 1956.

Nonet, Phillippe and Phillip Selznick, *Law and Society in Trasition : Toward Responsive Law*, New York: Harper and Row Publishers, 1978.

Tawney, *Equality*, London: Unwin Books, 1931.

Warwick, Donald P. "The Ethics of Administrative Discretion," *Public Duties of Government Officials*, Cambridge : Harvard University Press, 1981.

찾아보기

[저자 소개]

• 표 시 열(表時烈)

고려대학교 법과대학 졸업
서울대학교 행정대학원(행정학 석사)
미국 University of Iowa 국비유학(비교법석사, 교육학석사, Ph.D. 교육버행정법 전공)
미국 University of Califonia, Berkeley 방문학자
교육인적자원부 교육개혁 평가위원
대학교육협의회 발간『대학교육』편집위원
고려대학교 경상대학 학장, 행정대학원 원장
고려대학교 부총장(세종캠퍼스 총괄)
대학교육법학회 회장
국무총리산하 인문사회연구회 평가위원
대통령자문 교육혁신위원회 고등교육분과 자문위원
학교법인 광운학원 임시이사
학교법인 김포학원 임시이사
법무부 법교육강사
현, 고려대학교 공공행정학부 교수

〈주요저서 및 논문〉
교육법:이론 · 정책 · 판례(박영사, 2008)
한국행정60년(법문사, 2008 공저)
행정학의 주요 이론(법문사, 1995, 공저)
「워싱턴 디시 2007년 공교육개혁 수정법」의 주요 내용과 쟁점(교육법학 연구, 2009)
한국학교에서 아동권리협약의 적용과 과제(교육법학연구, 2008)
교육정책에 관한 사법부의 권한과 주요결정(교육행정연구, 2007)
미국교육법 연구의 최근 동향과 쟁점(교육법연구, 2006)
개정학교사립학교법의 헌법적 주요쟁점(교육법연구, 2006)
행정부의 정책결정 주도에 따른 사법부의 역할변화와 그 한계(헌법학연구, 2005)
학생의 기본권과 두발 복장의 규제정책(교육법연구, 2000)
행정학과 공법의 가교를 위한 실천적 과제(한국행정연구, 1999)
교육분쟁조정 등에 관한 특별법안의 주요 내용과 쟁점(한국교육법연구, 1997)
학교의 민주화와 학생 학부모의 권리(교육법학연구, 1995)
Students' Constitional Rights and Responsibilities: A Comparative Study of America and Korean Legal Culture with Implications for Korean Political Development(Ph.D. Dissertation, University of Iowa, 1986)

생활과 법률

2011년 1월 15일 초판인쇄
2011년 1월 20일 초판발행

저 자 표 시 열
발행인 유 성 렬
발행처 **청목출판사**
서울특별시 영등포구 신길동 233-96
전화 (02) 849-6157(代) · 2820
FAX (02) 849-0817
등록 제318-1994-000090호

파본은 바꾸어 드립니다. 값 18,000원

http : //www.chongmok.co.kr

ISBN 978-89-5565-385-4